China and the World

多元视野下的传播

中国与世界

中国社会科学院"登峰计划"
跨文化传播重点学科课题组 著

中国社会科学出版社

图书在版编目(CIP)数据

多元视野下的传播:中国与世界/中国社会科学院“登峰计划”跨文化传播重点学科课题组著. —北京: 中国社会科学出版社, 2023. 9

ISBN 978 - 7 - 5227 - 2492 - 8

Ⅰ. ①多… Ⅱ. ①中… Ⅲ. ①传播媒介—研究 Ⅳ. ①G206. 2

中国国家版本馆 CIP 数据核字(2023)第 155209 号

出 版 人 赵剑英
责任编辑 杨 康
责任校对 夏慧萍
责任印制 戴 宽

出 版 中国社会科学出版社
社 址 北京鼓楼西大街甲 158 号
邮 编 100720
网 址 http://www. csspw. cn
发 行 部 010 - 84083685
门 市 部 010 - 84029450
经 销 新华书店及其他书店

印 刷 北京明恒达印务有限公司
装 订 廊坊市广阳区广增装订厂
版 次 2023 年 9 月第 1 版
印 次 2023 年 9 月第 1 次印刷

开 本 710 × 1000 1/16
印 张 16
插 页 2
字 数 225 千字
定 价 89. 00 元

凡购买中国社会科学出版社图书，如有质量问题请与本社营销中心联系调换
电话：010 - 84083683

目　录

前　言

尽管在全球史的观照下，中国与世界的互动至少已走过两千多年的历程，考古学的研究甚至表明，中西文明的交流最早可以追溯到公元前20世纪到前11世纪，即地中海东部与两河流域和中国青铜时代的盛期。[①] 但就影响社会变迁的深度与广度而言，真正具有划时代历史意义的中西交往，当数20世纪晚期以来中国卷入全球化浪潮之后。

当代世界的全球化，不仅是一个与世界历史并行不悖的必然过程，也不仅是关于经济的相互依存，“而是我们生活中时—空的巨变”[②]。若果说资本、工业技术与国际贸易是传统全球化的主要动力，形构了转动世界的经济一体化及文化扩张的时间之轴，当代世界的全球化，则是一个被技术与传播塑造的“共享的社会空间”[③]，资本的力量裹挟着以互联网为核心的技术力量，驱使着全球化突破时间与地域的限制，将世界更为紧密地整合在同一时空，传播全球化成为塑造人类命运共同体的关键因素。

伴随着历史的转折与文明的复兴，与世界重新连接起来的中国，再度以开放和包容的文明精髓搭建起与世界的连通之“桥”，梁启超先生所谓“世界之中国”的含义也更加深刻而丰富。今天，沉浸于创

---

① 宿白：《考古发现与中西文化交流》，文物出版社2012年版，第5页。

② ［英］安东尼·吉登斯：《第三条道路：社会民主主义的复兴》，郑戈译，北京大学出版社2000年版，第33页。

③ ［英］安东尼·吉登斯：《第三条道路：社会民主主义的复兴》，郑戈译，北京大学出版社2000年版，第33页。

造元宇宙的人们恐怕已无法想象张骞通西域开通丝绸之路是何等艰险，更难以理解数百年前《马可·波罗游记》带给西方世界怎样的震撼，又为何影响了几个世纪欧洲人对东方中国的想象。

然而，当今日中国与全球交流和联结的广泛性已达到历史未有的高峰，中国与世界的对话沟通与深度理解，却依然面临着层层壁垒与重重挑战。进一步说，当下的网络数字平台已把人类的跨文化传播与文明互动塑造为多元化、共时空的全球传播，而我们依然要面对世界对中国发展的误解与歪曲，以及对中国文化的误读与偏见，乃至对中国形象的污蔑与污损。与此同时，我们向世界说明中国的文化叙述与文化表达，却在历史的惯性下依然存在种种问题和困境，既缺乏思想脉络的整体性和清晰性，又亟须沟通的智慧与话语的更新。

当代世界的全球化，还是一个杂糅而多面的历史进程。牵制全球化趋向的关键不只是经济与科技的客观逻辑，政治、文化与价值观及意识形态正不断嵌入当代全球化的历史景观。尤其是 2020 年以来，国际格局重构与世界之变正以前所未有的方式展开。虽然我们看到，传播技术与传播全球化对于保障人类的“数字化生存”以及在应对全球性危机的共享与合作中显示出巨大的整合力量，但网络化影响下的全球交往空间，仍然不是弥合人类文化差异与文化鸿沟的伊甸园。在多元性与超时空的传播全球化表象下，当今依旧涌动着文明碰撞与文化冲突的激流。

作为 20 世纪以来人类重要的思想成果之一，传播学的探索旨在理解与解释人类社会的传播活动及其过程与意义；传播研究日益扩展的跨学科体系，也正在成为透视文化互动与考察文明变迁的重要视野。在人类依存的世界发生深刻的历史变化之际，“我们需要一个怎样的世界？新全球化（后全球化）与人类文明将往哪里去？”再度成为全球人文社会科学研究共同反思与追问的时代命题，也成为关切现实与未来的传播研究不可回避的时代之问。

为此，我们“登峰计划”跨文化传播重点学科课题组应时而为，以线上学术研讨会的形式，邀请国内外的学者同人与我们一起，围绕跨文化传播与人类命运共同体、国际传播与全球秩序、文明传播与文明的走向等多个议题，面向变化中的全球政治经济秩序，探讨全球传播、跨文化沟通和文明交流的新变动与新趋向。以此为契机，从传播学出发，回应时代之问的全球性命题，思考传播之于中国与世界关系的历史、现实和未来。

为呈现这次参与研讨会学者的研究成果，我们编撰了这部名为《多元视野下的传播：中国与世界》学术论文集。编入论文集的论文以跨学科研究为路径和方法，在人类社会的“数字化生存”转向“平台化生存”的背景下，从传播学、政治经济学、社会学与历史学等多元的视角，探索跨文化传播、国际传播等领域的研究新范式与新理论，思考数字化时代中国与世界的沟通和理解面临的新挑战与新机遇，展望不断延伸与渗透的传播全球化，对于改善跨文化交往、重塑全球文明的意义与图景。

论文集的主要内容体现了近期跨文化传播及相关领域的创新性探索，尤其对跨学科性的新思想与新维度的吸纳与提升较为突出。其中，无论是通过引入传播政治经济学，破解平台传播的“超文化回声室效应”，以深刻的洞见透视数字平台生产性与关系塑造的本质及其动力机制，还是基于文化接受与文化认同理论，从接受者一方反向探究跨文化传播的接受认同规律，皆启发我们亟须转换理念，借力数字平台的超文化共创传播与共情传播，以有效实现跨文化传播与国际传播的沟通愿景。与跨文化传播交集的文明传播研究，以概念史为方法，追溯和反思“中国模式”这一术语在中西的产生、传播与争议，主张用“中国价值”这一概念来替代“中国模式”，以创造本土化的中国式现代化经验的话语表达。聚焦国际传播的研究呼应文明传播思想，倡导以文明话语和文明交流互鉴思想为核心，构建中国特色的国际传播话语体系，为我国亟须解决的国际传播渠道问题，提出了资源整合与协同建设的研究方案；持批判性立场的学者则主张以命运共同体思想更换全球化与后全球化的西方话语，赋予人类共同价值与文明理念新内涵。

多篇论文注重历史与现实的勾连，为论文集的学术探索增加了深度和厚度。研究者通过重现清末《申报》三次鼠疫报道的历史记忆，寻找抗疫的传播经验与启示；关于“告”字释义的跨文化流变研究，为重新解读中华文明的传播脉络与文化交融提供了样本；而回溯16世纪以来三次国际传播秩序重组中“他者”从客体走向主体的话语实践，展现了德国和美国重塑其主体性的哲学经验。来自法国的青年学者穿越历史，以莫里斯·萨特的最新著作《帕尔米拉之船》为例，在其重新勾画的古代欧洲文明与亚洲和非洲之间联系和互动的多重性中，多层面地阐释了以往欧洲中心主义对西方古代史书写的影响，揭示了以全球视野和文明互动为核心的全球史观，重塑和增进了人们对人类历史形成的全面理解与认知。

有的论文还以敏锐的眼光，深入考察包含技术政治、网络逻辑和传播权力博弈的全球互联网治理格局，阐述了建设智慧性数字化社会的中国方案。同时，开阔的国际性视域也是论文集的学术亮点。中国学者与国际学者共同探讨了“人类世”思想对于中美超越差异构建可持续传播合作性的作用、中国学者与德国学者克莱默尔“去人类主体性”的媒介哲学观展开的深度对话，为当下我们思考如何应对环境和气候变化的挑战，以及理解智能媒介时代人与媒介技术的关系，提供了独特而多向度的传播学思考。有的论文还运用“平行平台化”等相关研究方法，讨论了中国数字平台进入海外市场面临的问题与困境，以及数字平台对维系全球贸易与全球社会互联互通的作用，为当下跨文化传播和国际传播的战略考量，注入了多维的思想力量。

这部论文集并不能完整地展现所有参与研讨会学者在网络空间的学术对话与思想碰撞。在论文集即将付梓之际，我们再次诚挚地感谢应邀参与研讨会的所有海内外学者，特别向百忙中出席研讨会并热忱给予我们学术支持的中国社会科学院新闻与传播研究所传播学研究室前主任明安香研究员和北京外国语大学的郭淑芬教授致以敬意，感谢为这部论文集贡献学术论文的每一位撰稿者。同时，我们也要向中国社会科学院新闻与传播研究所的方勇书记和胡正荣所长及相关同人致谢，感谢他们对本课题的研究和论文集出版的支持与帮助。

最后，我们还要感谢助力本文集出版的中国社会科学出版社，特别向本文集的责任编辑杨康女士致以由衷的感谢。这部文集也包含了她自始至终耐心细致的编审与专精至善的付出。

中国社会科学院新闻与传播研究所
“登峰计划”跨文化传播重点学科课题组
杨瑞明　执笔于 2022 年 10 月　北京

超文化回声室视域下中国国际传播的理念转型*

姬德强

摘要：全球传播的平台化正在引发广泛的“超文化回声室”效应。理解这一效应需要跨学科的知识。传统的跨文化传播理论由于存在明显的技术盲区，无法有效解读这一技术与资本共同驱动的“数字断连”现象。因此，本文从传播政治经济学的视角出发，深入分析了数字平台给跨文化传播带来的生产性、部落化等结构性影响。以“超文化回声室”为语境，本文随后讨论了中国的国际传播如何超越文化本质主义、民族中心主义和技术中立主义，关注数字平台的商业基因与不作保证的公共性、渠道功能与生产本质、文化的脱域和超域，以及如何实现国际传播的降维与跨文化传播的增维、从大众传播到共创传播、从技术的中立性到技术的生产性等一系列理念转型问题。

关键词：超文化回声室；平台化；跨文化传播；国际传播；社交媒体

新冠疫情一方面加速了互联网在全球、地区和行业内的系统性渗透，进一步将“数字化生存”从生存叙事（神话）升级为“生存状态”①；另一方面使“数字鸿沟”不断加深，从接入程度的差异到话语

---

* 本文原载《编辑之友》2021 年第 11 期。

① 胡泳、年欣：《中国数字化生存的加速与升级》，《新闻与写作》2020 年第 12 期。

权力的高低再到虚拟空间的群集化、圈层化和行动化，加剧了“数字断连”或称“数字隔离”在全球范围内的发生，挑战了全球传播的开放性和无边界预设。这一破界基础上的重新勘界现象可以称为“超文化回声室”（transcultural echo chamber），是“回声室”效应突破个体和群体信息生活的边界，在文化场域和全球空间内的延伸，对跨文化传播有着最为显著的影响。笔者曾就这一现象下定义：“社交媒体正在更广阔的虚拟空间中生产着回声室效应，把特定的信息、情感和信仰在超越参与者传统文化身份的前提下集中在一起，形成超文化回声室新景观……这一景观以情感经济绑定、均质化内容的算法推荐和极化或日常生活化的平台政治为特征。”① 在这个前提下，跨文化传播研究需要新的认识论来实现自身的数字化乃至平台化转向。

基于这一对数字化进程的历史性、辩证性和批判性的综合分析框架，本文将聚焦于后疫情时代涉及跨文化传播的一系列核心问题，包括：在“数字平台”（digital platform）成为全球传播新型基础设施的新阶段，跨文化传播在现象层面正在发生着怎样的变化？超越简单的线上和线下的二元论，我们如何思考被新冠疫情所催化的全球传播的平台化进程，及其所生成的跨文化传播的新边界？被广泛采纳的参与范式或者参与文化，是否存在解释力的缺陷，能否在民主化的技术想象中突破乃至消弭文化差异？超越经典的跨文化传播理论，对数字平台主导的虚拟空间内的跨文化信息流动的解释是否需要新的理论视角，比如更多借助聚焦于把平台作为基础设施②以及信息和网络生产力进行宏观批判分析的传播政治经济学的力量？在梳理跨文化传播的相关文献和尝试回答上述问题的基础上，本文将进一步阐释“超文化回声室”的概念，及其对跨文化传播研究的理论创新意义。在处于加强和

---

① 姬德强：《李子柒的回声室？社交媒体时代跨文化传播的破界与勘界》，《新闻与写作》2020 年第 3 期。

② Plantin, J. – C. , A. Punathambekar, “Digital Media Infrastructures: Pipes, Platforms, and Politics”, *Media, Culture & Society*, 2018, Vol. 41 (2), p. 163.

改进中的中国国际传播工作中，“超文化回声室”效应的出现呼唤以数字平台——而不是单一的传播或媒介概念——为研究对象的系统性的理念转型，而核心是如何超越“我者”和“他者”之间的传受或交往逻辑，进而处理好国际传播场域中技术、文化和资本的互构关系。

一 技术的边界：跨文化传播研究的盲点

对于源自人类学的解释性传统的跨文化传播研究，技术，尤其是现代传播技术往往并不是研究的重心。技术本身与国家权力和市场权力的深刻互构关系，也使得文化的逻辑很难在技术的理性主义轨道上找到落脚之地。文明的概念似乎更切中技术的进化论内涵，为不断出现的技术革命及其在全球的扩散和移植作合法性背书。这背后是文化的异质性与文明的同质性之间的矛盾关系，是源自西方世界的“文化—文明话语方式”[①] 的霸权。这一元概念层面的区别一直延续至今，导致如今的大多数跨文化传播研究要么继续忽视对技术力量的纳入，要么坚持一种客体化的立场，仅仅将技术作为文化实践的从属性工具。比如，朱迪斯·马丁（Judith N. Martin）和托马斯·那卡雅玛（Thomas K. Nakayama）在著名的《语境中的跨文化传播》（*Intercultural Communication in Contexts*）教材中，仅用了极少的篇幅讨论学习跨文化传播的技术动因，特别是互联网对人类传播的影响，包括提供更多有关他者的信息，帮助建立与相似或差异群体的联系，重新思考身份问题，尤其是身份的多样性和流动性，以及传播技术的禁用问题，等等[②]。因此，如何把技术视角深度嵌入一个以数字化和平台化为背景的跨文化传播研究，对理解以社交网络、搜索引擎、音视频流媒体、电子游戏等为代表的数字平台上的信息传播、关系构建和意义生成有着

---

① 姜飞：《传播与文化》，中国传媒大学出版社 2011 年版，第 8 页。

② Judith N. Martin，Thomas K. Nakayama，*Intercultural Communication in Contexts*，New York：McGraw-Hil，2009，p. 9.

重要的理论意义。在这个意义上，技术并不是单纯的破除文化边界的工具，而是创造新的交往樊篱的网络化生产力。

卢嘉和史安斌曾从一个规范性的角度梳理了技术变迁与国际传播范式转移的互动关系，其中涉及了文化和身份两个概念，提出在移动新媒体技术的条件下，国际传播进入了以世界主义为哲学基础，以文化杂糅和动态的、创设性的身份认同为特征的网络化新阶段。[①] 这一表述与姜飞和黄廓对跨文化传播理论两类、四种理论研究分野的廓清有着互补之处。如果前者聚焦于具象层面，后者则关注到“跨文化传播”（transcultural communication）在哲学意义上的超越性和文化传播的超方向性问题。[②] 这一超越经典的二元比较、相互介入逻辑——实为后殖民主义的文化霸权观和文明等级论——进而关注更深层次的文化原型和全球共同体[③]的立场，对重构数字化时代的跨文化传播理论有着哲学上的指导意义，而不是在赛博空间里简单重复或机械重置对多元文化的比较和介入研究，忽视了看似跨越地域和文化栅栏的技术体系的生产性特征。

与国内学者致力于打通哲学基础和实践经验的整体性思路不同，国外学者更希望找到技术与文化的具体链接，并对“新媒介”这一泛化的概念偏爱有加，这也暗示了媒介概念或媒介思维在跨文化传播研究中的新兴地位。比如，陈国明曾撰文梳理了新媒介对全球语境下的跨文化传播的影响。基于对新媒介所带来的连接性和复杂性的认知，他梳理了跨文化传播研究应关注的三个新议题：民族文化和族群文化对新媒介发展的影响、新媒介对文化和社会身份的影响以及新媒介（特别是社交媒介）对跨文化传播不同方面的影响，比如文化间的关

① 卢嘉、史安斌：《国际化·全球化·跨国化：国际传播理论演进的三个阶段》，《新闻记者》2013 年第 9 期。

② 姜飞、黄廓：《对跨文化传播理论两类、四种理论研究分野的廓清尝试》，《新闻与传播研究》2009 年第 6 期。

③ 李怀亮：《从全球化时代到全球共同体时代》，《现代传播》（中国传媒大学学报）2020 年第 6 期。

系、跨文化适应、跨文化冲突等。[①] 按照这一思路，跨文化传播研究需要首先关注媒介在文化中的嵌入性，然后是这一嵌入性如何反过来影响文化实践。换句话说，深层的文化结构和文化价值差异是技术应用的边界。罗伯特·舒特（Robert Shuter）的观点更具有突破性，他提出了“跨文化新媒介研究”（intercultural new media studies）的概念，认为这是跨文化传播研究的前沿，应致力于探寻跨文化接触的数字理论，以及修订和拓展20世纪的跨文化传播理论，考察它们在数字化世界中的重要性。[②] 这一表述注重技术力量对文化边界的反作用力，甚至将其作为跨文化传播新环境的结构化效应。因此，面对信息与传播技术对文化间传播的转型性影响，媒介研究逐渐进入跨文化传播的视野，扮演了跨文化传播理论的增长极的角色。然而，必须指出的是，国外的相关研究：一方面，仍然无法处理超越差异的哲学问题，而是局限在“多元文化主义”（multiculturalism）的认知框架里，并将互联网看作一个矛盾的场域，呈现着身份的本质性和流动性、普遍主义和特殊主义、承认和再分配的对立[③]；另一方面，也没有深入技术进程的内里，考察技术在突破跨文化传播的物理边界、创造跨文化传播的虚拟边界上的生产性作用。

综合上述国内外的理论视野，跨文化传播研究确实已经开始将技术和媒介作为新的理论增长点，也关注到新媒介技术对跨文化接触的广泛影响，从而反过来推动了跨文化传播研究的媒介化延伸。然而，有三个主要的认知局限仍然阻碍着跨文化传播研究容纳更加深刻的技术分析和更加丰富的媒介维度。基于此，应理清技术的边界：其一，文化逻辑，即以语言为核心的象征互动，而较少关注文化传播的物质

---

① Chen Guo-Ming, “The Impact of New Media on Intercultural Communication in Global Context”, *China Media Research*, 2012, Vol. 8 (2), p. 1.

② Robert Shuter, “Intercultural New Media Studies: The Next Frontier in Intercultural Communication”, *Journal of Intercultural Communication Research*, 2012, Vol. 45 (3), p. 219.

③ Siapera E., “Multiculturalism Online: The Internet and the Dilemmas of Multicultural Politics”, *European Journal of Cultural Studies*, 2006, Vol. 9 (1), p. 5.

基础；其二，功能主义，即注重技术的客体化和工具化立场，而忽视技术体系的自主性或主体性问题；其三，技术理性，即强调技术创新和使用的合理性，而较少关注技术进程中内涵的价值问题和权力关系。面对全球范围内数字化加速、平台化成熟的现实，跨文化传播研究亟须走出技术与文化、工具与价值的二元论，从更加中观乃至微观的角度重新发现新的跨文化传播现象，分析这些现象背后的动力机制。尤其是以跨国互联网巨头为代表的数字平台，在创造连接的同时如何生产超越旧文化边界的全球传播新景观，也就是"超文化回声室"效应；而这一新景观的创设往往并不以打破文化边界、寻求沟通共识为目的，而是追随流量经济的逻辑，在赛博空间里离心化、碎片式、瞬间性地聚集着用户注意力和网上行动力。就这一新兴领域而言，传播政治经济学的一些前沿探讨可以作为跨学科的视角补充和知识借鉴。

二　平台的神话：超文化回声室的政治经济学

"数字平台"并不是一个扁平化、自由化或民主化的隐喻，被广泛应用于一个看似去中心化的新传播生态中，而是一个"拥有重新配置各种相关要素能力，为企业和用户创造新的应用的基础设施"[①]。比如，对跨文化传播影响更深的社交平台（如脸书和微信）已经借助对关系和网络的打造进入社会生活的基础运行层面；搜索引擎（如谷歌和百度）已经垄断了通往知识世界的网络入口；算法新闻（如今日头条）和音视频应用（如抖音和快手）已经发展成实时定制和推送内容的自动化平台，将用户深刻绑定在"自己"的数据化轨迹，以及被计算的画像、被制造的习惯之中；以电商（如淘宝、拼多多和美团）、出行（如携程和滴滴）、评价（如大众点评）和支付（如支付宝）为代表的服务类应用已经全面整合了数字化的日常生活，推动以全天候依赖为特征的"平台化生存"成为新常态。从这个意义上看，平台

① Timothy Bresnahan, Shane Greenstein, "Mobile Computing: The Next Platform Rivalry", *American Economic Review*, 2014, Vol. 104 (5), pp. 475 - 480.

（技术）与文化的嵌入关系可能需要新的认知框架。如果说之前的跨文化传播研究需要进行一定的媒介化转向，从而有效回应一个基于新媒介环境的跨文化传播实践的现实，如今的跨文化传播研究则需要进行“平台化转向”，在认识到数字平台的基础设施角色的前提下，将研究对象定位在数字平台如何生产跨文化传播内容、打造跨文化传播新边界、形成超文化回声室效应方面。

罗宾·曼赛尔（Robin Mansell）曾指出，“平台”是种“中介”（intermediary），其拥有者的目的是聚集尽可能多的内容，从而影响数据流动，并最终获取利润，以及在媒介市场生态中拥有掌控权，而大多数平台企业是商业机构。[①] 基于此，“平台化”就是数字基础设施的搭建过程。这一过程由商业属性的、垄断性的互联网平台公司所主导，其内生的权变性使得它可以随时应对社会各个部门、群体乃至个体的需求从而调整供给。完成这一多维匹配关系的力量就是算法。商业性的数字平台更像“八爪鱼”，不仅借助本土化运营策略牢牢把握特定地区和特定行业内的市场垄断权，而且借助信息自由流动原则这一政治护身符，在全球范围内进行扩张，在提升全球连接水平的同时，促进了同时具有向心力和离心力的文化间互动，也加速了跨文化传播新形态的孵化和生产进程。

那么，如何理解数字平台上的跨文化传播？本文认为至少需要破除两个主导性的概念神话或理论范式，才能窥视数字平台在生产——而不是再现——文化隔离和交往矛盾上的结构性作用。

首先是“连接性”（connectivity）的神话。从互联网诞生至今，建立连接就成为其核心技术话语。人与网络的连接，网络搭建的人的连接，都使得如何理解连接和评估连接的效果成为传播研究的核心，也成为早期的互联网公司和如今的平台公司的中立性主张的合法性来源。然而，连接是否是数字平台存在的唯一目的，连接的话语背后是

① Robin Mansell, “Platforms of Power”, *Intermedia*, 2015, Vol. 43 (1), pp. 20 - 24.

否隐藏着反连接的动力机制？把连接当作一个神话，我们可以解读出平台所隐藏的一系列相互关联的大众劝服型叙事：第一，多元化的传播主体，即平台赋予了任何连接者，尤其是建制化体系之外的行动者以发声的权利；第二，扁平化的内容产销机制，即平台拉平了传统的等级制传播秩序，实现了连接者之间的平等互联，而不管其在传播系统内外所拥有的资源的多寡；第三，去中心化的规制转型，即广泛的连接和多边的互动挑战了过往集中化的传媒规制方式，推动以自我规制和联合规制为代表的去规制化转型；第四，基于个体主义的参与文化，即基于连接的个体参与成为数字平台的新文化样态，也预示了一种以反对国家和企业为代表的集中化权力机制进行控制的民主化传播的未来。这一系列暗含的劝服型和动员型叙事将“连接”包裹成一个单向度的、进步式的技术革命，在封闭了话语空间的同时遮蔽了平台打造连接的商业动机、用户利用连接的私域目的、无处不在的监视权力及物理连接之上的虚拟分隔或分裂。

其次是对“融合”（convergence）和“参与”（participation）的欢呼。对亨利·詹金斯（Henry Jenkins）等来说，融合需要被理解为两个过程，一个是由上而下的公司驱动，一个是由下而上的消费者驱动；而当下的全球数字文化是一种合成性文化，其中，用户生成内容既存在于商业体系之内，也存在于商业体系之外，既能支撑也能颠覆企业控制。[①] 由此可见，亨利·詹金斯对公司控制是有觉察的，但他更强调用户自身的主体性，及其在商业体系内外的“盗猎者”角色，以一种拼贴的方式和集体的智慧，塑造着以粉丝文化为代表的参与性文化。参与性文化“不仅仅是一种简单的文化形式，而且是一种权力，一种消费者与媒介拥有者之间的博弈”[②]。然而，正如艾琳·米汉（Eileen

---

① Henry Jenkins, Mark Deuze, “Editorial: Convergence Culture”, *The International Journal of Research into New Media Technologies*, *Convergence Culture*, 2008, Vol. 14 (1), pp. 5 – 12.

② 汪金汉：《从“文本盗猎”到“公民参与”：詹金斯的“参与性”媒介受众研究》，《福建师范大学学报》（哲学社会科学版）2016 年第 2 期。

R. Meehan）所说，亨利·詹金斯的《融合文化》（*Convergence Culture*）一书为一些特定的粉丝/消费者勾画了一个美好的未来：这些人拥有闲暇时间、文化资本、技术渠道、足够多的可支配收入，这使其成为广告商和企业眼中拥有足够吸引力的潜在市场目标；更重要的是，亨利·詹金斯希望每个人都有选择参与细分市场、虚拟社群以及一个复活的民主制度的权利。在这个意义上，基于技术和平台融合的个体参与，既是技术性的，也是经济性的，更是政治性的。当这一融合趋势走向全球，跨越政治疆域和文化边界的个体参与将有机会游猎式地生产、拼贴和散布信息，自组织和自管理虚拟社群，并最终挑战既有的建制化——当然也是反民主——的传播秩序。然而，与这一乐观的“参与即解放”的立场相伴随的，是互联网世界的集中化趋势，具体表现为市场结构和技术权力的垄断化，这也是本文所聚焦的平台化的核心要义。正如阿兰·马西亚诺（Alain Marciano）、安东尼奥·尼基塔（Antonio Nicita）和乔瓦尼·拉梅洛（Giovanni Ramello）所说，这一平台资本主义体系展现出一个二元对立的矛盾结构，一方面是去中心化，另一方面是中心化。[①] 这种矛盾带来了这个体系的不确定性和多方向性。即便是被誉为“媒介融合”概念的早期定义者的伊契尔·德·索拉·普尔（Ithiel de Sola Pool），也在《自由的技术》（*Technologies of Freedom*）一书中提醒道，“融合绝不意味着完全的稳定或统一，而是扮演了一个致力于统一的持续性的力量，但也与变化保持了紧张的互动关系……对融合而言，没有一成不变的法则，变化的过程更加复杂”[②]。因此，对于理解融合，我们需要一个历史的视野和去本质主义的思路，关注融合的外部结构和内部动能，尤其是连接性和统一性叙事所遮蔽的围绕政治、社会、文化等维度而重塑的传播边界。这一现象除了发生于个

---

① Alain Marciano, Antonio Nicita, Giovanni Ramello, “Big Data and Big Techs: Understanding the Value of Information in Platform Capitalism”, *European Journal of Law and Economics*, 2020, Vol. 50 (3), p. 345.

② Henry Jenkins, “Convergence and Divergence: Two Parts of the Same Process”, 2021 - 07 - 30, http://henryjenkins.org/blog/2006/06/convergence_and_divergence_two.html.

体的信息茧房、社交圈层，还发生在以数字平台为基础的全球传播范围内，尤以摆脱传统文化差异、形成新的文化隔离的“超文化回声室”为甚。从历史的角度看，互联网本身并不是一开始就致力于广泛的连接或者新旧媒介融合，即便如今也不完全以连接和融合为唯一目的。只有走出将互联网及其垄断化变体——数字平台——看作单一渠道或媒介的认知困境，才能深入这一技术架构的内里，发现其复杂的生产性本质。

基于上述讨论，理解数字平台上的跨文化传播至少走过了工具主义（互联网是文化表达的渠道和工具，先文化后媒介）和建构主义（互联网参与文化建构和转型，先媒介后文化）两个阶段，而当前需要深入数字平台的内里。本文称之为文化脱嵌和内容培育，主要指的是数字平台会依据自身的技术优势和经济动能，培育特定的表达内容和关系类型，从而使传统的跨文化传播逐渐与其原生结构和语境脱钩，而进行流量逻辑驱动的群集化的超文化互动。这一新的互动方式更注重自我表达、情感传递和身份维护。正如塔尔顿·吉莱斯皮（Tarleton Gillespie）所洞察到的，平台积极地培育和选择内容，即便这一做法与其所展示的单一管道形象相悖；作为类似传统媒体的新守门人，平台不断根据现状调适内容，以给用户一种愉悦的体验。① 为了提升这一体验感，避免负载过多的来自语境的接收和解读压力，平台主要聚焦于两类内容的培育，并注重围绕不同主题内容的用户关系的打造，分别是：去语境化的内容，包括单纯的知识型信息或浮掠式展演，在第一时间满足多元文化背景的用户有效索取信息和获得愉悦；极端语境化的内容，即便其往往充满伦理失范，比如仇恨言论、极化政治和情感绑架等，也能有效引爆流量生产，在释放极端声音的同时也进一步绑定了社会舆论场。长期而言，前者的文化脱嵌式内容培育是常态，从而最有可能获得用户流量的加持，后者往往随着社会政治氛围和舆

---

① Plantin J. - C. ,“How Platforms Shape Public Values and Public Discourse”, *Media*, *Culture & Society*, 2007, Vol. 41 (2), p. 10.

论气候的骤变而偶尔出现，但却能有效带来对平台集聚能力的关注。

此外，借用麦克卢汉的“部落化”概念，在以电视为代表的视听媒介将人类社会“重新部落化”为一个“地球村”的基础上，数字平台携其融合化的传播要素将这一虚拟的村落进一步打碎，在超越文化差异的基础上，流动地而非固定地、短暂地而非长久地聚集着拥有相似信仰、立场和兴趣的用户，打造了一个流动的、散点的、游猎式的“新部落化”景象。这一“新部落化”过程基于更全面和更多维的互联，充斥着更加复杂而多变的身份认同，甚至是更加极端的身份政治和更加激烈的身份冲突，因此也变得愈加不稳定。因此，将数字平台上的跨文化传播看作基于固定文化结构和文化价值的线上交往实际上忽视了这一平台生产的权变性和流动性。从一个更加根本的角度而言，数字平台本身并不致力于跨文化传播或多元文化间的交往，而是在夯实技术基础和扩大市场规模的过程中重组了跨文化传播主体间的关系，将最大化的流量规模和最稳定的用户使用作为运营目标，与此同时，也就消除了文化交往的沟通目的，而是围绕特定的文化要素和文化故事，聚集着短暂的注意力和表达力，甚至因为“文化差异与多元解读造成信息理解偏差”①。在这个“超文化回声室”现象的形成过程中，跨文化传播往往体现为跨文化信息或情感消费，正如李子柒在全球社交网络的流行所展示的那样。如果硬要把她的流行看作中华文化全球影响力的提升，显然是在用一个民族中心主义的叙事叠加一种建制化的传播视野，而与全球社交平台的运营逻辑，尤其是超越文化差异的在地化战略相去甚远，个人在全球社交网络的流行只是一种自我中心主义的跨文化想象。

三　超文化回声室与中国国际传播的理念转型

基于以上结合传播政治经济学前沿讨论的分析，本文延续了对

① 陈世华、王蕾：《“中国梦”视觉传播的逻辑与进路》，《南昌大学学报》（人文社会科学版）2020 年第 6 期。

“超文化回声室”现象的关注，并试图将其作为中国国际传播所面对的新挑战和努力的新方向来加以提炼。从互联网思维到平台化思维的转变应成为加强和改进国际传播工作的首要前提。习近平总书记在中共中央政治局第三十次集体学习时强调：“要采用贴近不同区域、不同国家、不同群体受众的精准传播方式，推进中国故事和中国声音的全球化表达、区域化表达、分众化表达，增强国际传播的亲和力和实效性。”[①] 这一要求一方面延续了国际范围内的大众传播逻辑，突出了更加精准的传受关系的建立，并借之突破意识形态樊篱和多元文化差异，实现由传到通；另一方面也回应了国际传播的离散化和群集性特征，从而实现跨文化共情。在跨国数字平台的技术资本动力加持下，后者在虚拟世界里日益变得具有主导性。基于这一判断，中国的国际传播工作需要进行三个方面的理念转型或理论创新。

首先，基于全球数字平台对跨文化传播的转型式影响，中国的国际传播理念需要实现三个层面的超越。第一，超越文化本质主义。一方面，不是走出以“中—外”和“东—西”为代表的二元式、简化的、对立性框架，而是关注文化本身的在地化和生成性，而这也是数字平台实行全球本土化运营的地缘逻辑；另一方面，聚焦于文化表达主体的流动性和群集性，尤其是多元主体如何借助脱嵌的社交媒体平台编织和解读与中华文化有关的故事，需要明确的是，此类故事大多仍然是“他者”的故事。第二，超越或者不断自省民族中心主义。在一个全球化中国的框架下理解中国故事的全球生成机制，在关注自身讲述者合法性的同时，赋予他者更多的解释空间，更不用说那些有效借助中国热度推动流量经济的商业化做法。第三，超越技术中立主义。摆脱简单的工具主义思维，把以社交媒体为代表的跨国数字平台当作内容的生产者和关系的塑造者，将之视为跨文化传播的内容生产力，从而积极理解和主动驾驭以算法为核心的内容培育机制，有效实现特

① 《习近平谈治国理政》第四卷，外文出版社2022年版，第376页。

定超文化回声室的触发和维持。

其次，需要充分认识超文化回声室的三个特征，它们也是跨国数字平台自身的系统性问题：第一，数字平台的商业基因与不作保证的公共性。换句话说，以形象塑造、共识打造、文化沟通及舆论斗争等为目标的国际传播工作如何与数字平台的商业运作机制实现咬合是一个长期的战略问题，而大多从事国际传播的决策者和实践者对跨国数字平台的技术倾向并不了解。与此同时，数字平台是否如传统媒体或文化机构般可靠也是一个未知数，至少在其保守的政治态度和被期待的传播潜力之间，我们可以轻易地发现裂痕。第二，数字平台的渠道功能与生产本质。如果之前的媒介化逻辑主要聚焦于平台作为渠道的增量和扩容功能，那么新的理念应关注这一非客观的传播主体在主动生产着怎样的内容和关系，从而在超越文化差异的同时在全球范围内生成充满聚集效应和边界色彩的多样化的回声室。中国的国际传播就是要去参与各类超文化回声室的构建，激发各类虚拟社群内部的正向动能。第三，文化模式的脱域和超域。如果“跨文化传播”（transcultural communication）的要义是在跨文化接触中实现从比较到转化再到超越的目的，那么基于数字平台的超文化回声室则主要聚焦于超越，即在脱离原初文化语境，甚至绕开文化间接触的前提下，塑造着新的互动和意义空间，而这个空间的话语基石则是吸引或困扰全球网众[①]的共同问题，比如环保、健康、发展、工作、性别、种族等。

最后，基于上述讨论，中国的国际传播需要在战略层面实现三个方面的理念转型：国际传播的降维与跨文化传播的增维问题，即在不断紧张的地缘关系深度锁定国际传播格局的困境下，将更多精力投向跨文化传播，尤其是基于互联网的跨文化传播这个增量空间，以寻求包括民间社会在内的更多共识，当然更重要的是聚焦于全球数字平台在其中扮演的生产性作用，这对培育下一代的中国故事讲述者和聆听

① 何威：《网众传播：一种关于数字媒体、网络化用户和中国社会的新范式》，清华大学出版社 2011 年版，第 13 页。

者都有重要意义；从大众传播到共创传播的问题，即将中国故事的产制深度全球化，形成开放而包容的看待中国议题的全球传播的立场和态度，而不是站在民族中心主义的立场上延续一种单一的传受模式，忽视全球平台用户在参与中国故事编织过程中的自我意义赋予和自我目的达成，后者更多的是一个网上群体传播或者虚拟社群的问题；从技术中立到技术非中立或技术生产性的问题，尤其是在算法主导、自动化内容产制不断成熟的当下，将技术体系主体化，识别其动能和方向，才能有效融入或借力，促使国际传播真正转型为全球传播。

数字平台研究是一个跨学科的新领域，由于其之于全球传播的基础设施角色，我们不得不深入其内里分析信息流动、关系打造和意义生成的新机制，但仍然需要避免某种本质化的视角，因为平台的主要特点之一就是无时无刻的变动性与计算性。这一计算的信息基础设施一方面改变了稳定的文化间交往格局，将之化约为供需的市场关系，另一方面也让广大用户与其文化背景脱嵌，在消费脱域化内容的同时生产着新的文化现象及其边界，夯实流量经济的运行模式。这一看似与文化无关的传播体制正在系统地重构着跨文化传播的实践，因此，我们的国际传播理念就亟须作出调整，否则其只会成为呈几何级数扩大的全球信息流量池中不断缩小的那部分，或者用陈旧的跨文化语汇为超文化回声室的商业动机进行合法性背书，客观上夯实跨国数字平台支撑全球传播的合法性。

作者姬德强系中国传媒大学人类命运共同体研究院副院长，媒体融合与传播国家重点实验室（中国传媒大学）研究员，教授、博士生导师，国际媒介与传播研究学会（IAMCR）国际传播分会副主席

“后美国时代”[*] 的全球互联网趋势探析[**]

洪 宇

摘要：伴随着后冷战时期的全球化发展，互联网已成为建构全球范围内社会权力结构的主要物质结构、组织载体和表意体系。互联网既是互联互通的全球公域，又重构着由资本主义逻辑与区域、阶级、种族、性别等多维关系交织而成的权力结构，还释放着挑战传统权力结构的多梯度社会进程。总体而言，作为技术—社会—文化复合体，互联网所呈现出的连接与分布、空间与结构、符号与意义，反映、维系、放大，也部分挑战着参差不一但又不失统领的全球格局，因而是牵一发而动全身的新轴枢。其所包含的技术政治、网络逻辑以及传播权力，既是既有秩序的延续，也是变迁趋势中的重要变量。为了探析“后美国时代”全球互联网的常与变，本文首先勾勒互联网反映并构建权力结构的三重维度，其次讨论后美国时代所指向的危机与转机，

---

* “后美国时代”（或“后美国世界”），由美籍印度学者法里德·扎卡利亚（Fareed Zakaria）在其2008年出版的讨论世界格局趋向与国际权力转移的著作《后美国世界》（*The Post-American World*）一书中提出。扎卡利亚认为，当代世界正在经历现代史上第三次重大的权力转移，这种转移不仅体现在经济领域，还表现在军事、社会和文化层面上。在“后美国世界”中，美国虽占据高位，但世界力量的分配正在逐渐脱离美国的支配，迈进一个多元势力共同支撑的“后美国时代”。扎卡利亚强调“后美国世界”不是一个美国衰落的世界，而是一个大国崛起的时代，还是一个由许多国家和非国家行为体共同定义的世界。尽管国际学界对扎卡利亚的论著争论不休，但他关于“后美国时代”的阐述，为我们认识当今国际格局转换的发生与过程，提供了富有洞察力的新视角。

** 本文系国家社科基金项目“国家网络治理与中国互联网全球化协同研究”（项目编号：18AXW009）的阶段性研究成果。

最后探析互联网领域是如何在技术、治理以及价值三个层面构成后美国变局中的重要组成部分。本文认为，在后美国时代，互联网处于新旧摩擦碰撞的中心地带。后美国时代的结构性危机正激化着利益之争与价值之辩，暴露出维系支配与反支配的惯常体系的政治性，也因此激活了新的反思与调整。多样性的历史经验、差异化的政治经济、多维度的社会文化正在发挥更为自觉的影响力。在技术一致性和绝对性的表象下，中国的国家与社会需要发挥主体性，为建设智慧社会提供面向未来、面向全球、立体多维的中国智慧与中国方案。

关键词：传播与权力；网络地缘政治；技术治理；传播政策；全球互联网

随着全球互联网的兴盛，以美国为代表的发达国家以及其倡导的市场与意识形态力量扮演了关键性角色。在互联网诞生50多年后，如何评价互联网诱发的连接与机遇？如何理解网络逻辑与政治经济势力之间的关系？以技术进步促进社会发展为归依，又如何解释网络社会在释放大众自我传播能力、激发商业创新创造、推动全球现代化的同时所凸显的发展赤字、治理赤字与认同赤字？解答这些问题亟须超越媒介本体论，从历史建构的视野来理解互联网与权力之间的多维关系。

检视当下，全球互联网格局正处于充满可能的“后美国时代”。[①] 截至2019年，全球已有超过半数人口上网：亚洲地区拥有全球最大的网民数量，北美与北欧在接入率上仍然领先，非洲大陆正体验着全球最快的上网人数增长。与此同时，互联网技术形态正经历转变，形成以大数据、云计算、人工智能为核心的“后互联网”[②] 的信息传播技术生态以及由此驱动的数字化转型与智慧社会建设。在后互联网生态中，技术重构过程已容纳更多样的创新主体、更广泛的社会基础，乃

---

① Zakaria F., *The Post-American World* (1st ed.), New York: W. W. Norton, 2008, pp. 44 – 50.

② Mosco V., *Becoming Digital: Towards a Post-internet Society*, Bingley: Emerald Publishing, 2017, pp. 23 – 24.

至多极化的政治经济格局，因此正以更高势能带动着观念、规则、体制上的创新与冲突。

为了探析后美国时代全球互联网的常与变，本文首先勾勒互联网反映并构建权力结构的三重维度，其次讨论后美国时代所指向的危机与转机，最后探析互联网领域是如何在技术、治理以及价值三个层面构成后美国变局中的重要组成部分。本文认为，互联网既是互联互通的全球公域，又重构着以资本主义不均衡发展为特征的权力结构，还激发着挑战传统权力结构的多梯度社会进程。在后美国时代新一轮的互联网全球发展中，多样性的历史经验、差异化的政治经济、多维度的社会文化价值将在技术绝对性表象之下发挥更为自觉的影响力。作为互联网大国，中国的国家与社会亟须发挥主体性和创造性，以"人类命运共同体"为价值标准和行动准则积极推动资源与能力的再分配，并且秉持以公平正义、共建共享、协同共治、劳动价值、健康地球为基本面向的立体性站位，推动面向未来、面向全球、谋人民福祉的智慧社会建设。

一　全球互联网的三重权力维度

众所周知，网络传播时代以去中心、自组织、技术驱动为特征。但是，如果我们把"权力"界定为对环境以及他者施展不对称影响的能力的话，那么权力引导自始至终与网络传播彼此交织、相互建构。特别是从政策、政治与政治经济的视角看，全球互联网绝非天然的既定事实，其空间结构、社会连接以及所呈现的传播机遇由特定的政策系列规范、物质结构、机构组织所促成，它是一个传播边界、传播主体、传播权威、传播资源、传播实践不断经历构建的地缘政治场域。[1]传播政策尤其是权力集中施展的范畴，其本身的政治属性以及得以制定的历史语境是塑造网络传播环境的结构性建构力量。

---

① Hong Y., G. T. Goodnight, "How to Think about Cyber Sovereignty: the Case of China", *Chinese Journal of Communication*, 2019 (4), pp. 1 – 19.

然而，主流传播研究却成功地在传播政策与传播政治之间作出概念分野判定，在很大程度上推动了“去政治化”的传播政策研究。尤其是20世纪80年代以来，不结盟国家领导的“世界信息与传播新秩序运动”进入低潮，苏联以及后殖民国家陷入危机并诱发全球市民社会思潮，而美国在新自由主义浪潮中又成功将国际传播事务限定于贸易与技术的窄化行政技术主义范畴中。[①] 值此历史转折之际，以赛博迷思为代表的主流话语将互联网描绘成超越历史语境、外在于社会关系、并决定发展阶段的天然且中立的虚拟空间。这一系列结构性、机构性、叙事性的转变，促使起步于20世纪90年代的主流互联网研究倾向于聚焦社交媒体、网络公众及其文化政治表达，抑或是研判新媒体的商业创新效果。其结果是对互联网与信息地缘政治、“技术军事化”、全球秩序、政治经济格局之间的相互依存和彼此牵制的长期漠视。[②]

但是，基于传播政治经济研究、批判网络社会学以及后殖民理论，我们发现权力关系及其涵盖的暴力胁迫、经济垄断与霸权观念都通过互联网与网络传播得到再现、重构以及改写。首先，从传播政治经济研究视角看，当代全球体系是以互联网为基础设施，数字化改造为建构场景，以资本积累为元逻辑的“数字资本主义”[③]；其中，互联网是协调关键位置的传播资源，而支配互联网传播资源的权力包括发展权、所有权、使用权和治理权，其在不同社会力量中的差异化分配是反映、型构、延伸数字资本主义的重要权力机制。由此引申可见，互联网不是外在于历史语境的抽象中立的技术空间；恰恰相反，其技术目的、技术应用以及网络形态在很大程度上映射了跨国资本集团及其代理人机构的观念与利益，即实现资本主义对于环境、劳动、文化、社会等

① Chakravartty P., Sarikakis K., *Media Policy and Globalization*, Edinburgh: Edinburgh University Press, 2006, p. 148.

② Mosco V., *Becoming Digital: Towards a Post-internet Society*, Bingley: Emerald Publishing, 2017, p. 11.

③ Schiller D., *Digital Capitalism: Networking the Global Market System*, Cambridge, Mass: MIT Press, 1999, p. 1.

非市场范畴的寄生与破坏逻辑以及消解矛盾与反抗的自我维护逻辑。与此同时，全球互联网也不局限于所谓全球同一的赛博空间，它是由跨国机构、国际产业链、国家基础设施、网络公众共同组成的多元异质的技术—社会—文化复合体。跨国市场力量和与之相匹配的政策力量与意识形态基础是构成该复合体的主导性力量，但该主导性力量还与全球多元势力接触勾连、融合嬗变，重新定义以领土为基础的国家权威与功能，由此不间断地维护、延展、调整发达国家与跨国资本之间政商合一的基础性霸权能力。

首先，基于技术政治与全球资本主义及其地缘政治相互勾连的宏观判断，传播政治经济视角有力揭示出全球互联网的政治悖论：这种崇尚市场、流动、自由、表达的数字资本主义暗含着技术经济、政治安排、意识形态等多层次上的战略目标以及支配效果。换言之，在技术全球主义的表象下是不可或缺的帝国式国家角色以及社会内部的等级关系。就此悖论，北美传播政治经济学派从供需两个方面提供历史考证，即战后互联网发展是以美国全球战略以及与之匹配的逐利性资本为驱动，优先回应跨国企业的传播需求，并借助传播技术培育了一个基于传播与信息的全球性消费社会。美国政府所作出的政策决策与话语导向总体上是出于联系、代表、统领驻美跨国资本的目的，因此在维持以美国为首的全球等级结构中扮演重要角色。尤其当美国军事计划孕育出互联网雏形之后，互联网的私有化、商业化和全球化路径得益于始于 20 世纪 70 年代的美国政府倡导的新自由主义改革。以消解福特主义国家能力、打破电信企业天然垄断、免除互联网资本的公共责任为目的的新自由主义改革，是形塑互联网的主要政策环境和意识形态力量。自 20 世纪 90 年代起，新自由主义在以美国为首的发达国家的推动下成为全球浪潮，带动后殖民国家选择性融入，起到加速技术资本的全球等级式分布、推动公民社会跨境发展的总体效果。

其次，网络社会学视角聚焦社会传播能力，认为全球互联网促成了曼纽尔·卡斯特（Manuel Castells）勾勒的从“大众传播时代”到

“大众自我传播”的“网络社会”的转向。在该理论视域下，意义生产、符号互动、身份建构这一系列由传播活动支撑的社会文化生产活动，具有独立于政治经济变迁的自有逻辑。换言之，以网络技术为媒介的新闻传播、艺术仪式、宗教信仰、社会评论、社会暗示、情绪表达构成日趋庞杂的表意体系；相应的，社会、市场、机构力量透过这些符号—意义系统展开社会互动和文化实践，构成难以还原至政治理性或经济算计的巨大观念动能。值得注意的是，在传播能力得到前所未有普及发展的今天，表意体系不相称地极速放大；然而，即便如此，表意体系流动着的“地貌”并不完全脱离于政治经济变迁，而是反映、建构甚至制度化后者。在曼纽尔·卡斯特笔下，资本逻辑推动的网络发展激化了超越地域的金融流、技术流、信息流、人才流，但是这些“全球流动空间”[①] 也悖论式地造就了社会圈层、身份政治、空间断裂和功能碎片，构成了一个由传统、现代、后现代相混杂的整体性政治经济与话语格局。

不仅如此，作为中观层次的物质结构、关系组织和表意体系，互联网已成为连接个人、群体、企业、组织与结构世界的重要塑造性界面。也就是说，网络化逻辑在既有的政治经济变迁和权力格局重构过程中增添了新一层次的复杂性。其一，资本推动的商业互联网与包括国别、区域、阶级、性别、族群等在内的多维权力关系相互交织，在选择性全球延伸中，构成连接与断裂、中心与边陲、多元与隔阂、扩张与等级矛盾性并存的全球传播空间格局。其二，生产、消费、金融、技术、军事、舆论、传播等主要社会活动的高度网络化，使得这些社会场域转变为跨越边界、超越梯度的竞合空间，进而使之成为挑战和改写传统的一元国家权力结构的多元范畴。其三，那些源自政治、军事、货币、金融的传统权力变得依赖网络权力。所谓的网络权力源自三种能力：形成网络组织的能力、界定网络目的与规范的能力、形成

① Castells M., *The Power of Identity* (2nd ed.), West Sussex, England: Wiley-Blackwel, 2010, p. 1.

网络之网络的能力。[①] 对于国际传播而言，网络化促成多中心、多范畴、多梯度的几何结构，这意味着一国在技术上的跃进并不见得将线性地转换为产业位次上的升级，进而，产业上的升级也未必能转换为形成、组织、界定、控制国际传播网络的能力；从美国国际传播史看，跨国网络控制能力不仅取决于有效的领土化机制，还取决于国家在境外与企业、国家与技术、企业与技术之间的更为复杂的支配与竞合关系。[②]

再次，透过后殖民理论看待互联网与权力，人们发现全球互联网既构成霸权结构，也辩证地形成一系列催生与包容“抵抗活动”的联结、空间与资源。在后殖民理论之于必然和偶然、整体与多样、控制与分布、结构与日常之间的辩证想象中，跨文化互联网历史建构论已具备超越欧洲中心主义的视野。此种超越性视野认为，“弱者的武器”内在于霸权结构中，其中包括针对技术经济霸权话语所实施的去合法性、去必然性的观念抵抗。处于弱势地位的国家与社会提出不同于既有秩序的未来想象，这种愿景不仅是观念抵抗，也预示着转变为抵抗实践的未来可能。[③] 从经验研究角度看，这意味着揭示欧美技术如何从地方性突围转化为统领全局的普适性观念与绝对性发展模式。实际上，依附理论、世界体系理论已对线性的现代化理论以及由此衍生的创新扩散模式提出质疑，而后殖民主义理论从米歇尔·福柯（Michel Foucault）的“知识与权力”视角进一步揭示欧美技术全球主义所遮蔽的相对性与政治性。

最后，由于技术初创者并不能决定技术在日后广泛运用中所经历的演化，因此跨文化互联网历史建构论还趋向于平视那些在带有殖民主义烙印的等级类别中作为“他者”的历史主体。这意味着，在诸如

① Castells M., *Communication Power*, New York: Oxford University Press, 2009, p. 45.

② Zájacz R., *Reluctant Power: Networks, Corporations, and the Struggle for Global Governance in the Early 20th Century*, Cambridge, MA: MIT Press, 2019, p. 22.

③ Scott J., *Weapons of the Weak Everyday Forms of Peasant Resistance*, New Haven: Yale University Press, 1985; Schweller R., Pu X., “After Unipolarity: China's Visions of International Order in an Era of U.S. Decline”, *International Security*, 2011, 36 (1), pp. 41–72.

中心—边陲、西方—非西方、现代—传统、发展—欠发展的二元关系中，发现全球互联网不均衡结构中的联系、互动以及流变。[①] 实际上，全球性技术经济浪潮不同程度地遮蔽了世界各地差异化的历史文化、多样性的发展诉求以及发展中国家与社会的主体性。处于弱势地位的国家与社会，往往采取“软平衡”策略，即临时性地接受并加入既有秩序以求获得机遇资源和发展渠道，并采取局部性的抵抗行为，结果是增加霸权结构的维护成本。[②] 通过从非西方社会的历史经验中挖掘具有多样现代性意义的主体与愿景、观念与话语、知识与实践、关系与组织以及结构与空间，跨文化互联网历史建构论旨在探寻改造世界的历史条件、阐发更具代表性的全球规范。[③]

至此可见，互联网是数字资本主义体系中的通用基础设施、经济增长极、创新聚集点、政治文化建构空间以及横向整合能力与纵向控制能力的物质依托。随着传播技术与传播活动渗透进社会各领域，互联网已成为集中、放大、调整权力关系的全球范畴。那么，所谓的后美国时代对于既有的依托于互联网的权力结构意味着怎样的危机与转机？

二　“后美国时代”的危机与转机

在互联网诞生五十多年后的今天，数字资本主义已在全球范围内得到深入发展。正如传播政治经济研究指出的，其全球格局总体遵循以美国为中心的操控结构，映射美国国家—资本联盟的意识形态偏好与政治经济诉求。[④] 然而，始于 2008 年的国际金融危机暴露出美国主

---

① Anderson W.，“Postcolonial Technoscience”，*Social Studies of Science*，2002，32（5－6），pp. 643－658.

② Schweller R.，Pu X.，“After Unipolarity：China's Visions of International Order in an Era of U. S. Decline”，*International Security*，2011，36（1），pp. 41－72.

③ 参见 Chan A.，Networking Peripheries：Technological Futures and the Myth of Digital Universalism，Cambridge，Massachusetts：MIT Press，2013，Intruction；Srinivasan，R.，*Whose Global Village? Rethinking How Technology Shapes Our World*，New York：New York University Press，2017，p. 44。

④ Schiller D.，Yeo S.，“Science and Engineering in Digital Capitalism”，In Tyfield D.，et al.（eds），*The Routledge Handbook of the Political Economy of Science*，Routledge，2017，pp. 70－82.

导的全球数字资本主义的结构性矛盾，这加剧着全球权力转移。国际关系研究者普遍认为，美国在军事、经济、科技等方面的单极霸权能力仍将存续，但是权力消散已是明显趋势。与此同时，权力从传统政治机构向网络化组织转移也是历史趋势，这导致传统国家难以针对全球数字资本主义时代的结构性矛盾实施直接有效的干预，由此加剧变与不变的胶着状态。在此历史条件下，权力消散究竟会带来以战争为特征的权力转移，还是在既有自由秩序框架下实现平稳的权力扩散与多边合作，抑或是结构性全球失序？未来趋势尚未明朗。就此问题，后美国时代提供一个启发式历史概念，它包含对历史结构的判断、对现实走势的关照以及对多样未来的推测。在此框架下，我们可见全球权力关系正经历断裂与流变，而全球互联网恰恰是整体趋势中的重要组成部分。

首先，后美国时代表现为新兴主体之于霸权观念合理性的质疑。[①] 自第二次世界大战之后，特别是冷战结束后的20世纪，美国的观念力量全面形塑国际政治，甚至构成“后意识形态”的意识形态。根据政治学家布鲁斯·詹特森（Bruce Jentleson）和马克斯·韦伯（Max Weber）的观点，几个结构性主题贯穿美国主导的观念共识：其一，霸权稳定理论，即美国单极力量起到稳定世界秩序的正面作用，并为推动经济开放、解决国际纠纷、推广民主与人权提供公共性服务；其二，集人权、民主和法制为一体的自由民主体制优于专制体制，并且个人权利高于国家权利；其三，资本主义之于社会主义的优越性；其四，西方文化优于非西方文化；其五，和平优于战争。[②]

进入21世纪后，美国主导的西方中心主义观念却在现实发展和全球危机面前遭遇质疑。人们发现，包括全球秩序、自由民主、社会发展、人的价值在内的规范性概念具有政治意涵，需要经受政治经济、

① Schweller R.，Pu X.，Schweller R.，“After Unipolarity：China’s Visions of International Order in an Era of U. S. Decline”，*International Security*，2011，36（1），pp. 41－72..

② Jentleson B.，Weber S.，“America’s Hard Sell”，*Foreign Policy*，2008（169），pp. 42－49.

历史条件以及跨文化环境的考验，因此其内涵成为21世纪意识形态之争的核心。换言之，后美国时代是“后—后意识形态时代”。此种“后—后意识形态”也表现在美国外交领域的思潮变迁和实践调整上。自冷战结束至奥巴马当选总统的近20年间，美国优越性的身份认知与美国所具备的单极实力彼此强化，并向世界投射美国领导下的全球秩序图景。但是进入奥巴马执政期间，美国政府实施的全球接触战略在一定程度上承认了后美国时代的到来。[①] 美国政治学学者甚至认为，为了应对日趋激烈的全球观念竞争，美国对外输出的意识形态结构需要在更大程度上体现互助共享、公平公正、健康地球与社会多样性的价值立场。[②]

其次，后美国时代还意味着全球利益攸关方之于全球治理体制展开的反思与调整，其中包括美国特朗普政府主动发起的守成霸权主义举措。始于2008年国际金融危机的全球经济衰退暴露出国际体系中的结构性矛盾，并随后在世界各地诱发了一系列社会政治危机，如政府破产、财政紧缩、难民潮、右翼势力抬头以及反全球化运动。在美国国内，特朗普有效调动了政治社会危机中底层民众对两党亲硅谷和华尔街资本的深层次不满，赢得了2016年总统大选。随后在国际舞台上，特朗普政府退出巴黎气候协定、跨太平洋伙伴关系协定、伊核协定，并针对包括盟友在内的贸易伙伴挑起一连串贸易战，撕扯形成于战后、扩张于后冷战时期的美国主导的自由资本主义秩序，以期达到“让美国再次伟大”的外交目标。[③]

无论是特朗普政府的激进政治行为，还是全球经济的下行压力，抑或是全球危机地方性表现所造成的当地政府的合法性危机，都使得

① Löfflmann G.，“Leading from Behind-American Exceptionalism and President Obama's Post-American Vision of Hegemony”，*Geopolitics*，2015，20（2），pp. 308－332.

② Jentleson B.，Weber S.，“America's Hard Sell”，参见 https：//foreignpolicy. com/2009/10/06/americas-hard-sell/。

③ Baldaro E.，Dian M.，“Trump's Grand Strategy and the Post-American World Order”，*Interdisciplinary Political Studies*，2018，4（1），pp. 17－45.

国际环境充满不确定性。这样的"失序时代"促使北美之外的区域政体纷纷探寻后美国时代的政治想象。不同政治体提出的反思与异议不同程度地消解着"美国世纪"的观念霸权。[①] 那么，在美国守成霸权主义加剧的总体情势下，以欧盟、东亚为代表的区域体究竟将继续以同盟姿态依附并维护战后秩序，还是构成"复调式结构"的国际秩序？[②]

最后，后美国时代蕴含着变与不变的辩证关系。约瑟夫·奈（Joseph Nye）认为，权力从西方国家向东方国家转移是21世纪的标志性趋势，而更为广泛的"他者崛起"意味着在战后多边体系中全球事务的协商过程将变得更为复杂多维。但是，需要注意的是，尽管美国及其盟国所占权力资源的全球比重已下降，美国利用权力资源来影响世界格局的"转换"能力在很长时间内将依然是独一无二的。[③] 一方面，美国在全球等级秩序中仍然占据主导地位。其中重要的指标是，在各项全球事务中美国主导的治理机构与治理框架依然是全球秩序的基石，并且在冷战之后通过吸纳新兴国家得到前所未有的壮大。以互联网治理领域为例，奥巴马政府放弃美国商务部对ICANN的直接管理，这一举措既反映了互联网资源的全球扩散，也可以看作稳定和扩大美国所主张的多利益攸关方模式的必要步骤。另一方面，美国之于政治盟友、资本力量、非政府组织的横向号召、整合、驾驭能力不容忽视。如前文所论，在高度网络化的环境中，权力已从国家政府分散至广大非国家主体，国家政府实施干预行为不仅会在事实层面影响某些既得利益，还会在参与式民主意义上缺乏合法性。然而，在约瑟夫·奈看来，美国驾驭外交网络、技术经济网络、跨国传播网络，以及调动非政府组

---

① Challahan W. A.，"China's Strategic Futures: Debating the Post-American World Order"，*Asian Survey*，2012，52（4），pp. 617 - 642.

② Katzenstein P.，*A World of Regions: Asia and Europe in the American Imperium*，Ithaca，New York：Cornell University Press，2005；Acharya A.，*The End of the American Order*，London：Polity Press，2018，p. 8.

③ Nye J.，*Is the American Century over?* London：Polity Press，2015，pp. 137 - 140.

织的能力依然强大。[①]

三 全球互联网变局：技术、治理与价值

那么，后美国时代的危机与转机如何在互联网领域展现？20 世纪 70 年代以来，数字资本主义在全球狂飙猛进，以互联网为引擎的信息传播技术成为支撑全球体系最为重要的基础设施、投资重点以及追求效率、发展、秩序、认同的重要空间。由于以互联网为驱动的信息传播技术的弥散式应用总体上从属于资本积累逻辑，因此并不能消解资本主义体系的内在矛盾，反而会起到激化甚至放大生产过剩、需求瓶颈、不均衡发展以及劳动再生产危机的复杂作用。因此，始于 2008 年的国际经济危机被丹·席勒（Dan Schiller）称为"数字化衰退"。[②] 值得注意的是，伴随着数字化衰退的是后美国时代的到来。这意味着科学技术领域，特别是信息传播技术的政治经济格局、全球治理模式和规范性价值，已经成为激烈竞争的焦点地带，甚至成为全球变局的倍增变量。

第一，信息传播技术自身的全球政治经济变局使得国际权势格局变得更为错综复杂。

一方面，美国力图巩固其基于下一代信息传播技术的政治经济霸权。[③] 长期以来，美国霸权地位取决于其控制全球公域的境外能力，包括全球互联网。[④] 随着 5G 移动互联网在全球范围的商用，人工智能、云计算、大数据、传感器等下一代信息传播技术使得智慧城市、物联网、穿戴设备成为新型应用。正如传播政治经济学者文森特·莫斯可（Vincent Mosco）指出的，人们所熟悉的以搜索引擎为主要界面

---

① Nye J.，"The Twenty-First Century Will Not be a 'Post-American'"，*World International Studies Quarterly*，2012，56（1），pp. 215 – 217.

② Schiller D.，*Digital Depression*：*Information Technology and Economic Crisis*，Urbana：University of Illinois Press，2014，pp. 142 – 150.

③ Mosco V.，*Becoming Digital*：*Towards a Post-internet Society*，Bingley：Emerald Publishing，2017，pp. 136 – 148.

④ Löfflmann G.，"Leading from Behind"，*Geopolitics*，2015，20（2），pp. 308 – 332.

的传统互联网正在沦为后互联网时代新型数字传播生态中的一小部分，而这一趋势也成就着苹果、谷歌、微软、亚马逊、脸书在数字传播生态中更为立体全面的控制力。这些硅谷企业不仅占据技术与商业的既得优势，还正与美国情报部门以及美国军方在无人机、数据情报、大数据分析等军用领域展开合作，以此增强美国在新一轮关键性技术竞争中的排他性或阻挠性能力。以谷歌为例，其已掌握近 80% 的电脑搜索，近 96% 的移动搜索；在此用户基础上，谷歌投入使用的智能系统能够动态、多场景地收集用户的人口特征与需求偏好，并以此优化算法，开发更高效、多功能、全场景的大数据与人工智能产品。

另一方面，5G 移动互联网技术所诱发的新一轮网络投资仍然开启了一个竞争与洗牌的时间窗口。数字传播生态的泛在发展赋予电信运营商控制的 5G 移动互联网以及海底电缆辐射全局的重要性，使其成为决定特定国家—企业联盟在全球网络传播中是否具备自主可控能力的关键部位。在此层次上，美国及其企业联盟的跨国网络控制能力正面对转折点。自 20 世纪 70 年代起的 30 年中，美国处于全球数据流动的中介地位，因此具备监视或阻断全球网络传播的整体能力。然而截至 2008 年，网络空间结构已发生重要变化——仅 25% 的网络传播流经由美国。[①] 与此同时，网络设备供应链也经历变革。中国企业华为已掌握 5G 网络设备的关键性局部优势。这意味着，一旦华为 5G 网络技术在中国、欧洲乃至"一带一路"沿线大规模应用，将改变新型网络层级结构中的国家—企业联盟的技术位次，还会调整网络空间布局中的国家—企业联盟的市场占比。如若他国不采纳华为技术，则将面

① Majerowicz E. , "China and the Political Economy of Information and Communication Technologies", Retrieved from https://www.academia.edu/39939954/China_ and_ the_ International_ Political_ Economy_ of_ Information_ and_ Communication_ Technologies; Zhao Y. , "The BRICS Formation in Reshaping Global Communication: Possibilities and Challenges", in K. Nordenstreng and D. Thussu (eds), Mapping BRICs Media, Abingdon, Oxon: Routledge, 2015；洪宇：《中国与国际互联网：博弈式的国际融合》，《新闻与传播研究》2016 年第 S1 期。

对在大数据等新兴应用市场中丢掉先发优势的风险。[①] 面对这样的对手，美国政府正采取行动，利用其外交资源以及中国在高端半导体和装备制造领域的结构性外部依赖，力图防止华为的局部优势转变为中国在全球地缘政治中的全局优势。比如在2020年年初，美国驻荷兰大使要求荷兰阿斯麦公司（ASML）不对华出口极紫外光刻机，希望以此拖累中国半导体的自主研发空间；此举也体现出美国之于高端半导体产业链尤其是设备制造的跨国掌控力。

第二，开放式的多边体系与多形态的网络主权成为修正既有全球网络治理模式的竞争性资源，这在一定程度上偏离了始于20世纪90年代的新自由主义总体趋势。自1989年世界银行提出"治理"概念以来，机构改革的目标在于打破职权部门与私营部门之间的传统边界，将权力与权威分享给市场力量和跨国势力。在规范性意义上，此举旨在克服官僚体制的刚性趋势，建立多中心的自治自足结构。[②] 但在事实性意义上，此举实则重新定义了国家政府与公共政策所代表的社会基础和权力结构，偏向于赋权、赋能于跨国市场力量及其与之相匹配的社会力量。在全球互联网领域，网络治理概念总体上起到制度化既有公司全球主义秩序的作用，但在组织形式上呈现为由国际组织、跨国企业、技术社群、社会团体、网络公众共同构成的全球政策网络。在该治理秩序中，互联网在释放个人、机构、组织、市场的横向传播活动的同时，也不无悖论地壮大企业巨头及其国家联盟与技术结构的垄断性治理话语权。

2008年之后显现的后美国时代之态势也延展至网络治理领域。以中国为代表的金砖国家以"博弈式融入"参与战后美国主导的全球治理体系，从初始的边缘性参与转变为近期的显著发声。在奥

① Majerowicz E.，"China and the Political Economy of Information and Communication Technologies"，Retrieved from https：//www. academia. edu/39939954/China_ and_ the_ International_ Political_ Economy_ of_ Information_ and_ Communication_ Technologies.

② 郁建兴、刘大志：《治理理论的现代性与后现代性》，《浙江大学学报》（人文社会科学版）2003年第2期。

巴马政府执政期间，俄罗斯、中国、沙特阿拉伯、阿尔及利亚、苏丹、埃及将国家间平等、政府责任、网络安全纳入国际电信联盟的网络治理话语体系中；印度、巴西、南非也提出多边体系意义上的互联网近用权。[①] 诚然，美国及其盟友以传播人权与国家权力之间的对立为由，极力捍卫基于自由市场和公司垄断的既有全球互联网秩序。即便如此，西方民主国家内部也出现了明显的立场分化。比如，欧盟主张一种新型多边治理模式，即政府间公共政策共识应当构成互联网社群自治的"元治理"框架，而政府间之于公共政策的谈判应当以纵向与横向的多利益攸关方之间的接触、学习、协商、互动为基石。[②] 美国特朗普政府也积极施展以霸权主义为内核的国家主权，这也使得网络主权实践成为各国更为常用的外交政策举措。[③]

第三，信息甄别、隐私保护、可持续生态及劳动者权益正在成为技术治理和传播政策的核心价值议题。在以大数据、云计算、人工智能为支撑的新型数字传播条件下，算法推送、智能助手、可穿戴设备、无人车、无人机、智能城市建构起所谓的智慧社会，这意味着大规模实时数据采集正成为互联网企业的核心业务。技术泛在与数据监视的融合不限于商业领域，还能满足政府与军方基于情报实施管控的诉求，这导致所谓的监视社会成为触手可及的未来可能。[④]

但是，面对智慧社会抑或是监视社会的未来选择，人们在工具理性的表象下对于价值理性展开反思与追问。以技术进步促进社会发展为归依，原本单向度的技术范畴必须容纳多视维的价值考量。其一，在一个具有信息采集、态度监视甚至行动数据化的技术环境中，基于

---

① Glen C., "Internet Governance: Territorializing Cyberspace?", *Politics & Policy*, 2014, 42 (5), pp. 635 – 657.

② George C., S. Seamus, "The European Union, Multilateralism and the Global Governance of the internet", *Journal of European Public Policy*, 2011, 18 (2), pp. 241 – 257.

③ Beeson M., J. Zeng, "The BRICS and Global Governance: China's Contradictory Role", *Third World Quarterly*, 2018, 39 (10), pp. 1962 – 1978.

④ Mosco V., *Becoming Digital*, Bingley: Emerald Publishing, 2017, pp. 12 – 14.

算法的信息操控和信息推送正在成为趋势，使得传统新闻业与信息服务业在原本就纷繁复杂的网络环境中更加屈从于算法逻辑。鉴于此，通过传播政策来确立算法的新闻准则与传播伦理是焦点之一。其二，由于数据采集是万物互联的智能技术环境的主要特征，启蒙时代以来的西方隐私概念持续受到侵蚀。常用的隐私概念仅限于个人信息披露与否，却回避了“监视资本主义”所依赖的之于身体及其再生产的数据收集、数据处理、数据出售的商业事实。① 对此，欧盟在数据隐私保护领域扮演着领导者角色。其三，互联网并不局限于虚拟空间或比特流动—能源、传感、存储、传输、计算构成后互联网时代智慧社会的物质性，大规模数据中心、大量探测器和冗余网络都会给自然环境带来压力。鉴于不可回避的物质性，“健康地球”成为技术治理和传播政策的核心价值议题之一。② 其四，由算法、机器人、传感器、实时跟踪构成的后互联网将在资本主义经济大环境中给就业带来震荡，并且重构各行各业的劳动流程、成本分摊以及权益分配。面对技术经济浪潮，技术治理与传播政策不应任由技术变革凌驾于劳动者价值之上，而应当把劳动者的价值和目标放在数字化改造的中心地位。如何在满足劳动再生产的基本水准之上，普遍提高劳动者全方位参与社会的能力，已成为人们探讨数字时代未来工作的价值标准。

四 结语

随着全球化发展，互联网已成为建构全球范围内社会权力结构的主要物质结构、组织载体和表意体系。也就是说，互联网既构成互联互通的全球公域，又重构着由资本主义逻辑与区域、阶级、种族、性

---

① Zuboff S.，“Big Other：Surveillance Capitalism and the Prospects of an Information Civilization”，*Journal of Information Technology*，2015，30（1），pp. 75–89；汪靖：《西方隐私思想的起源和发展》，《新闻传播》2016 年第 4 期；吕新雨：《新媒体时代的“未来考古”——传播政治经济学视角下的中国传媒变革》，《上海大学学报》（社会科学版）2018 年第 1 期。

② Mosco V.，*Becoming Digital：Towards a Post-internet Society*，Bingley：Emerald Publishing，2017，pp. 199–201.

别等多维关系交织而成的权力结构，还释放出多梯度、多中心、多功能的网络组织，并因此打乱传统的一元国家权力结构。作为技术—社会—文化复合体，互联网所呈现出的连接与分布、空间与结构、符号与意义，反映、维系、放大并部分挑战着参差不一但又不失统领的全球格局，因而是牵一发而动全身的新轴枢。其所包含的技术政治、网络逻辑、传播权力，是既有秩序的延续，也是变迁趋势的重要变量。在后美国时代，互联网更是处于新旧摩擦碰撞的中心地带。后美国时代的结构性危机正激化着利益之争与价值之辩，因而暴露出维系支配与反支配的惯常体系的政治性，也因此激活新的反思与调整。新的结盟、新的主体、新的场景、新的主张正在形成。

中国是全球化、网络化、数字化进程的重要参与者，还将是未来全球数字秩序的重要建设方。在后美国时代的启发式框架下，我们亟须在认清事实意义上的等级与断裂的基础上，推动资源与能力的多维度再分配。与此同时，互联网新一轮的全球发展是后互联网技术驱动的更为广泛、深入的数字化转型和智慧社会建设；其影响将极大地超越社交媒体，成为重塑经济文化创新基础、重构劳动生产关系、平衡远程监控与社会自治、重组人与自然关系的社会技术趋势。在技术一致性和绝对性的表象下，中国的国家与社会需要发挥主体性，立足于互联网发展五十年的历史经验与全球资源，秉持以公平正义、多元共享、协同共治、劳动价值、健康地球为基本面向的立体性站位，积极探索发展策略、治理体系、价值观念的革新，推动谋全局、谋未来、谋人类福祉的数字未来发展。

作者洪宇系浙江大学传媒与国际文化学院副院长，传播研究所所长

清末抗疫的媒介记忆与传播实践

——以《申报》的三次鼠疫报道为例

何扬鸣　林丹菁

摘要：烈性传染病的防治问题一直都是媒介关注的焦点。清末先后有过粤港鼠疫、上海鼠疫和东北鼠疫三次重大的疫情。《申报》对这些疫情都作了详尽的报道，发挥了媒体在疫病信息传播中的作用。梳理清末《申报》三次鼠疫报道，可以发现该报在传播疫病防治信息时采取了积极的报道策略：公布信息全貌和及时辟谣；缓解西医防疫带来的矛盾冲突；对受众晓之以理。《申报》的三次鼠疫报道经验，为今天的疫情报道提供了历史借鉴。

关键词：清末；《申报》；鼠疫疫情

烈性传染病作为人类健康的威胁之一，时刻影响着人们的日常生活和社会公共安全。正因为如此，疫病防治问题一直是近代报刊产生以来的报道重点。迄今为止的研究多从近代报刊的视野出发，强调媒介对疫病知识的传播作用①，“侧重史料梳理，或基于传媒产品爬梳医学成果”②，而

---

① 具体可参考：冯志阳：《媒体、瘟疫与清末的健康卫生观念——以《〈大公报〉对1902年瘟疫的报道为中心》，《史林》2006年第6期；高学琴、聂长顺：《大众媒介与上海工部局市政管理——以〈申报〉政府公告为例》，《江西社会科学》2018年第12期；焦润明：《1910—1911年的东北大鼠疫及朝野应对措施》，《近代史研究》2006年第3期；王润泽、王汉威：《〈申报〉在卫生事业近代化中的作用分析——以1910—1912鼠疫报道为核心》，《新闻春秋》2020年第2期。

② 刘娟：《从〈大公报·医学周刊〉看民国时期现代卫生观念的传播》，《新闻与传播研究》2014年第5期。

媒体在疫病防治中的作用未能得到充分的注意。[①]《申报》从1872年创刊以来对疫病防治一直十分关注，如对1894年的粤港鼠疫、1910年的上海鼠疫和1910—1911年的东北鼠疫，《申报》都进行了详细的跟踪报道。《申报》在报道过程中所采用的策略，能为探寻近代报刊在疫病防治中的作用提供观察样本。

一 清末《申报》三次鼠疫报道的概况

鼠疫是一种传播速度快、死亡率极高的烈性传染病，在公共卫生体系和现代医学诞生之前，它是瘟疫的代名词。历史上曾有三次大规模的鼠疫，给人类社会带来了巨大灾难。始于19世纪末期，由中国云南波及世界的鼠疫，是历史上第三次大规模的鼠疫。所幸，当时公共卫生体系已经在欧美建立，因此，在致"千万余人"[②]死亡后，其流行就被遏制。清末《申报》所报道的三次鼠疫即属于上述大鼠疫。

清末《申报》报道的第一次鼠疫是1894年的粤港鼠疫。这次鼠疫起于云南，于1894年登陆香港，随后又扩散到广东等地，香港和广东是这次鼠疫的重灾区。鼠疫的蔓延引起了极大恐慌，在恐慌之下，无论是百姓还是官员纷纷采取焚香祈祷、设坛祈禳等方式，"现在庙祝街邻纷纷会议或奉神像出，或醵资延请僧道超度，至于跳舞狮子各处皆然……金鼓雷鸣，炮声地震"[③]，粤首府两县在城隍庙设坛，"为民请命，冀神灵感仁寿"[④]。《申报》对此秉持批判立场，指出求神可能延误治病，甚至引发其他灾情，比如《焚香肇祸》中记录人们诵经烧香引发火灾，"终夜不绝……香愈多火愈猛，忽爆其香烬一枚，落在凉棚之上"[⑤]，强调迎神驱疫之举是"游手好闲者遇事生风"[⑥]"以有用之财

① 王润泽、王汉威：《〈申报〉在卫生事业近代化中的作用分析——以1910—1912鼠疫报道为核心》，《新闻春秋》2020年第2期。

② 王利华主编：《中国历史上的环境与社会》，生活·读书·新知三联书店2007年版，第322页。

③ 《佛山祈禳》，《申报》1894年5月17日第3版。

④ 《时疫盛行》，《申报》1894年5月16日第2版。

⑤ 《焚香肇祸》，《申报》1894年5月7日第2版。

⑥ 《厦门有疫》，《申报》1894年8月24日第2版。

做无益之事”[①]。同时，《申报》还介绍了其他抗击疫情的有益办法，比如乡绅办理的养病所和善堂，在帮助求助的贫困病人方面发挥了重要作用；精通医理之人施医赠药也是一种好办法，例如一位廉访自制辟疫丹药分发给百姓，药物颇有效果，便将“药方抄出发交爰育堂，嘱其如法炮制，散给病者”[②]。

在此次鼠疫疫情当中，西医防疫措施开始进入人们的视野，这也是《申报》有关疫情的报道重点之一。1894 年 5 月 22 日，《申报》刊载了香港清洁局的治疫章程，包括染疫毙命的尸体必须在规定的地点埋葬，如发现患疫者或者相似疫情必须立刻上报，清洁局对污秽房屋进行熏洗消毒，患疫之人必须迁移到医船或转到东华医院进行隔离等。相较于传统中医以草药治疗，西医应对疫情的关键方法在于事先防范，但是这种严厉的防范手段与中国传统人情伦理相悖，不可避免地引发了矛盾，“华人深以为不便，恐或滋生事端也”[③]。然而，《申报》仍对西式防疫举措表示支持，提醒居民西式防疫之举是“西人之加惠我民”[④]。

清末《申报》第二次重点报道的鼠疫是 1910 年的上海鼠疫。从 1908 年上海发现第一例鼠疫病例开始，《申报》便陆续地刊登相关报道。报道中，《申报》不仅宣传西医防疫举措，还传播西医细菌学说，从细菌学视角向大众科普鼠疫病理，如“病原菌（百斯笃杆菌）之侵入体内也，多由皮肤黏膜，吾人不介意之小创伤而入”[⑤]。1910 年工部局开始强制查疫，引发了反抗风潮，对此《申报》进行了大量报道，但是面对工部局强制查疫造成的恐慌，《申报》并未过多渲染，而是将报道重点围绕矛盾协调、辟谣和防疫建议展开。对于紧迫的疫情和人民的反抗情绪，《申报》建议“邀各商开一会议，一面请有声望之华商赞助医生处设，此事可以办成，则一二星期之内仍可

---

① 《迎神逐疫》，《申报》1894 年 7 月 10 日第 3 版。

② 《时疫未已》，《申报》1894 年 5 月 21 日第 2 版。

③ 《疫尚未已》，《申报》1894 年 5 月 22 日第 2 版。

④ 《续防患未然说》，《申报》1894 年 6 月 8 日第 1 版。

⑤ ［日］绵贯兴性三郎：《百斯笃预防说略》，谢毅译，《申报》1910 年 11 月 2 日第 26 版。

开始查验房屋矣"[①]。《申报》还刊登工部局晓谕，澄清将病弱幼童送入医院拐卖的谣言，表示工部局将与华商领袖董事商议后再公布防疫办法，提醒居民社会上"又有冒充本局用人在外借防鼠疫之名讹诈钱财"[②]。1910 年以后，上海疫情有所缓解，《申报》继续关注疫情，直到 1914 年仍有报道。

1910—1911 年，上海鼠疫尚未平息之时，东北三省又暴发了肺鼠疫，这是清末《申报》报道的第三次鼠疫。这次东北的鼠疫源自俄罗斯。与前两次鼠疫不同，此次鼠疫是危害更大的肺鼠疫，即不用老鼠、虱子作为传播媒介，通过呼吸便能传播疫菌，所以蔓延速度更快，波及范围更广，疫情由北向南先后向大连、津京、武汉等地蔓延。从《申报》的相关报道可以看出，为抗击疫情，各地都采取了严厉的西式防疫举措，除清洁沟渠道路、入户查疫、隔离病人、捕捉老鼠和熏蒸消毒外来货物等措施，还广泛建立了防疫所、停运和限制交通、限制在公共场合的活动、加强人口管理、施行奖励抚恤等，比如各国驻京的外交团断绝了华人在东交民巷的交通，禁止戏园营业演戏，上海法租界命令旅馆客栈有北方客人投宿立刻报备，北京对客栈等公共寓所进行消毒。

在此次鼠疫疫情中，对居民和染疫病人进行登记管理成为主要的防疫手段之一，北京政府要求疑似传疫之处只要有人染疫，无论何种疫病都要及时报备，民政部为此成立了卫生队调查街巷的死亡人数和病人姓名以及"所患病症"，并负责"捕捉毙鼠事宜"[③]。为防止鼠疫病菌通过尸体传播，政府要求对尸体进行火化或管理，只有医生查验并颁发许可证后家属才可抬棺。对尸体的严格管理引起了冲突，如有新闻提到官吏因为不准无证家属抬棺，死者家人与之争执不休，《申报》提醒若防疫局不对此进行补救则"恐将酿成事端也"[④]。开展国际

---

① 《六志租界检查鼠疫问题》，《申报》1910 年 11 月 17 日第 18 版。

② 《三志租界查验鼠疫之大恐慌》，《申报》1910 年 11 月 14 日第 19 版。

③ 《北方鼠疫记》，《申报》1911 年 2 月 6 日第 5 版。

④ 《京师防疫记》，《申报》1911 年 2 月 22 日第 6 版。

医疗合作，也是这次鼠疫疫情中的一个亮点，有报道称俄人见疫情收拾无望，“要请中政府及他国政府组织科学旅队派往满洲”①。外务部也与外国使团合作，聘请外国西医前往东北抗疫，如英国派出伦敦自治局医学监理员法莱尔（Faller）博士赴华协助抗疫。

二 清末《申报》三次鼠疫报道的策略

清末《申报》的三次鼠疫报道都涉及疫情的发生与发展、社会的恐慌与冲突、防疫举措等方面，其信息来源多元、内容庞杂，对疫情信息的传播产生了重要影响。梳理相关报道可以发现，《申报》处理这些信息的策略体现了媒体在疫情信息传播中的积极导向作用。

1. 公布信息全貌与及时辟谣

1894 年 4 月 6 日（农历三月初一），广州一个官员的儿媳患病高烧，并出现全身瘀斑，这是广州最早被确诊的鼠疫病例②。随后，《申报》便出现广州患疫的消息，“粤东尔因天时不正，以至疫症流行”③。一个月后又刊登了香港出现疫情的报道：“香港华人今得一病，时时身上发肿，不一日即毙……每日病者约三十人，死至于十七八人。”④ 1908 年 12 月上海公共租界首次发现鼠疫病例⑤，发现鼠疫后，《申报》立刻报道，并刊登工部局发布的防疫通知和举措，如制作捕鼠笼分发给租界居民，“英美工部局昨日喻饬租界铺户居民各制捕鼠笼一具”⑥。1910 年东北鼠疫期间，《申报》利用数据向公众直观地展现疫情变化，包括死亡和患疫人数、损耗经费等，如“满洲疫症仍蔓延无已，哈尔滨死者二百五十四人，浦家店死者一千一百八十四人，奉天死者三十八人，长春吉林

① 《西报纪满洲疫症之危象》，《申报》1911 年 1 月 20 日第 10 版。

② 伍连德：《中国之鼠疫病史》，《中华医学杂志》1936 年第 11 期。

③ 《时疫盛行》，《申报》1894 年 4 月 29 日第 2 版。

④ 《香港多疫》，《申报》1894 年 5 月 15 日第 2 版。

⑤ 徐雪筠、陈曾年、许维雍等译编：《上海近代社会经济发展概况 1882—1931——〈海关十所报告〉》，上海社会科学院出版社 1985 年版，第 170 页。

⑥ 《预防鼠疫》，《申报》1911 年 12 月 12 日第 19 版。

两处死者不计其数"[①]。其实在粤港鼠疫时，《申报》便已开始以公布数据的形式通报香港疫情，"昨日香港来电云，日来又有四十八人新染时疫，死者四十七人"[②]。当时除与粤港鼠疫有关的报道外，数据信息在《申报》上并不多见。甲午中日战争之后，公共卫生作为现代和文明的标志也被提上清政府的改革议程，医学统计工作开始得到重视，[③] 在报道东北鼠疫时，此类数据报道已十分普遍。

面对未知疫病带来的威胁，媒体应该及时向受众提供与疫情相关的各种信息，防止社会上因信息获取不全面而产生谣言。因此在公布信息的同时，辟谣也是《申报》的重点工作。粤港鼠疫盛行时，便有谣言称疫病是由洋人投毒导致，因此当西方传教士制作辟疫香珠和香牌分送民众时，民间谣传"西人素与我等不和，欲意绝我种类……此等香牌一经入鼻其人即死"[④]。对于谣言引发的骚乱，《申报》斥责愚民无知，同时提醒民众，政府已派人"明查暗访，务将造谣匪犯获案严惩"[⑤]。上海反抗风潮爆发后，《申报》经常引用官方告示，晓谕居民抚慰人心，如一则报道就抄录沪道的告示，提醒居民工部局已暂停查疫，并在租界外设立华人医院，"切勿听信谣言，自相扰累"[⑥]。无独有偶，东北鼠疫发生时谣言骤起，谣传有人冒充外人在民间四处喷洒药水，《申报》公布民政司的辟谣告示，声明已经破获造谣嫌疑案数起，说明谣言"于国际治安大有妨害"[⑦]。

2. 缓解西式防疫所产生的矛盾冲突

疫病带来的恐慌和西医强制性防疫手段难免引发矛盾与冲突，对此，《申报》采用了恰当的方式来呈现，目的在于缓解冲突，并以此

① 《满洲疫患续志》，《申报》1911 年 1 月 17 日第 6 版。

② 《香港疫信》，《申报》1894 年 5 月 24 日第 3 版。

③ 张小龙：《医学统计在中国的起步与发展（1840—1937）》，博士学位论文，中国科学技术大学，2014 年，第 25—26 页。

④ 《羊城疫信》，《申报》1894 年 6 月 25 日第 2 版。

⑤ 《粤东疫耗》，《申报》1894 年 7 月 4 日第 3 版。

⑥ 《官绅安慰人心之通告》，《申报》1910 年 11 月 16 日第 18 版。

⑦ 《东省防疫记》，《申报》1911 年 2 月 10 日第 5 版。

动员民众配合，保证抗疫能够进行下去。这种做法与当下的建设性新闻理念有一定的耦合之处，即倡导媒体以恢复性叙事框架叙说冲突，对破坏时刻所存在机遇的坦诚和持续探寻，探讨遭遇创伤事件后的个体和社区如何重获生机与活力。[①]

转移叙事重点，淡化矛盾冲突是《申报》的主要叙事策略。粤港鼠疫时，面对西式严厉的防范手段，华人社会便以其传统习俗的名义，通过以东华医院为代表的华人组织向殖民政府争取华人自己的鼠疫应对举措，同时有人也以散布各种鼠疫谣言的方式抵制这些防疫措施[②]。在上海鼠疫发生时，有媒体形容英美工部局“检查愈严，或有患疾面色黄瘦者，卫生员即令送入医院治疗，居民益起恐慌”[③]。《申报》在报道这些冲突时便转移矛盾焦点，如在报道粤港鼠疫引发的冲突时，解释并强制查疫的原因，称查屋之举实为“众人身体起见，前者所求各事已批准，任从往东华医院求自己医生料理……各宜帮助官场免至疫症传染，切勿多端阻扰”[④]；在描述英美工部局严苛的手段后又赞颂查疫“慎重卫生，除疫务尽之至意也”[⑤]，并强调查疫引起风波的原因在于“中西习惯不同”[⑥]，“中西风俗不同、言语之互异，在事华人等又不善传达西人之意”[⑦]，将尖锐的华洋矛盾淡化为中西间的习惯差异，借此缓和民众的反抗情绪，推动防疫事务的顺利开展。

淡化冲突的另一方式是报道抗疫效果，挖掘暖心事迹。上海发生鼠疫时，为应对抗疫风潮，华界董商与工部局商议改进查疫举措，包括中国自行设公立医院，由华人自主查疫。这之后报纸便将报道重心

---

① 杨建宇：《修复性叙事：创伤讲述新模式——美国希望镜像的主张与探索》，《编辑之友》2019 年第 5 期。

② 杨祥银：《殖民权力与医疗空间：香港东华三院中西医服务变迁（1894—1945）》，《历史研究》2016 年第 2 期。

③ 《查验鼠疫之恐慌》，《申报》1910 年 11 月 9 日第 19 版。

④ 《港疫续述》，《申报》1894 年 5 月 28 日第 2 版。

⑤ 《工部局防卫鼠之举动》，《申报》1910 年 11 月 5 日第 18 版。

⑥ 《宝献员对于查验鼠疫之公告》，《申报》1910 年 11 月 11 日第 18 版。

⑦ 《检疫问题之愳闻尺见》，《申报》1910 年 11 月 13 日第 12 版。

转移到中国公立医院查疫的成效上，突出强调了华人自行查疫不辞辛劳，以及华人医生的耐心温和，有效稳定了民心。医院董事沈仲礼派出精通西医的侯光迪等人挨户检查，为了方便妇女检查，随行的还有从美国回国的女西医黄馥仙，他们查疫时向居民耐心开导，“黄培元等和颜悦色而进，向居民一一把脉，无反对之意，居民开通者亦不少……此风潮平静，市面可借此恢复矣”①，“间有一二处迟疑者，经施君等开导无不乐从，想从此租界居民可以安谧，而市面亦不至再有震动矣”②。在东北暴发鼠疫期间，《申报》也多次报道国际社会对中国的援助，如一则报道描写了英国医生杰克森（Jacksin）尽心尽力协助抗疫的事迹，“君年甫二十七，气体盛壮，乃为吾国防疫而死，真能实行耶教舍生救世之意”。③

3. 对受众晓之以理

清末的国人文明程度并不高，对鼠疫的认识和理解基本还是传统的那一套，对西医的接触更是刚刚开始，对其多有误解，甚至视其为妖术，自然对西医防疫抗疫存在着强烈的抵触情绪与思想。对此，《申报》以极大的耐心对受众循循善诱，期望受众能够改变态度与看法。

香港英官设立隔离船安置华人导致谣言四起后，《申报》报道粤督照会英官，要求将病人转送至东华医院医治，或者运送回粤，然后出示告示以安民心；《申报》还多次提到东华医院就华人治疫问题与英官协商，有一则新闻详细报道了香港乡绅与英官的协商过程，除了请求华医治疗病人，“又欲呈禀官场求准人情，俾病疫者回省，及求免入屋搜查”④。1912 年 11 月上海又相继发现鼠疫感染病例数例，《申报》对疫情进行通报，报道了中国公立医院及时有效的防疫行动，包括派医生立即前往租界疫地、对病人取血采样送到工部局化

① 《中医检查鼠疫之详情》，《申报》1910 年 11 月 24 日第 18 版。

② 《中国公立医院检查鼠疫情形》，《申报》1910 年 11 月 26 日第 18 版。

③ 《东省防疫记》，《申报》1911 年 2 月 10 日第 5 版。

④ 《港疫续述》，《申报》1894 年 5 月 28 日第 2 版。

验，并提醒居民如果出现疑似症状应立刻到公立医院投诊，强调公立医院与“外人医院性质不同”[①]，家人不放心也可以在医院陪伴，医院当中备有疫苗，劝导居民不可因为迟疑不前导致传染，导致一家同归于尽又祸害邻里。

在粤港鼠疫发生时，针对人们对西医强制入户清洁反感的问题，《申报》一则论说文从中医养生的角度对清洁除疫进行解释，向公众说明西人的辟疫之法符合中国“积秽之气中于人身可以致疾，故居家以内外整洁为第一格言”[②] 的养生理念，据此提出建议，养生之法不过“去污秽而就清净而已，似于西人之法，不妨节取疫疠传染时固可借以辟疫，即毫无疾病时行之亦属有益”[③]。《申报》还指出西医防疫虽然防患于未然，但并非尽善尽美，因此在报道廉访的药颇具效验后，建议“以此神方列入报章，详述制法药引一切用法，以布告天下，俾天下各处善堂及有力者照方配制”[④]。在上海鼠疫疫情中，针对反抗风潮，《申报》一则时评要求“一面宜与华董熟商，采用设立医院，聘请华医之议”[⑤]，一面将鼠疫的危害性告知居民以消除其对西医的疑虑。在报道西医防疫举措方面，《申报》对西医理念进行科普，帮助居民了解防疫原理，基于细菌理念提倡生活新风尚，引导居民养成良好生活习惯。

三　清末《申报》三次鼠疫报道的启示

清末中国社会十分落后，几乎没有什么先进的卫生制度、设施，大多数人或源于或迫于生活的贫困，不可能有良好的卫生常识和卫生习惯，管理能力有限的政府部门应对突发事变的能力也是有限的。一旦有什么疫情暴发，势必造成巨大的恐慌和损失。在这种情况下，诸

① 《鼠疫急宜防范》，《申报》，1912 年 11 月 20 日第 6 版。
② 《去秽所以祛疫说》，《申报》1894 年 6 月 27 日第 1 版。
③ 《去秽所以祛疫说》，《申报》1894 年 6 月 27 日第 1 版。
④ 《驱疫说》，《申报》1894 年 5 月 26 日第 1 版。
⑤ 《时评・其二》，《申报》1910 年 11 月 12 日第 6 版。

如《申报》等报刊的新闻从业人员在防疫抗疫方面担当起社会责任，尽自己的能力反映当时社情民意，也不同程度地减少了疫情造成的损失。在这方面，《申报》的三次鼠疫报道为我们留下了不少值得思考的东西。

1. 妥善处理负面新闻

有学者认为，《申报》的编辑记者在报道清末三次鼠疫时，可能并没有“负面新闻”的概念，也不知道在报道负面话题时适当引入“负面”的叙事话语将有益于提升“正面”之类的传播效果①。因为《申报》的新闻理念即“有闻必录”，其自始至终践行着这一理念。然而，疫情报道本身就是传播负面的信息，媒体对疫情的报道避免不了灾难性的叙事框架。故在处理负面新闻的时候，媒体应以积极的手法展开报道，尽量避免这些负面报道在社会上引起过分的焦虑或恐慌。可圈可点的是，《申报》并未完全遮蔽抗疫活动中的矛盾冲突，而是挖掘了其中潜在的积极因素。

在三次鼠疫报道中，《申报》不仅及时通报了有关疫情的信息，而且还不断地介绍了各种防病措施，尤其是西医防疫之法。在粤港鼠疫疫情中，报纸通过中西对比向公众宣传西医清洁隔离的防疫效果，认为西医防疫之法“合一处之力以治一处之疫”②。在报道上海鼠疫的过程中，《申报》刊载了同仁辅元堂印发的捕鼠防疫俚语：“……鼠瘟更易发生，若不预先防备，为害恐甚于今，趁此冬间捕捉，切勿坐误因循，总之灭绝鼠类，即是灭绝鼠瘟。一事更为要紧，即系清洁家门，污秽最酿疫（原文如此——笔者注），实属有碍卫生，垃圾万勿堆积，衣服勿任垢尘，洒扫务必加勤，墙隙板洞地穴，切须填塞勿存，饮食亦宜清淡，若能处处洁净，非但鼠疫不侵，一切传染病症，亦可抵制

---

① 庄金玉、樊荣：《主流报纸气候变化报道的建设性叙事话语研究》，《西南民族大学学报》2020 年第 8 期。

② 《论中西治疫之不同》，《申报》1894 年 5 月 25 日第 1 版。

无形。”[①] 以通俗易懂的言语宣传卫生常识，帮助人们理解清洁防疫的必要性。

综上所述，西医的隔离、消毒和清洁等手段带有强制性，普通居民感受到的往往不是防疫带来的健康效果，而是身体和行为遭受制约和监控以及日常生活受到干涉[②]，加之中西文化巨大的差异与别有用心的谣传，中外在防治鼠疫方面产生了冲突。为此，《申报》在报道查疫带来的冲突时，将叙事焦点转移到各界的积极行动上，通过强调防疫的成效和暖心事迹以突出正面信息，同时提供解决方案，试图缓解强制性防疫举措带来的民众的负面情绪。如刊登了商会和慎食卫生会向工部局提出的建议，包括暂停搜查、商妥办法后再明白晓谕、筹设中国医院自行查疫、医生采取温和办法进行检查、西医制作辟疫药粉分送各处廉价出售等。

2. 展现普通民众视角

《申报》是一份由外国人创办并由华人精英经办的报纸，言辞之间时时透露着精英立场，在清末三次鼠疫报道中虽关注各界行动，但多围绕绅商、政府和工部局展开。然而，梳理这三次鼠疫报道，仍发现一些报道还是呈现出底层民众的视角，如对上海鼠疫的报道便记录了几位妇女反抗工部局浇洒药水一事，报道引用了妇女之言，表明其并非有意反抗，而是担忧查疫小工将药水倒入河水会污染水源[③]。此外，社会底层小人物的相关报道也时常在报纸上出现，比如穷人居住的房屋比较肮脏且不通风，容易传染疾病；有些人比如车夫不讲卫生特别容易感染疫病；在抗拒查疫的时候，闹事者“林阿狗”“方阿九”等用石头砸伤巡捕，等等。《申报》提及这些人时虽不自觉地流露出嫌弃的情感，但其目的还是希望社会关注这些人，帮助这些人解决一

① 同仁辅元堂：《刊布捕鼠防疫俚言》，《申报》1910 年 12 月 14 日第 18—19 版。

② 余新忠：《晚清的卫生行政与近代身体的形成——以卫生防疫为中心》，《清史研究》2011 年第 3 期。

③ 《妇女对于防疫之疑虑》，《申报》1911 年 6 月 4 日第 18 版。

些问题。

关注底层和个体叙事是实现新闻报道包容性、多样性的必不可少的条件，也是疫情报道或者灾难报道需要警醒之处。面对突如其来的疫情或者灾难，媒体在报道时不自觉地青睐英雄故事，凸显抗疫或抗灾英雄的非凡形象，这本来是可以理解的，但是一旦过了头，就容易陷入宏大叙事的窠臼。须知，在抗击疫情或者灾难的行动中，既需要那些顶天立地的英雄的呼喊，更需要那些踏踏实实的普通人的工作，即使是闹事者“林阿狗”“方阿九”等，没有他们一定程度的配合与响应，防疫抗疫也不可能全胜完胜。建设性新闻要求记者在展示英雄的风采和精神的同时挖掘疫情之下普通民众的心态和故事，提供多元视角，道理就在这里。

3. 关注疫情的后续发展

《申报》不仅在疫情高发时期积极进行报道，而且在疫情缓解、消失之后仍持续关注疫病信息。《申报》对疫情的后续发展保持密切关注，有利于重大疫情预防工作的开展。《申报》如此操作，展现了其看待疫情、处理疫情全面而长远的眼光。

粤港鼠疫发现鼠疫杆菌后，《申报》在进行卫生议题报道时注意提及在粤港鼠疫中发现的“疫虫”之说，以此向公众普及卫生防病的重要性，如 1902 年的一篇论说便以粤港鼠疫为例，说明疫虫侵入人体导致疾病，教导居民“如有疫者，房屋器具均用硫磺灼烟熏之”①。上海鼠疫暴发后，《申报》持续追踪染疫病人的动态和公立医院的行动，其报道推进了日后防疫制度的建设，如 1914 年沪南警察厅效仿租界设立卫生科、内设防疫所、完善防疫制度以防将来再次出现疫病。《申报》还刊登了防疫所章程和沪南警察分厅请求补助防疫经费的信函，强调此举“事关公益极应防范未然”②，防疫所卫生队的行动不仅在于

① 《泰西防疫说》，《申报》1902 年 7 月 26 日第 1 版。

② 《请求补助防疫经费》，《申报》1914 年 6 月 6 日第 10 版。

防疫，而且还以“保全华界主权期起见”[1]。东北鼠疫后期，《申报》对疫病防范经验和针对未来的防病章程举措进行了梳理，比如在报道万国鼠疫大会时除了突出会议的圆满成功，彰显国家形象，也对会议内容进行了详细梳理，总结了东北鼠疫的发生原因、传染机制和防范经验，并向读者刊印了防病章程，包括设立卫生警卫队、挨家查验、倡导火葬，用浅显的文字和演说讲解防卫之法等。

新闻报道要追问过去，追问过去是为了成就未来，因为各种各样的疫病可能将与人类长期共存。在今天鼠疫对人类的威胁仍然存在的情况下，新冠病毒又以前所未有的方式席卷全球。事实再次证明，疫病“仍将是影响人类历史的基本参数和决定因素之一”[2]。我们看到，疫情的任何变动都备受社会舆论的关注，是国内外新闻媒体聚焦的热点话题。后疫情时代，媒体不仅需要对疫情进行追踪报道，也需对新形势下的舆情调控与疫情传播进行改进。对于我国媒体来说，后疫情时期的新闻报道，不但要对疫情进行监测与追踪，更重要的是要树立舆情风险意识，即从以往的抗疫报道中总结经验教训，立足当下，举一反三，为未来潜在和未知的舆情危机事件的处理，制订科学、有效的传播预案。

作者何扬鸣系浙江大学宁波理工学院新闻与传播研究所教授；林丹菁系浙江大学传媒与国际文化学院博士生

---

① 《卫生队定期出发》，《申报》1914年6月10日第10版。

② ［美］威廉·麦克尼尔：《瘟疫与人》，余新忠、毕会成译，中信出版社2018年版，第237页。

构建精准与有效的国际传播话语体系

张　丹

摘要：新时代的中国迫切需要建立起一套能与世界对接的平等对话的话语传播体系。中国特色话语体系的建构，是自我知识体系的创新，更是对建构新的国际秩序、国际传播秩序的努力。本文立足应用研究，聚焦中国国际传播话语权和话语体系的现状和问题，旨在探索中国话语和中国叙事体系的理论创新和传播实践，打造和制订中国特色对外传播话语体系的核心内容和叙事策略，构建以文明话语、文明交流互鉴思想和人类共同价值理念为核心的中国话语和叙事体系。本文认为，国际传播力的提升，亟须加强统筹协调，构建精准、有效、具有公信力的国际传播话语体系；通过中国话语体系的全球化表达、区域化表达和分众化表达，生动鲜活地讲好中国故事，增强国际传播的亲和力与实效性，全面展现中国话语的价值感召力和形象亲和力，提升中国话语说服力，实现其国际传播影响力和国际舆论引导力，以实现加强中国国际传播能力建设的目的，重塑国际传播格局。

关键词：国际传播；话语体系；话语权

党的十八大以来，我国的综合国力迅速崛起，国际影响力显著加强。然而，中国的国际话语权和话语竞争能力还处于相对弱势的地位，中国话语体系的建构与话语创新，远远落后于中国现代化实践的步伐。特别是后疫情时代，百年变局叠加世纪疫情，深刻影响着世界格局，国际关系酝酿重构，国际秩序不断变幻，“东升西降”态势进一步显现，但“西强我弱”的国际传播格局仍未发生本质改变，中国的国际传播仍然存在“发不出声音，讲不清道理，得不到理解”的困境。

习近平总书记说，长期以来，我们党带领人民就是要不断解决“挨打”“挨饿”“挨骂”这三大问题。经过几代人不懈奋斗，前两个问题已基本解决，但“挨骂”问题还没有得到根本解决。2020 年美国皮尤研究中心提供的一份面向 14 个发达国家的民调显示，大部分受访国家的民众对中国的负面评价率创下 12 年来的最高纪录，部分国家受访的者负面评价比例甚至高于 75%。

因此，中国迫切需要建立起一套能与世界对接的平等对话的对外传播话语体系，助力中国文明与世界文明共享共存、与西方文化软实力进行有效竞争，加强精准传播和有效传播，传播可信、可爱、可敬的中国形象，向世界阐明自己的发展故事和未来方向，消弭隔阂和误解，寻求理解与认同。

2021 年，习近平总书记指出：“下大气力加快国际传播能力建设，形成同我国综合国力和国际地位相匹配的国际话语权，为我国改革发展稳定营造有利外部舆论环境，为推动构建人类命运共同体作出积极贡献。”“要加快构建中国话语和中国叙事体系，用中国理论阐释中国实践，用中国实践升华中国理论，打造融通中外的新概念、新范畴、新表述，更加充分、更加鲜明地展现中国故事及其背后的思想力量和精神力量。”①

基于以上研究背景，本文拟在复杂多变的后疫情时代语境下，以习近平总书记关于加强我国国际传播能力建设的“5·31”讲话和党的十九届六中全会精神为理论指导，聚焦中国国际传播话语权和话语体系的现状和问题，探讨对外传播话语体系的理论创新和中国范式，打造和制订中国特色对外话语体系的核心内容和叙事策略，加强统筹

① 《习近平在中共中央政治局第三十次集体学习时强调 加强和改进国际传播工作 展示真实立体全面的中国》，《人民日报》2021 年 6 月 2 日第 1 版。

协调，构建精准、有效、具有公信力的国际传播话语体系，展示生动鲜活的中国故事及其背后独特的思想力量和精神力量。

一 国际传播话语体系建设的现状与困境

1. 国际传播话语体系的现状

在重大舆论场上失语。近百年来，西方发达国家在世界政治、经济和文化领域一直占据主导地位，牢牢把持国际传播话语权，建立起“西方中心话语”体系，中华民族的文明史在西方主流话语体系中被污损、歪曲与丑化，国家形象被扭曲、妖魔化和污名化。因为中国国际话语权的缺失，中国在“西方话语”体系下难以解释和传播中国制度、中国道路，陷入“失语症”困境。

话语信息不对称。由于美国等西方国家长期占领国际舆论高地，凭借其建立起的国际传播规则和秩序，强势输出西式价值观和意识形态，不接收或者无法接收我们传播的内容，导致对外传播信息不畅甚至信息被屏蔽，致使很多西方国家的民众对中国知之甚少，连一些基本常识都完全不了解。①

自我结构主义的叙事方式——自说自话和自娱自乐。在传播话语方面，由于话语内容的说服能力不强，缺乏必要的自洽逻辑性，这使得中华传统理念和文化不为国际社会所认可，对外传播效果不佳，陷入“自话自说”乃至“自娱自乐”的怪圈，甚至处处被西方国家压制，影响了人类命运共同体等理念在全球范围内的传播与认同。

传播叙事结构单一。中国传统叙事在国际传播中多采用宏大叙事和以我为主的对外宣传观，官方立场倾向明显，而微观个体叙事不足，人文色彩淡薄。缺乏情感元素、未能兼顾微观视角和翻译误差，导致其不能为西方受众所理解接受，影响预期的话语效果。

“自塑”和“他塑”角色的错位。“有理说不出，说了传不开，传

① 胡正荣、田晓：《新时代中国国际传播话语体系的构建：分层、分类与分群》，《中国出版》2021 年第 16 期。

了叫不响”和“有理不会说，说了讲不清，愿说不敢缠”的传播现象背后是思维错位，不应寄希望于西方媒体的“他塑”改变，而应着力于我们自己的“自塑”，用改变“自塑”和压倒“他塑”实现中国形象和中国理念由“他塑”向“自塑”的根本转变。

2. 遭遇西方话语体系陷阱

法国哲学家米歇尔·福柯 1970 年在就职演讲《话语的秩序》中提出话语权力的概念，认为“话语即权力”①。不同的权力拥有者，都在试图搭建对自身最有利的知识结构。从国际环境来看，西方主要发达国家一直占据话语平台的制高点，以话语优势向世界传播自己的价值观。

长期以来，国际传播话语体系建设的核心掌握在西方少数利益集团手中，并且遵循其核心利益和战略布局的需要不断改变话语权重和话语热点，加强话语的效果控制与影响力，用西方的思维模式加以阐释和分析，形成它们认为的中国形象、中国理念；而中国国际话语权的权重很小、话语体系的影响力很弱，一些国际舆论场上的“中国议题”也多是由西方媒体设计。原因就在于中国尚未建立起一套世界普遍认同的独立话语体系，与中国社会制度、意识形态、价值观念“异质性”的西方话语体系和思维方式按照“西方中心论”的立场、观点、方法观察中国的发展，解构中国的形象，导致中国的声音传不出去，也传不进去。

从某种意义上说，以美国为首的西方国家的话语体系实际上是其维护的现有国际秩序的外化，他们将中国特色话语体系的建构视为对其固有秩序的挑战。美国一贯把美式的“自由、平等、民主”标榜为普世的价值观，甚至不惜以武力来推广。特别是当代中国的和平崛起挑战了不公正的国际秩序，以美国为首的西方国家试图通过话语霸权掌控意识形态主导权，国际传播话语交锋日趋激烈。“中国威胁论”

① 许宝强、袁伟选编：《语言与翻译的政治》，中央编译出版社 2001 年版，第 3 页。

“文明冲突论”“制度对抗论”等新冷战话语和意识形态偏见沉渣泛起，中美关系持续交恶。自新冠疫情暴发以来，国际形势和全球治理体系加速演变，民粹主义、种族主义等极端化思潮在全球蔓延。单极霸权话语主导的西方舆论妖魔化中国，开始了针对中国的战略防范和舆论攻击。政治化疫情和污名化中国成为西方反华政客的政治策略，国际舆论场上“西强我弱”的话语霸凌现象愈演愈烈，中国的国际传播生态不容乐观。西方资本主义国家把控着全球学术话语权、舆论话语权，成为左右国际舆论导向的主要议程设置者，这也是中国摆脱了“挨打”却始终没有改变“挨骂”的重要原因之一。

张志洲指出中国和平崛起的话语在当前国际话语格局下遭遇到两大困扰：国际舆论结构下的“挨骂”和在美国或西方中心主义学术话语霸权下的“理亏”①。

程曼丽反思了中国国际传播中的失语现象，从转换性话语、解释性话语、修复性话语和矫正性话语几个角度，强调话语既是一种权力，也是一种专业化、规范化的运行机制。扎扎实实的落地效果需要建设对外话语体系的系统，将宏观框架与具体方法、手段相结合，才能有效避免话语体系的抽象化、空泛化和表面化，实现精准传播，达到最佳效果。② 程曼丽教授认为，我们要防止落入“舆论陷阱”，中国的国际话语体系建设亟待由战术层面上升到战略层面，并实现话语和行动的密切配合。要突破传统思维框架，构建中国话语体系，以人类命运共同体作为构建中国话语的理论依据，中国话语和叙事体系应具有开放性、包容性、创造性等特征。

中国道路在政治制度和意识形态上鲜明的独特性，对西方来说具有“异质性”。我们要在国际上清晰完整地阐述、客观正确地表达中国道路，着力提升中国道路的国际话语权。具体而言，就是要向世界表明中国道路的科学性、自洽性和优越性；要让世界知道中国道路既

① 张志洲：《和平崛起与中国的国际话语权战略》，《当代世界》2012 年第 7 期。
② 程曼丽：《由“失语现象”反思中国对外话语的落地问题》，《国际传播》2017 年第 2 期。

是和平发展和自立自强之路，也是促进共同发展、建设和谐世界之路，因而它的成功不但会造福国人，更将惠及世界。只有这样，才可能消除敌意与误解，才能赢得更多话语权。

3. 打造人类命运共同体的话语优势，对抗西方话语霸权

打造奉行人类命运共同体的话语优势，是中国在国际传播新秩序中对国际关系发展态势的价值选择，是中国特色话语体系的理论创新，也是我们抗衡西方话语体系的最大优势。

在人类步入风险社会、全球性问题日益显著的今天，兼具全球视野和本土关怀的“人类命运共同体”理念所蕴含的整体论价值取向迥异于西方主流话语中零和博弈、非此即彼的个体论取向，为人类共同应对全球性挑战提供了新的方向，成为建构国际传播话语体系的“基石”“突破口”与“立足点”。潘登、胡正荣在《中国国际传播讲好抗疫故事的三重内涵》中提到，要突破西方一元论和“内宣—外宣”二分法的传播，以“人类命运共同体”为指导，将中国话语建构为非排他式的世界性精神公共物品。[①]

立足人类命运共同体的全球共同体话语传播，有助于提升中国与世界的全球沟通力，从根本上扭转国际话语权失衡的局面，更加广泛深入地团结世界进步力量，摆脱西方霸权的舆论挤压，携手推进全人类的安康幸福。在“人类命运共同体”这一宏大语境下，中国国际传播的话语体系建设应具备人文关照、文化平等、尊重生命等人类共同价值，并在尊重差异的前提下倡导全球话语的互动与联结。紧紧围绕人类命运共同体理念进行故事化、定制化生产，通过对外传播传递中国价值取向，破解和超越西方四大思想体系——普世价值论、西方中心论、东方专制论和文明冲突论，向国际社会积极阐扬中国政治发展道路和中国式民主蕴含的价值理念，为人类政治文明进步贡献中国智慧。

鉴于国际形势的复杂多变，中国和西方的舆论激战在相当一段时

① 潘登、胡正荣：《中国国际传播讲好抗疫故事的三重内涵》，《当代传播》2020 年第 3 期。

间内还会存在，因此我们有必要对西方中心话语进行解构和重构，知彼而知己，学会斗争策略和斗争艺术。

二　国际传播话语体系的理论创新和实践探索

对外传播中遭遇的种种困境表明，要实现中华民族伟大复兴，讲好习近平新时代中国特色社会主义道路的深刻内涵和世界价值，亟须构建新时代的对外传播话语体系。加强中国特色话语体系建设，要从话语核心入手，实现多层次的话语实践。话语实践是对外传播话语体系的主要构成部分，对外传播实践主要是指话语内容的生产和传播，关键在内容。

1. 构建对外传播中具有竞争力和标识度的核心话语体系

党的十八大以来，习近平总书记站在全人类文明发展的立场上，提出诸多带有鲜明中国印记的创新性的标识概念和理念，新概念、新范畴和新表述成为国际传播的主流叙事，极大提升了中国的国际话语权，为重构全球话语体系作出中国的原创性贡献。“一带一路”倡议赢得了广泛的国际认可；文明交流互鉴思想深化为实践路径，成为国之交、民相亲、心相通的行动纲领；人类命运共同体理念契合各国人民的共同价值和精神追求，创造了人类文明新形态，为解决人类问题贡献了中国智慧和中国方案。

这些植根于中国实践的创新理论在国际传播实践中进一步融合、提炼和升华，成为实现中华民族伟大复兴的精神动力和国际传播的新语境，形成连接中西、融通中外、面向未来的话语力量，深化了中国话语的说服力。

对外传播从业者在话语内容、话语类型、话语体系、语言表达等方面深耕细作，精准实现中国话语体系的全球化表达、区域化表达、分众化表达，以增强国际传播的亲和力和实效性。

2. 推动新型多元的国际传播话语体系的理论创新

实现话语体系理论和路径创新有赖于提高阐释中国故事的能力，

贾文山等提出，应当加深哲学、文明层面的阐释，坚持中国独特的价值主张。[1] 周亭等认为需把握“回到中国”“全球中国”“实践中国”三个关键词。其中，“回到中国”回答“我们自己是谁”，涉及自我知识价值构建；“全球中国”介绍西方现代化发展路径之外的中国治理发现，挖掘理论价值支撑；“实践中国”关照中国现实，分享中国特色社会主义道路建设的探索经验，展现包容自信的中国。[2] 相关研究在理论进路和实践层面开拓了多重路径选择：横向的文化开拓与纵向的文明传承，也从时间和空间上拓展了话语体系的路径。

建立中华文化叙事体系、文明交流互鉴话语体系和中国共产党对外传播话语体系成为国际传播话语体系的理论创新和路径选择。中华文明价值是中华文化叙事体系的根基，是构建国际传播话语体系的人文基础。

文明话语体系强调文明交流互鉴，尊重世界文明多样性，与隔离和贬低非西方历史的西方话语形成鲜明对比，同时与马克思主义话语、社会主义话语、传统文化话语等中国主流意识形态话语具有较强的融合性，也超越了作为西方话语霸权核心的普世价值论、西方中心论和文明冲突论，有助于避开西方“主义之争”的陷阱。

中国共产党全球形象与中国特色话语体系直接相关，是中国制度、中国精神、中国风格的外化。中国共产党对外传播话语体系把全球观、发展观、人类观、生命观同中华民族的文明观融会贯通，推动构建人类命运共同体，是对外讲好中国故事的核心和根本保证。2021 年 7 月，在庆祝中国共产党成立 100 周年大会上的讲话中，习近平总书记再次着重阐述全人类共同价值，指出：“中国共产党将继续同一切爱好和平的国家和人民一道，弘扬和平、发展、公平、正义、民主、自

---

① 贾文山、刘长宇：《从中国国际话语体系建设的三个维度建构“全球中国”话语体系》，《西安交通大学学报》（社会科学版）2020 年第 5 期。

② 周亭、孙琳：《新理念、新思路、新实践：国际传播“学”与“术”的创新》，《对外传播》2021 年第 12 期。

由的全人类共同价值……推动历史车轮向着光明的目标前进。"[①] 习近平总书记倡导的全人类共同价值是人类思想史上又一次深刻的价值理念创新，是对人类文明未来走向的合理预判，为全人类追求美好生活提供了坚实的价值基础。全人类共同价值观将中华文明的价值追求向世界维度延伸升华，是中国观念国际表达的光辉典范，是中国价值国际分享的成功探索，展示了中华文明的大智慧大格局，实现了中外话语体系的完美对接，为团结合作、共享共商的国际话语创新提供了理论源泉。

三　国际传播话语体系的内容创新和路径探索

1. 国际传播话语体系的内容创新：精选传播内容，实行有效传播

传播内容是影响国际传播效果的核心因素，因此，应侧重研究话语体系的内容生产和结构成分，进行内容创新。张志洲认为，中国特色话语体系所包含的内容丰富多彩，其核心是中华优秀传统文化、社会主义核心价值观、中国特色社会主义制度。中国特色话语体系中，政治话语处于核心位置，学术话语处于阐释者位置，媒体话语处于实践位置，政治话语、学术话语和媒体话语融合成为一个有机综合体，对三者的呈现及对其关系的梳理，可以成为观察中国全球传播能力提升的一个重要视角。[②]

胡正荣等从社会分层理论出发，认为要想做到有效的国际传播，话语体系的构建就需要充分考虑用户的分层，对议题设置、传播内容、叙述方式、表达形式等各方面进行相应的调整和优化。要以精准化的思路为指导核心，在研究清楚传播受众需求的基础上，由合适的传播主体选择合适的传播内容，以恰当的讲述方式和传播形式，有针对性地进行传播。[③]

---

① 习近平：《在庆祝中国共产党成立 100 周年大会上的讲话》，人民出版社 2021 年版，第 16 页。

② 张志洲：《增强中国在国际规则制定中的话语权》，《杭州（周刊）》2017 年第 6 期。

③ 胡正荣、田晓：《新时代中国国际传播话语体系的构建：分层、分类与分群》，《中国出版》2021 年第 16 期。

围绕中国传统文化机制构建立体的话语体系，要细分精分，以适应不同的话语语境。有学者按照文化时空经纬度，从横向的文化开拓与纵向的文明传承将话语体系分为中华文化叙事话语体系、文明交流互鉴话语体系和人类命运共同体话语体系，实现了理论层面的提升。还有学者以主流话语、精英话语和大众话语来厘定国际传播话语体系，认为应以主流话语（党和政府的话语）为政治主导、精英话语（智库研究、学术话语）为学理支撑、大众话语（文艺作品、网络语）为传播基础，体现中国的民族形象、文化传统、东方气质、国际视野。

在实操层面上可以建构政治话语体系、经济话语体系、文化话语体系、生态文明话语体系等。以生态文明话语为例，在生态问题上积极传播“碳达峰”“碳中和”“绿水青山就是金山银山”等生态理念与治理目标，抓住网络原生趣味热点，如2021年火爆全网的“中国大象迁徙”，坚持理念阐释与案例介绍相结合。这些话语都是生态文明国际传播的点睛之笔，也是分层策略的成功案例。

打造政治话语体系，语言风格应该相对比较正式，内容上多讲协商民主、民主集中制原则、中国梦等政治性议题、政策性话题，在不断挖掘有中国特色的政治文化内涵的基础上，注重中国优秀传统价值观与人类共有价值观的共通性、共融性，求同存异，将中国故事世界化、人类化，逐步强化中国社会核心价值体系的吸引力和感召力，不断增进世界各国政治精英对中国政治体制、发展模式和执政政策的认识和了解。

对国外学界专家、文化学者等文化类“精英层”进行传播时，可以用“学术话语”，使语言风格更有逻辑、更讲究有理有据。在传播内容方面应选取更具思想性、思辨性的内容，从理论上、道理上、事实上讲清楚中国为什么行、中国共产党为什么能、中国特色社会主义为什么好，解析中国的供给侧结构性改革、经济发展新常态，探讨中国价值观、制度体系与世界其他价值观、其他治理模式的异同。

对国外网民、新媒体用户这类新时代的“大众层”进行传播时，应该用“网言网语”，词语、句式贴近新时代，表达方式更符合新媒体、新技术发展的诉求，形式需更加多样、灵活，内容上突出观点、突出个性，以“小而美”的中国故事为主，用具有科技感、创新性、国际化的方式传播中国文化和中国形象。再比如，对传统意义上的普通民众“大众层”进行传播时，需使用更通俗易懂的话语、更直观的表达形式，内容上多传播大众性和普适性强的中华文化，提供符合民众现实诉求的文化产品，比如剪纸、书法、中餐等表层文化元素，在短期内吸引更多受众，先在其心中形成友善、正面的中国形象，再通过娱乐化、大众化的表达潜移默化地展现中国的价值。①

2. 讲好中国故事：调整传播策略、优化沟通路径、提高传播技巧和叙事策略

“讲好中国故事”是习近平总书记于2013年8月19日在全国宣传思想工作会议上首次提出的概念。他提出：“要精心做好对外宣传工作，创新对外宣传方式，着力打造融通中外的新概念新范畴新表述，讲好中国故事，传播好中国声音。”②

差异化是国际传播的策略起点。首先需明确“精准”概念，其不仅涉及时间、空间，还包括内容正确、渠道合理、方式合适等，为实现这一目的，需做好跨国调研和区分受众类型，需深耕区域传播。开展对外传播活动，有必要对受众类型进行预判，区分出合作者受众、支持者受众、敌视者受众、破坏者受众，并对不同类型的受众进行深入研究，开展精准传播，这有利于破解当前传播水平有限的困境。③

在叙事策略方面，遵循“中国文化在域外的分层传播”原则是有效建构中国对外传播的重要抓手，面临疫情背景下的意识形态沟壑与国际此起彼伏的战略竞争壁垒，应当建立中西方文化共通的传播连接

① 胡正荣、田晓：《新时代中国国际传播话语体系的构建：分层、分类与分群》，《中国出版》2021年第16期。

② 《习近平谈治国理政》，外文出版社2014年版，第210页。

③ 刘晓燕：《人类命运共同体全球治理理念传播实践与中国国际规则话语权的提升》，《新闻春秋》2020年第3期。

点，将文化交融作为中西方的精神共通体连接点，以填补“我者”与“他者”间的传播认知分歧，进而塑造与扩容“共通的意义空间”①。

一些学者认为要避免同质化的无效叙述，在国内外民众间搭起沟通桥梁的关键在于故事化叙事，并提出了较为具体的方案。荆伟婕强调了借“故事链”形成群体共识的重要性，并指出当前“中国故事”的主题建构对中华文化核心理念的阐释不足，未能形成聚合效应，也无法有效回应西方的批评报道。她继而提出，要关照不同地区受众的价值认知，运用“中国故事”阐述中国观念。要用具象化、故事化、情感化的表达，构建具有中国特色且能融通中外的话语体系。② 陈先红提出，要赋予零散的国际传播故事以系统的意义，要摆脱“二元对立”的传统思维，并兼顾文化软实力的语境化和全球叙事的公共空间化。③

可采用的具体叙事策略应包括以下三点。其一，制定具有适用性的国际传播方案，以“精准化”为目标。李希光认为，在“一带一路”上讲中国故事要基于不同国家、不同受众，进行精细化传播、复杂化传播、一国一策传播。④ 其二，要将“宏大叙事”和“个体叙事”相结合，使二者合力呈现中国故事，构建具有共时性的、能对话的中国对外传播话语体系。其三，在万物皆媒时代，数字化叙事应顺应移动传播社交化、可视化的趋势，依托数据新闻、新闻游戏、微纪录片等多种形式，吸引国外受众的目光。

以精准化的思路，在研究清楚传播受众需求的基础上，由合适的传播主体选择合适的传播内容，以恰当的讲述方式和传播形式，有针对性地进行传播。这样才能真正提升国际传播效能，切实增强国际传

---

① 胡正荣、潘登：《系统性创新与交互演化——试析世界深度变局时代的国际传播精准化进路》，《对外传播》2021 年第 7 期。

② 荆伟婕：《符号聚合视域下讲好中国故事的话语策略》，《青年记者》2019 年第 35 期。

③ 陈先红：《用中国话语讲好中国故事的回顾与前瞻》，《对外传播》2017 年第 1 期。

④ 李希光：《如何在“一带一路”上讲中国故事》，https：//www. guancha. cn/LiXiGuang/2015_04_ 23_ 316943. shtml.

播的亲和力和实效性，以达到提高国际传播影响力、中华文化感召力、中国形象亲和力、中国话语说服力、国际舆论引导力的最终目的。

四　提升国际传播话语体系的公信力

2021 年 3 月，习近平总书记提出，“中国已经可以平视这个世界了”。有观点认为，平视即“在行动与立场上表现为尊重彼此、平等相待，也就是中国正在致力于推动建设的新型国际关系的要义”。平视心态奠定了中国与世界平等对话的基础，用平视世界的心态换取世界对中国的平视，也是破解美国等西方国家以俯视姿态污名化中国的有效手段。①

对于国际传播能力而言，话语权是显性指标，公信力是隐性指标。与此相应，对媒体国际传播能力评价的重心已经由“我说”转入“他信”，公信力成为核心指标。2016 年，多语种的《中国关键词》出版，以综合、党建、政治、经济、外交等五个专题，简明、清晰、准确地阐释了中国理念，解读了中国思想、中国政策和中国发展道路，规范了中国话语体系框架下词汇的外语表达。《中国关键词》是用中国话语阐释中国实践的又一次探索，也是中国政治话语对外传播方式的一种创新，有利于建立中国国际传播话语体系的时效性和公信力，是中国话语对外传播的一次成功实践案例，值得国际传播研究与实践领域从业者借鉴。

认真研究并遵循国际传播规律，采用国际通用表达方式、传播技巧和丰富的内容，介绍客观真实、立体多样的中国和世界。构建中国国际传播话语体系的关键，在于发出“中国声音”、讲好“中国故事”、做好“中国表达”，实现从“话语能力”向“话语权力”的跨越。构建话语体系的目的是将“中国经验”上升为普遍性的概念体系和知识范式，为人类面对的共同问题贡献中国智慧和中国方案。中国

① 周亭、孙琳：《新理念、新思路、新实践：国际传播“学”与“术”的创新》，《对外传播》2021 年第 12 期。

特色社会主义的实践为构建新时代对外传播话语内容提供了丰富的核心话语，具体在于从中提炼出中外共通的议题、具有标识性的话语成果，从而实现了“议题同构”“认同聚合”。因此，应筛选对外传播话语体系中既具有中国原创性又有共通意义的有辨识度的较成功的话语案例，利用大数据技术，借鉴现有的对外传播话语库、海外受众调查数据库等指标体系，检验国际传播能力建设的落地效果，从而提炼出能够向世界表达的中国方案。

唯有如此，才能有针对性地改善话语叙事策略，将我们想讲的和国外受众想听的结合起来，将单向灌输的“宣传”转为双向互动的“传播”，实现“议题同构”“认同聚合”，进而提高引导议题、设置议题的能力。努力通过有效的对外传播将海外的普通受众发展成为海外的友好受众、海外支持者和传播者，提高对外话语的动员能力，从而建立有效的中国国际传播话语体系的公信力。

作者张丹系中国社会科学院新闻与传播研究所副研究员

重释文明：21世纪中国跨文化传播研究的使命与契机

李　展

摘要：我们正身处一个巨变的时代。本文认为，要回应时代提出的新问题，中国跨文化传播研究应该站在中国的立场上检视“全球化时代”和“后全球化时代”的话语内涵，改换从西方观察者视角对全球权力关系和话语关系的言说，将本质上是西方中心主义却以“普世价值”面目出现的“欧洲普世价值”转换为中国倡导的正确的价值观，阐释中国提出的构建人类命运共同体理念是21世纪真正代表全人类福祉的天下主义，是人类思想发展史上的第二次启蒙运动。在跨文化传播研究的理论层面，应注重基于中国的正确思想和实践赋予“文明”理念的新内涵，让正确的思想加速成为全球传播中的主导性理念。

关键词：后全球化时代；跨文化传播；构建人类命运共同体

一　跨文化传播在“后全球化时代”要回答的新问题

学术研究者都认同一个共同的前提，即各种社会理论，尤其是传播学理论的发展，都是对特定历史时期所面临的技术变革和各种政治、社会问题的压力做出的理论回应，是“学术共同体试图解释他们所身处的社会世界的共同努力”①。有意义的理论研究总是为回应时代提出

---

① Stanley J. Baran, Dennis K. Davis, *Mass Communication Theory: Foundations, Ferment, and Futrue* (6th ed.), Boston, MA: Wadsworth, 2012, p. 25.

的问题而进行的，不仅能够提出对“时代”真实的“洞见”，而且能够“推动理论发展，改进社会世界”，做出能让世界更美好的贡献。①我们正身处一个巨变的时代。就在上一个十年，我们还普遍认为“新媒体、全球化”以及这两个变化所带来的人类社群生活状况的改变是我们进行传播研究的新的历史语境。② 随着美国特朗普上台后打着“美国优先”口号退出与欧洲合作的跨太平洋伙伴关系协定（TPP）、退出联合国教科文组织、退出2016年巴黎气候协定，以及英国启动脱欧进程等，大家普遍感受到一个“后全球化时代”正在到来。③

快速到来的“后全球化时代”给传播学研究提出了什么样的新问题？给中国学者提出了什么样的新问题？本文认为，中国的跨文化传播研究要回答的时代问题是：作为中国的传播研究者，我们应该站在中国的立场上检视“全球化时代”和“后全球化时代”的话语内涵，改换从西方观察者视角对全球权力关系和话语关系的言说，借用社会学家伊曼努尔·沃勒斯坦（Immanuel Wallerstein）提出的两个对立的概念，就是要将本质上是西方中心主义却以“普世价值”面目出现的“欧洲普世价值”（European universalism）转换成为真正代表人类发展正确方向的“全人类的普世价值”（universal universalism）④。这一正确的价值观在最抽象的层面上就是中国领导人提出的“构建人类命运共同体”思想，在跨文化传播研究的理论层面，则是通过对外传播重新阐释基于中国的正确思想和实践赋予“文明”理念的新内涵，让正确的思想加速成为全球传播中的主导性理念。

这一转换并非自我赋予的道德正确，而是历史发展提出的必然要求。我们知道，无论是“全球化时代”还是“后全球化时代”，提出

① Stanley J. Baran, Dennis K. Davis, *Mass Communication Theory: Foundations, Ferment, and Futrue* (6th ed.), Boston, MA: Wadsworth, 2012, p. 25.

② Teihi Rantanen, *The Media and Globalization*, London: Sage Publications, 2005.

③ Roy Kiely, *The BRICs, US "Decline" and Global Ttransformations*, London: Palgrave Macmillan, 2015.

④ Immanuel Wallerstein, *European Universalism: The Rhetoric of Power*, New York: The New Press, 2006.

和判断这些概念的观察主体的视角是西方的。[①] 从“全球化时代”概念本身来说，不论是追溯到欧洲地理大发现时代带来的欧洲与所谓新大陆之间的政治、经济、文化的全面交往，还是特指 20 世纪开始使用的“globalization”这个概念[②]，它们都是以欧洲和 20 世纪的美国为观察者主体的视角来定义和叙述的，但是这个叙述在不知不觉间成为全球的共同话语。[③] 全球化这个概念从词源发展上来说，是在 20 世纪 90 年代才在全球成为流行语的，从经济全球化到文化全球化和政治全球化。[④]

这个话语似乎是不证自明的，生产力的发展、交通运输能力的提升、传播技术从电报和电话到互联网和智能手机的发展似乎给全球的交往提供了可能性，所以全球化在 20 世纪后半叶得到大规模发展。形成的普遍共识就是，地球在 20 世纪乃至 21 世纪的最初 10 年是“全球化”的时代。[⑤] 但是我们知道，中国曾经是被迫卷入这个全球化进程的，1840 年鸦片战争失败，中国被迫开放通商口岸，被迫进入英美列强主导的全球化市场，中国其实并不是以平等的贸易伙伴或平等的国际政治主体进入的。20 世纪 80 年代美国借助三大国际经济机构，即国际货币基金组织、世界银行和国际贸易组织，在全世界范围内推行资本主义体系及其意识形态，这个体系对中国的拥抱，并不是出于纯粹的经济贸易的考量，其中必然包含着曾经的殖民主义列强利用其利益集团在后殖民主义时代继续控制发展中国家在政治、经济和文化上

① Chin-Chuan Lee, “International Communication Research: Critical Relections and A New Point of Departure”, in Chin-Chuan Lee, ed., *Internalizing “International Communication”*, Ann Arbor: University of Michigan Press, 2015.

② David Held, Anthony McGrew, David Goldblatt, Jonathan Perraton, “Globalization”, *Global Governance*, Vol. 5, 1999.

③ Daya Kishan Thussu, Kaarle Nordenstreng, “Introduction”, in Daya Kishan Thussu, Kaarle Nordenstreng, eds., *BRICS Media: Reshaping the Global Communication Order*? New York: Routledge, 2021.

④ Melanie U. Pooch, *Diver City—Global Cities as A Literary Phenomenon: Toronto, New York, and Los Angeles in a Globalizing Age*, Transcript Verlag, 2016.

⑤ Paul James, Manfred B. Steger, A Genealogy of “Globalization”: The Career of a Concept, *Globalizations*, Vol. 15, No. 2, 2014.

的选择的企图。[①]

当然，不论西方的初衷如何，中国加入经济全球化的进程后，迅速取得了巨大的经济成就，国际货币基金组织的报告指出，按照购买力平价计算，中国 GDP 已在 2014 年超越美国，成为全球最大的经济体。[②] 随着中国在数字经济领域取得的巨大成就，尤其是中国成为世界上唯一一个拥有与美国的谷歌、脸书、亚马逊、推特、WhatsApp 等数字化平台对等的自己的数字化平台的国家，中国成为跻身世界信息与传播技术领域前沿的主要国家之一[③]，西方很多学者将中国的崛起看成影响西方大国——特别是导致美国衰落的重要原因。[④] 如果说 1996 年亨廷顿在其影响力巨大的《文明的冲突与世界秩序的重建》一书中断言的——“西方的力量正在下降”[⑤]，“日益崛起的中国”是冷战后的世界难以成为“和谐的一体”的重要原因之一[⑥]——还会让很多人充满犹疑，那么进入 21 世纪后世界权力从西方向以中国为代表的非西方转移的态势已经成为“国际政治、学术和舆论界”所形成的“一种共识”[⑦]。

新冠疫情在客观上进一步突出了安全向好的中国与危机下充满悲观心态的西方国家的对比。2020 年初新冠疫情暴发后，中国采取正确的措施，不但迅速控制住了疫情在国内的蔓延，还最早提供了基因测

---

① Brain Crozier, *Neo-colonialism: A Background Book*, London: Bodley Head, 1964.

② Parag Khanna, *Connectography: Mapping the Future of Global Civilization*, New York: Random House, 2016.

③ Yu Hong, *Networking China: The Dgital Tansformation of the Chinese Eonomy*, Chicago: University of Illinois Press, 2017.

④ Daya Thussu, *International Communication: Continuity and Change* (3rd ed.), New York: Bloomsbury Academic, 2019.

⑤ Samuel P. Huntington, *The Clash of Civilizations and the Remaking of World Order*, New York: Touchstone, 1996, p. 28.

⑥ Samuel P. Huntington, *The Clash of Civilizations and the Remaking of World Order*, New York: Touchstone, 1996, p. 32.

⑦ 赵月枝、姬德强主编：《传播与全球话语权力转移》，世界知识出版社 2019 年版，“前言”第 I—IX 页。

序结果，为全球研发新冠疫苗做出了关键贡献。[①] 与中国相比，西方国家——尤其是美国——在疫情防控的政策和措施方面可以说已经遭受了事实上的挫败。[②] 原本“不能预期世界上最强大的国家会轻易地败给一个病毒”的研究者不得不承认“美国持续地向世界展示最糟糕的抗疫结果”，即不断上升的感染率和第二次世界大战以来不是因为战争而死亡的不可思议的人数。

虽然西方学者会把中国的抗疫成就与美国和西方其他国家的抗疫措施等量齐观，认为新冠疫情对于所有人来说都是不可预料的风险，“谁能预先知道新冠疫情会蔓延得这么快，造成破坏力这么巨大的全球性后果呢?”[③] 并且批评中国采取的封城隔离政策“残酷、极端、苛刻，是民主国家不能接受的专制主义”，但是“几个月后，大多数西方国家都采取了相似的行动”[④]。

新冠疫情发生后，世界各国的领导人都用“战争”来比喻抗疫斗争，意大利总理借用了丘吉尔的“至暗时刻”，英国女王对公众演讲中引用了第二次世界大战时期的歌曲“我们会再相遇”，美国总统特朗普称自己是“战时总统”。[⑤] 经过近两年时间，中国取得了抗击新冠疫情的阶段性胜利，已经信心满满地进入了“后疫情时代”的各种建设[⑥]；西方国家则仍然陷在疫情带来的糟糕态势中，一方面，民众担心他们

---

① Chloe Sales, Yeuen Kim, Gloria Kim, Bryant Lin, Latha Palaniappan, “Precision Public Health Matters: An International Assessment of Communication, Preparedness, and Coordination for Successful COVID – 19 Responses”, *American Journal of Public Health*, Vol. 111, No. 3, 2021.

② Xinhuanet, “U. S. COVID – 19 Death Toll Tops 700,000—Johns Hopkins University”, October 2, 2021, http://www.xinhuanet.com/english/northamerica/2021 – 10/02/c_ 1310222845.htm.

③ Marjan Malesic, “Global and National Paradoxes in Responses to the COVID – 19 Crisis”, *Journal of Comparative Politics*, Vol. 14, No. 2, 2021, p. 67.

④ Marjan Malesic, “Global and National Paradoxes in Responses to the COVID – 19 Crisis”, *Journal of Comparative Politics*, Vol. 14, No. 2, 2021, p. 70.

⑤ Anna Molnar, Lili Takacs, Eva Jakusne Harnos, “Securitization of the COVID – 19 Pandemic by Metaphoric Discourse durig the State of Emergency in Hungary”, *International Journal of Sociology and Social Policy*, Vol. 40, No. 9/10, 2020, p. 1167.

⑥ 《后疫情时代为生态文明建设开启广阔前景》，https://m.gmw.cn/baijia/2021 – 10/12/35224062.html.

的政治领袖由于错误的财政政策，将经受了国际金融危机、英国脱欧公投和新冠的国家带入“突然破产的境地”[①]，另一方面，民众要在心理上去适应新冠带来的“新常态”，这个描述“给群体观念和个人生活方式带来破坏性影响和社会动荡的状态”[②]。尽管政客们说公众可以放心，“每个人都不会被抛下”，“新常态会更加丰富我们未来的生活和工作”[③]，但显然死去的人们再也不会感受未来了。

中国抗击新冠疫情的成功和社会全方位的向好发展毫无疑问会有助于中国成为“后全球化时代”新的全球主导性力量，以美国为首的西方国家害怕中国崛起，视中国的崛起为“对美国霸权地位的威胁”[④]，不愿意接受现实，仍然试图保持过去的西方意识形态在全球传播中的统治地位。

西方的媒体和文化研究学者已经认识到，19 世纪 40 年代马克思和恩格斯首创的“意识形态”概念，用历史唯物主义的观点告诉我们，在任何时代里一个国家中占主导地位的意识形态一定是经济上占统治地位的阶级的意识形态。这一论断同样适用于理解国家间的跨文化传播[⑤]；但是西方学者很难看到或者不愿意看到，按照历史唯物主义原理揭示的社会发展规律。在后全球化时代，经济和社会全面繁荣的中国，其意识形态成为全球主导的意识形态是必然会发生的。虽然这个过程不会是一蹴而就的，但其趋势是不可逆转的。本文认为，这就是当下中国跨文化传播要回应的时代要求：通过跨文化传播研究，加速基于中

---

① Jagjit S. Chadha, Hande Kuuk, Adrian Pabst, “Commentary: Proposals for A New Fiscal Framework”, *National Institute Economic Review*, Vol. 256, No. 1, 2021, p. 1.

② Jeff Clyde G. Corpuz, “Adapting to the Culture of New Normal: An Emerging Response to COVID – 19”, *Journal of Public Health*, Vol. 43, No. 2, 2021, p. e344.

③ Jeff Clyde G. Corpuz, “Adapting to the Culture of New Normal: An Emerging Response to COVID – 19”, *Journal of Public Health*, Vol. 43, No. 2, 2021, p. e344.

④ Syed Muhammad Saad Zaidi, “American Global Supremacy under Threat? The Chinese Factor”, *Politics & Policy*, Vol. 49, No. 2, 2021, p. 502.

⑤ Douglas M. Kellner, Meenakshi Gigi Durham, “Adventures in Media and Cultural Studies: Introducing the KeyWorks”, in Meenakshi Gigi Durham and Douglas M. Kellner, eds., *Media and Cultural Studies Key Works* (Malden, MA), Blackwell Publishing, 2006.

国思想和实践的正确的全球化观念成为世界主导的价值观的进程，让上层建筑对于世界秩序转变能够产生的促进作用更加明显，而不是等待其自然发生。

二 跨文化传播研究要重释“普世价值”，对西方文化进行“二次启蒙”

西方国家崛起的历史就是非道义的殖民侵略的历史，西方的殖民主义扩张靠的是武力威胁，但是统治殖民地则是靠意识形态。也就是说，西方主导的意识形态对世界秩序的定义和想象是为了给殖民侵略找正当的知识话语体系。这种话语体系站在欧洲种族中心主义的立场上观察世界，认为欧洲代表着文明，殖民侵略是去拯救“智力、道德、文化上都处于低下地位的”非西方世界的符合道义的和正当的行为，这种非道义的殖民主义话语体系“形塑了西方的主导话语，不仅被殖民地官员信奉，还成为西方广大的公众的共识”①。这种打着道义旗号的非道义思想并未随着殖民主义表面上的结束而消失，西方国家一直有意识地保持和向世界传播所谓西方代表着人类文明这一本质上的殖民主义话语，即便历史上美国曾经反对欧洲，认为欧洲代表了“压迫、阶级冲突、不平等和退步”，而美国才是代表“自由、平等、机遇”的文明形态，但是很快，美国就把自己定位为与欧洲和澳大利亚、新西兰等欧洲移民建立的国家构成的“一个更广泛的西方的一部分”，并在其中居于领导地位，在冷战中与非西方阵营对立，在冷战后与非西方文明发生冲突。②

基于非道义的、在西方殖民者内部共享的、自我赋予正当性的西方意识形态在 20 世纪借由美国在学术研究领域的统治地位而成了普世性的想当然的理论前提。在传播学研究领域中，美国的发展模式被认

① Ahmad H. Sadi，“Colonialism and Surveillance”，in Kirstie Ball，Kevin D. Haggerty，David Lyon，eds.，*Routledge Handbook of Surveillance Studies*，London：Routledge，2014，p. 153.

② Samuel P. Huntington，*The Clash of Civilizations and the Remaking of World Order*，New York：Touchstone，1996，p. 46.

为是所有国家实现现代化的必经之路，以“创新扩散”研究为例，埃弗雷特·罗杰斯（Everett Rogers）等人所进行的创新扩散研究不仅仅是理论成果，美国政府曾组织第三世界国家的官员和学者去密歇根大学跟随罗杰斯学习创新扩散理论，然后让他们回国去推广新农业技术，美国将这活动作为冷战时期扩大西方阵营力量的一个举措①。传播学的学科发展史清楚地展示出，第二次世界大战期间包括以威尔伯·施拉姆（Wilbur Schramm）为代表的传播学科创始者在内的一批社会科学研究者在美国政府战时新闻局的领导下，都是围绕如何利用宣传团结美国社会和削弱敌国的力量②来进行研究的，或者用新历史学家的话来说，美国“战后的媒体研究是围绕给国防部、军队和CIA这三家出资人找出最有效的宣传设计而进行的”③。但是这个“文化前提和价值观”在传播学从美国被引进到包括中国在内的非西方国家的过程中，往往没有受到特别的重视。李金铨指出，在“西方的文化自大渗透到所有现代学术研究领域”的过程中，“中国面对西方文化的进攻失去了自信”不是例外现象而是发展中国家的普遍现象，西方文化霸权的形成除了基于美国在硬实力和软实力上的绝对优势，还有“第三世界国家本土精英的积极协助”④。

殖民主义在20世纪60年代终止后，东西方学者都开始反思西方文化霸权，即以全人类的“普世价值”面目出现的西方中心主义对全世界的持续性影响，如爱德华·沃第尔·萨义德（Edward W. Said）指出的，殖民主义并不只是一个历史时期或者明确的上位相对于下

① Stanley J. Baran, Dennis K. Davis, *Mass Communication Theory: Foundations, Ferment, and Futrue* (6th *ed.*), Boston, MA: Wadsworth, 2012.

② Everett M. Rogers, *A History of Communication Study: A Biographical Approach*, New York: Free Press, 1997.

③ Jefferson Pooley, "The New History of Mass Communication Research", in David W. Park, Jefferson Pooley, eds., *The History of Media and Communication Research: Contested Memories*, New York: Peter Lang, 2008, p. 48.

④ Chin-Chuan Lee, "International Communication Research: Critical Relections and A New Point of Departure", in Chin-Chuan Lee, ed. *Internalizing "International Communication"*, Ann Arbor: University of Michigan Press, 2015, p. 13.

位的组织结构，它深深地嵌入新国家中的文化、经济、制度中，在殖民主义者离开后仍持续产生影响。[①] 换句话说，曾经由“权力”或“硬实力”宣示的西方中心主义的话语在20世纪后半叶日益以约瑟夫·奈所说的“软实力”或“巧实力”形式出现[②]，通过美国拥有的全球最大的媒体和娱乐工业向世界展示美国的软实力。强大的美国媒体和娱乐工业通过各种流行文化产品不断向全世界输出“美国梦”等同于“自由、平等、共同富裕”的理念和图景。这些理念和图景毫无疑问对所有国家的人都具有吸引力，而美国也就在不知不觉中获得了在全世界的文化霸权，也就是定义何谓“普世价值”的软实力[③]。

20世纪70年代以来，西方学术领域的有识之士开始反思以西方中心主义为本质的西方霸权的正当性，在传播学领域中开始了“去西方化”的研究取向[④]；以乔治·格伯纳（George Gerbner）和卡拉·诺顿斯登（Kaarle Nordenstreng）为代表的西方传播学者也积极参与了在联合国教科文组织的框架下进行的“世界信息与传播新秩序”的斗争[⑤]。虽然这个鲜明的反帝反殖民主义运动的政治斗争一度持续了近二十年，但仍然以美国和英国退出联合国教科文组织而宣告失败，传播学研究仍然深嵌在东西方对立的冷战框架中。西方学者无论如何反思和总结“世界信息与传播新秩序的教训”，也很难真正自觉从历史唯物主义的视角看到，在中国代表的真正的以全人类的福祉为内涵的普世价值体系形成并具备全球传播能力之前，西方学者和发展中国家

① Edward W. Said, *Orientalism*, New York: Pantheon, 1978.

② Joseph S. Nye Jr., *Bound to Lead: The Changing Nature of American Power*, New York: Basic Books, 1990.

③ Syed Muhammad Saad Zaidi, “American Global Supremacy under Threat? The Chinese Factor”, *Politics & Policy*, Vol. 49, No. 2, 2021, p. 518.

④ Georgette Wang, ed., *De-Westernizing Communication Research: Altering Questions and Changing Frameworks*, London: Routledge, 2011.

⑤ George Gerbner, Hamid Nowlana, and Kaarle Nordenstreng, eds., *The Global Media Debate: Its Rise, Fall, and Renewal*, Norwood, NG: Ablex, 1993.

在联合国教科文组织框架下进行的斗争都是不可能取得成功的[①]。这些发生在西方文化霸权框架内的对西方文化正当性的反思，即使不是不可能，也必然很难成为主导性话语。

正如跨文化传播学者李金铨所指出的，只有当我们清楚地意识到为何西方传播学理论往往被“不加批判地”当成具有跨越文化语境的普遍解释力，我们才能真正跨越西方的文化霸权和在传播学研究中的学术霸权。[②] 西方的文化霸权是欧洲殖民主义者从 16 世纪开始借助三次殖民主义式的全球化浪潮[③] 20 世纪 90 年代后美国作为唯一超级大国借助三大国际经济机构在全球推行资本主义制度及其意识形态所造成的不平等的国际秩序[④]在上层建筑中的反映。我们称之为霸权文化，正是因为在将近四百年的时间里，西方殖民主义者通过“直接占领、非直接统治、不平等贸易、强行托管金融体系、杀害或驱逐殖民地的原住民代之以欧洲人”等方法实现殖民统治权的野蛮行径逐渐通过“权力/知识话语”建构出让殖民统治者、殖民主义国家的一般公众，乃至广大的被殖民者，自然而然地接受了殖民主义者代表高等文明、殖民主义者是文化上的高等人这样的概念，从而让殖民主义历史具有了正当性。[⑤]

殖民主义一旦在世界的范围内具有了历史正当性，从本质上来说非道义的西方中心主义就戴上了“普世价值”的面具，成了“全

① Kaarle Nordenstreng, “The History of NWICO and Its Lessons”, in Divina Frau-Meigs, Jeremie Nicey, Michael Palmer, Julia Pohle, and Patricio Tupper, eds. , *From NWICO to WSIS*: *30 Years of Communication Geopolitics*, Chicago: Intellect, 2012.

② Chin-Chuan Lee, “International Communication Research: Critical Relections and A New Point of Departure”, in Chin-Chuan Lee , ed. , *Internalizing “International Communication”*, Ann Arbor: University of Michigan Press, 2015, p. 5.

③ Immanuel Wallerstein, *The Modern World-System II*: *Mercantilism and the Consolidation of the European World-economy 1600—1750*, New York: Academic Press, 1974.

④ Tony Smith, *America's Mission*: *The United States and the Worldwide Struggle for Democracy in the Twentieth Century*, Princeton: Princeton University Press, 1994.

⑤ Ahmad H. Sadi, “Colonialism and Surveillance”, in Kirstie Ball, Kevin D. Haggerty, David Lyon, eds. , *Routledge Handbook of Surveillance Studies*, London: Routledge, 2014, p. 151.

人类的普世价值”，作为看上去自然而然的霸权性文化支持不平等的国际秩序延续和再生产。[①] 这也是西方霸权性文化有意误读中国的原因。当中国站在道义的立场上，真正代表全人类共同利益为全人类的和平发展提出构建人类命运共同体的倡议，在全球信息流动中占绝对优势的西方媒体持续地误读，不断强调所谓的中国崛起对美国的威胁和对世界和平的威胁。[②] 否定崛起的中国为冷战后的世界带来和谐图景的可能[③]，把给非洲国家带来和平发展的中国与曾经的欧洲殖民者看成一回事，说中国只不过比曾经的欧洲殖民者采用了“更聪明”的经济手段而已。[④] 说到底，在西方文化作为世界主导文化的时代里，人类“从未真正见证过一个力量超强的国家真心实意为全人类的共同繁荣而努力”[⑤]，相反，历史见证的是西方文化的虚伪，是以美国为代表的西方“将自身视为全球化的主体而将东方视作受其支配的客体”[⑥]。

毋庸讳言，几个世纪中形成的西方文化霸权在形式上的确是以“全人类的普世价值”呈现的，代表历史进步方向的启蒙运动是这一切的源头。启蒙运动让欧洲摆脱了上千年的基督教神学的桎梏，将人类的理性和科学的进步视为人类追求幸福的发动机，将“人类的至善”等同于“人类的舒适和幸福”，在当时代表历史进步方向的“以极端激进的个人主义为核心的启蒙思想”将个体对幸福和美好生活的

---

① Immanuel Wallerstein, *European Universalism: The Rhetoric of Power*, New York: The New Press, 2006.

② Lutgard Lams, “Examing Strategic Narratives in Chinese Official Discourse under Xi Jinping”, *Journal of Chinese Political Science*, Vol. 23, 2008.

③ Sammuel P. Huntington, *The Clash of Civilizations and the Remaking of World Order*, New York: Touchstone, 1996.

④ Martin H. Heinemeyer, “Where Is China Heading? An Analysis of China’s Foreign Policy and How It Affects the Western World”, *European View*, Vol. 10, No. 1, 2011, p. 95.

⑤ 李展:《“一带一路”倡议与康德“永久和平论”: 对话与超越》,《国际传播》2017 年第 6 期。

⑥ John M. Hobson, “Is Critical Theory Always for the White West and for Western Imperialism? Beyond Westphilian towards A Post-Racist Critical IR”, *Review of International Studies*, Vol. 33, No. S1, 2007, p. 97.

追求“神圣化为政治的核心”[①]。这些思想在20世纪被美国的娱乐和媒体工业浓缩为“美国梦”，其将“自由、平等、共同繁荣”的概念向全世界传播，不知不觉间垄断了对人类共同追求的价值的解释权，构成了美国最大的软实力[②]。在国际政治的层面，康德（Kant）提出，人类历史要实现道德化发展的进程，必须使“单个国家都遵从统一的法律结成天下主义的国家，只有国家之间彼此不再有战争冲突，启蒙运动的理想，即保障所有个体的幸福和权利，才能真正实现”[③]。康德设想的通过建立和平联盟来实现人类永久和平的思想成为联合国理念的原型，联合国作为全球治理机构，实行的是国无大小一律平等的原则，在本质上追求的正是康德所说的让世界上的所有民族国家“建立起最终将包括地球上所有人类的人民共同的国家”的理想[④]。

然而，世界历史的发展已经证明，虽然西方文化表面上是以全人类的普世价值面目出现的，但是其本质却是为以美国为首的西方国家在20世纪之前的殖民侵略和20世纪之后的新殖民主义赋予正当性。启蒙运动思想将“个体加冕为意义、真理甚至现实的创造者和中心”[⑤]，但这些“个体”只是借科学发展和工业革命带来船坚炮利的西方殖民侵略国家的个体。联合国的建立也并未消除战争，第二次世界大战以来人类拥有了能够消灭自身数次的核武器和其他战争工具，联合国框架下的国际治理往往并不能实现理想的结果，例如气候变化问

---

① Isaac Kramnick, “Introduction”, in Isasc Kramnick, ed. , *The Portable Enlightenment Reader*, New York: Penguin Books, 1995, p. xv.

② Syed Muhammad Saad Zaidi, “American Global Supremacy under Threat? The Chinese Factor”, *Politics & Policy*, Vol. 49, No. 2, 2021, p. 518.

③ Ted Humphrey, “Translator's Introdution”, in Ted Humphrey, *Immanuel Kant: Perpetual Peace and Other Essays on Politics, History, and Morals*, Cambridge: Hackett Publishing Company, 1983, p. 14.

④ Immanuel Kant, “To Perpetual Peace: A Philosophical Sektch (1795)”, in Ted Humphrey, *Immanuel Kant: Perpetual Peace and Other Essays on Politics, History and Morals*, Cambridge: Hackett Publishing Company, 1983, p. 117.

⑤ Isaac Kramnick, “Introduction”, in Isaac Kramnick, ed. , *The Portable Enlightenment Reader*, New York: Penguin Books, 1995, p. xv.

题，一直因美国作梗而不能达成有效的国际协议[①]。现代民族国家体系首先在西欧形成，以民族国家为单位的“世界历史”[②] 在中国 1971 年正式恢复在联合国的合法席位之前，其实主要是西方的历史。20 世纪西方学者开始反思和批评西方国家的以个人主义为中心的思想，认为其是启蒙运动造成的内在缺陷；如霍克海默尔（Horkheimer）和阿多诺（Adorno）在《启蒙的辩证法》中指出，启蒙运动是导致欧洲反犹主义的思想根源，其历史先进性孕育了对其自身的反动[③]；又如哈贝马斯（Habermas）断言“启蒙运动是未完成的工作”[④]；甚至一些批评者“拒绝启蒙运动以个人主义为中心的思想，呼吁将关注视角从个人权利转向社区或群体”[⑤]，但是这些主张仍然不可能站在真正代表全人类共同利益的视角上，因为在西方学者熟悉的“世界历史”中，迄今为止并未出现过真正代表全人类的“普世价值”，而只有虚伪的以全人类“普世价值”面目出现的西方“普世价值”。

因此，本文认为，21 世纪中国的跨文化传播研究要回答的时代课题是：站在中国所代表的全人类发展的正确方向上，在新的历史语境下对西方世界进行“二次启蒙”，用正确的“全球化”否定西方“去全球化”的历史倒退，让代表全人类共同追求的自由、平等、人权、共同繁荣发展等理念的内涵超越西方文化霸权所赋予的狭隘性而真正成为能够为全人类命运带来光明未来的价值观。

跨文化传播研究应系统地向世界传播中国提出的构建人类命运共

---

① Alexander W. Severson, Eric A. Coleman, “Moral Frames and Climate Change Policy Attitudes”, *Social Scinece Quarterly*, Vol. 96, No. 5, 2015.

② Etienne Balibar, “The Nation Form: History and Ideology”, in Etienne Balibar and Immanuel Wallerstein, eds., *Race, Nation, Class: Ambiguous Identity*, London: Verso, 1991.

③ Max Horkheimer, Theodor W. Adorno, *Dialectic of Enlightenment*, New York: Continuum, 1998.

④ Jurgen Habermas, “Modernity: An Unfinished Project”, in. In Maurizio Passerin D'Entreves and Seyla Benhabib, eds., *Habermas and the Unfinished Project of Modernity: Critical Essays on the Philosophical Discourse of Modernity*, Cambridge, M. A.: MIT Press, 1997, p. 38.

⑤ Immanuel Kramnick, “Introduction”, in Immanuel Kramnick, ed., *The Pportable Enlightenment Reader*, New York: Penguin Books, 1995, p. xxxiii.

同体的理念，尤其是让西方世界看到：构建人类命运共同体，是世界历史发展到21世纪，中国回到世界舞台的中心后推动的人类社会实现转折的契机；中国倡导的全世界各国人民共同享受尊严、共同享受发展成果、共同享受安全保障，是真正以全人类的福祉为目标的天下主义，是对西方文化的二次启蒙。

三　用中国正确的价值观重释文明的内涵

1971年中国重返联合国是世界历史的一个新起点。与西方依靠殖民侵略和新殖民主义的手段成长为世界主导力量的历史截然相反，中国完全依靠和平发展摆脱了贫困。中国不但是世界和平的建设者和全球发展的贡献者，更是国际秩序的维护者。中国为全世界示范了有道德的和平发展道路才是人类正确的发展道路，是实现世界和平发展的正确道路，并且中国全心全意引领和参与构建人类命运共同体。因此，本文认为，21世纪中国的跨文化传播研究应着重从三个方面来阐释中国道路的正确性和代表全人类福祉的普世性，让正确的意识形态成为21世纪全球治理的指导思想。

第一，以中国抗击疫情的成功经验重新定义自由、民主、人权，跳出西方霸权文化长期在政治意识形态意义上定义这几个全人类"普世价值"的窠臼，诉诸生命存在的本质和人类社群生活的本质。尽管近代中国曾经落入半殖民地半封建社会的处境，直到20世纪中叶，西方殖民主义侵略者都没能彻底将中国纳入西方的资本主义体系。新中国的建立使中国人民摆脱了一切西方殖民主义力量的枷锁，获得了民族独立和解放，走上了独立自主和平发展的道路。这是中国人民的幸运，也是新中国始终受到西方在意识形态上的攻击的原因，西方攻击中国"为了经济增长牺牲公民的政治权利"。作为西方国家眼中的他者和异类，中国的人权和自由状况、中国的民主模式始终受到西方的质疑和攻击①；

① Surya P. Subedi, "China's Approach to Human Rights and the UN Human Rights Agenda", *Chinese Journal of International Law*, Vol. 14, No. 3, 2015, p. 437.

即使是为中国辩护的言论，也是站在西方政治话语的框架里，强调中国遵守了西方制定的规则。①

2020 年新冠疫情发生后西方国家的抗疫困境日益显示出，西方霸权文化自诩的道德优越性是依靠西方国家在文化和媒体工业方面的优势制造出来的幻象。我们看到，美国政府措施不力，相当多的公众不相信科学抗疫的措施，为了个人的所谓自由让其他人面临感染的风险。民主制度实质上变成了动员投票的机制而不是社会治理的有效机制，西方国家在自由、民主、人权方面凌驾于中国之上的道德优越性已然破产。因此，中国的跨文化传播研究者，应适时超越西方霸权文化设定的政治话语框架来讨论何谓真正能给全人类带来福祉的自由、民主、人权概念的内涵。与抗疫不力的西方国家形成鲜明对照的是：中国政府对于人民的生命健康的保护；中国人民关心他人的生命健康的自觉行为；全过程人民民主带来的正确决策。这些内涵才是 21 世纪全人类应该共同追求的价值观。

第二，倡导联合国作为全球治理体制所蕴含的天下主义理念，阐释中国提出的建构人类命运共同体理念是 21 世纪真正代表全人类福祉的天下主义，是人类思想发展史上的第二次启蒙运动。面对近年来经济下行的压力，美国政府一方面赤裸裸地推卸大国责任，要以美国优先，实行单边主义的国际关系政策，要“美国化，不要全球化”②，在联合国应对气候变化谈判等全球治理中起到负面的阻碍作用；另一方面又不放弃在国际事务中利用文化霸权自我赋予世界领导地位，这种双重标准的行为是美国重要的转向。确切地说，是美国不再具有在道德上成为国际社会领袖资格的转向。与美国相反，

---

① Jingjing Wu, “Is China Playing by the Rules? — Assessing China's Reservations to International Human Rights Treaties”, *Chinese Journal of International Law*, Vol. 19, No. 2, 2020.

② James Curran, “*Americanism, not Globalism*”: *President Trump and the American Mission*, Lowy Institute for International Policy, 2018, p. 2.

中国重返联合国半个世纪以来，始终维护联合国的权威和地位，践行多边主义，推动构建全球人类命运共同体，在国际事务中处处强调人类是一个整体，地球是全人类共同的家园，呼吁全球各国共同建设持久和平的美好未来。中国提出的“构建人类命运共同体”倡议 2017 年被写入联合国决议，其必将在国际上得到越来越多的认同。中国的跨文化传播研究应重新阐释全球化在 21 世纪的意义和内涵，批判殖民主义话语的全球化和不负责任的“去全球化”，指明中国坚持和倡导的构建人类命运共同体的理念是真正符合康德所说的体现人类历史的道德目的[①]本意的、代表了全人类共同福祉和美好未来的全球化。

第三，在哲学理念上阐释中国经验和中国的价值观符合人类进步的辩证法。从 16 世纪欧洲殖民主义兴起到 20 世纪形成以美国为首的西方国家成为世界的主导力量、获得文化霸权，导致这一史实形成的一个重要的历史因素就是中国长期远离国际舞台。而一旦中国重返世界舞台，这个世界上唯一拥有不曾间断的文明的大国必将能够汇聚和融合东西文化传统，对人类未来发展提出最深刻的洞见，这是历史必然性决定的。中国的跨文化传播研究应该用现行主导文化的话语重释历史发展的辩证法，例如，阐明后发优势不单单体现在科学技术发展方面，也必然体现在思想文化的进步方面。启蒙运动精神曾经代表了欧洲大陆历史进步的方向，塑造了几个世纪以来西方文化的精神内核，即相信人类理性、相信科学、相信人类历史的道德发展，但在 21 世纪，曾经作为启蒙运动内在动力的极端个人主义已成为西方国家社会治理陷入困境的原因和表现。从表面上看，西方国家转向“去全球化”、放弃国际责任是迫于经济压力，但本质上是西方文明的道德失败。在人类面临百年未有之大变局的时刻，

---

① Immanuel Kant, “To Perpetual Peace: A Philosophical Sektch (1795)”, in Ted Humphrey, Immanuel Kant, *Perpetual Peace and Other Essays on Politics, History and Morals*, Cambridge: Hackett Publishing Company, 1983.

需要新的构想和引导力量带领人类走向美好的未来，这就是中国倡导的以全人类福祉为目标的构建人类命运共同体理念。这也是历史发展的必然。

作者李展系厦门大学新闻传播学院副教授

从“中国模式”到“中国价值”

——文明传播视野下中国经验的话语表达与悖论反思

杨瑞明

摘要：本文以概念史研究为方法，对“中国模式”的产生到“中国价值”的提出、传播与争议，进行历史与思想内涵的回顾和反思。论文认为，人类文明的每一种发展模式或现代化道路都蕴含了特定的文明价值，对于西方发达国家而言，“中国模式”更多意味着一种来自新兴亚洲文明的参照价值，或被误导为是对西方文明的挑战。用“中国价值”这一概念来替代“中国模式”，不仅可以在全球化语境与全球文明的体系结构中，提出我们自己的关于中国发展经验的中国话语，还有助于我们透过中国与世界的互动关系，思考如何保持文明发展的自主性，更好地促进世界文明的交流互鉴，参与人类共同价值的界定与传播，推进人类命运共同体的构建与全球文明的共同发展。

关键词：中国模式；中国价值；文明传播；后全球化；话语表达

2020年以来，新冠疫情与百年变局交织叠加，人类文明面临前所未有的危机与挑战，世界进入又一新的动荡变化时期。“中国经验”与“中国模式”再度成为全球舆论聚焦的热词和全球思想与智慧交锋的热点。

当全世界又“对‘中国模式’进行更加深入的研究”时[①]，也促

---

① 罗兰·博尔：《我们学到了什么，世界将会怎样?》，《光明日报》2020年5月12日第12版。

使我们对“中国模式”这一术语的出现与“中国价值”概念的提出，再进行一番历史与思想的回顾与反思，以期为今后中国经验的全球化表达与国家形象的再塑，以及为国际传播与文明传播的话语体系与话语建构，提供一个深入思考的视角。

一 “中国模式”的提出与争议

100多年来，中国的强国之梦，是中华民族救亡图存、追寻现代文明的历程，也是中华民族自强不息、走向文明复兴的历程。

如果我们把辛亥革命以来中国的百年历程划分为三段时期（1911—1949年、1949—1979年、1979年至今）的话，那么，自20世纪70年代末中国实行改革开放以来的40多年，就是近现代中华文明崛起跃升的关键时期，也是当代中国文明转型取得世界瞩目的伟大成就的时期。

自20世纪80年代初开始，中国所发生的一切变化和发展，不仅召唤着中国学者，更吸引着越来越多来自国际思想界、学术界和政界的目光，关注和探寻中国复兴的意义与中国崛起的世界影响。其中，2004年5月，美国《时代》周刊的高级编辑乔舒亚·库珀·雷默（Joshua Cooper Ramo）发表了题为《北京共识：提供新模式》的著名报告，试图把中国的改革成就概括总结为“北京共识”或“中国模式”。

雷默在报告中认为：“中国已经发生的情况，不只是中国模式，而且已经开始在经济、社会以及政治方面改变整个国际发展格局。”自此，雷默拉开了国际社会大范围内讨论“中国模式”的序幕，这一讨论在随后伴随着北京奥运会、新中国成立60周年和中国应对国际金融危机等一系列事件，不断被引向深入。

2009年，美国著名的未来学家约翰·奈斯比特在《中国大趋势》一书中预言：中国在创造一个崭新的社会、经济和政治体制，“中国模式”将以令人难以置信的力量影响整个世界。继而，英国著名学者马丁·雅克在其2010年年初面世的著作《当中国统治世界：中国的崛起和西方世界的衰落》中同样提出：在今天这个充满“现代竞争性”

的新时代里，中国的崛起将改变的不仅仅是世界经济格局，还将彻底动摇人们的思维方式和生活方式。“如果说自 1978 年以来，世界带给中国的改变要大大多于中国带给世界的改变，那么这种进程将很快发生逆转——中国带给世界的改变将远远多于世界带给中国的改变。”①

2010 年年末，时任美国国家经济委员会（NEC）主任的经济学家劳伦斯·萨默斯（Lawrence Summers）对《华尔街日报》谈到美国的全球地位以及时代的核心议题时，更进一步预言道：“我想，50 年或 100 年后人们书写我们时代的历史时，不太可能主要谈及 2008 年的经济衰退，也不太可能是有关美国在 21 世纪第二个 10 年面临的财政问题。而是世界如何适应历史舞台向中国转移的变化。”2011 年 6 月，美国前国务卿亨利·基辛格在接受中国《参考消息》记者采访时也同样指出：“中国的发展模式，无论对中国自己还是对世界其他国家都具有重要的意义。”

改革开放以来，波澜壮阔的政治、经济、文化的变革与更新，使中国从贫穷落后的国家发展成为经济实力和综合国力进入世界前列、人民生活明显改善、国际地位实现前所未有的提升。中国的复兴意味着中华文明重新占据了世界的重要地位，更意味着今天的中国是一个自立于世界民族之林的现代国家，中华民族再度创造了一个影响人类社会发展的新型文明形态。

对于中国这块神奇的土地上发生的前所未有的奇迹般的变化，人们不断地问道：为何穿越五千年的中华文明之光依然璀璨闪耀？中国奇迹是怎样发生的？中国的复兴对中国和世界的文明发展贡献了什么？中国的现代化之路将走向何方？尤其是进入 21 世纪以来，随着中国经济实力的增强，中国在国际事务与世界格局中的影响力逐步扩大，而西方发展模式正遭受着前所未有的挑战，欧美发达国家日益担心西方

① ［英］马丁·雅克：《当中国统治世界：中国的崛起和西方世界的衰落》，张莉、刘曲译，中信出版社 2010 年版，“自序”。

发展模式被中国等非西方文明国家超越，从而失去主导地位，而广大发展中国家则希望从中国模式中找到可资借鉴的经验，以推进本国的现代化进程。

2004 年 5 月，美国《时代》周刊的高级编辑乔舒亚·库珀·雷默在英国著名思想库伦敦外交政策中心发表了《北京共识：提供新模式》一文，对中国经济改革的成就作了全面理性的思考与分析，他通过“尽可能直接地集中注重可观察的事实”[①] 的原则和方法，提炼出中国的发展经验，即：艰苦努力、主动创新和大胆实验（如设立经济特区），坚决捍卫国家主权和利益（如处理台湾问题），积聚能量、循序渐进（如“摸着石头过河”）、关注经济发展，注重社会变化、寻求公正与高质量增长的发展思路，由此摸索出了一个适合本国国情的发展模式。

雷默把中国的这一发展模式称为“北京共识”或者“中国模式”。更为重要的是，对于雷默提出的“北京共识”，西方学者第一次公开认为中国模式“是一个涉及经济、政治、社会、国际关系等多个领域的新的发展模式”，雷默用这一概念来概括中国的发展经验和发展道路，认为“北京共识”是超越“华盛顿共识”的全新发展模式，从而引起了国内外学术界的广泛反响。

其实，早在 20 世纪 80 年代，在讨论中国经济社会发展道路时，中国学者就曾广泛使用过“模式”这个概念，如在介绍东欧国家的改革经验时，学界曾使用过“匈牙利模式”“波兰模式”“南斯拉夫自治社会主义模式”“保加利亚模式”等概念。有一段时间，“模式”问题甚至成为学术界研究的一个热点。

而在雷默梳理和总结“中国模式”之前，“中国模式”这一术语也已经在国外出现。如 1980 年，日本《现代经济》（季刊）刊登了日本几位大学学者对中国经济改革的看法，文中多次使用了“中国模

① ［美］乔舒亚·库珀·雷默等：《中国形象——外国学者眼中的中国》，沈晓雷等译，社会科学文献出版社 2006 年版，第 285 页。

式”的概念，不过他们主要是把20世纪70年代的“毛泽东战略”称为“中国模式”。同年5月30日，联邦德国《时代》周报刊登了罗斯·特里尔的一篇访华观感，题为《北京的粗暴刺耳的声音》，副标题为“‘中国模式’的结束”。该文谈到的中心问题是改革开放初期北京大规模建设带来的问题。1984年12月，在中国农村经济体制改革初见成效、广东沿海对外开放粗具规模之后，英国路透社记者撰写的苏联第一副总理阿尔希波夫访华的新闻分析多次提到“中国模式”，其含义是指中国经济体制改革和对外开放政策。[①]

从国外学者及政要的有关论述来看，他们在讨论“中国模式”时还使用了“中国经验”“中国发展道路”等概念。此外，他们也在经常使用“毛泽东模式”“东欧模式”“苏联模式”“日本模式”“印度模式”“亚洲‘四小龙’模式”“美国模式”“欧洲模式”等概念。总之，他们所采用的“模式”这个概念并没有统一确定的内涵，有时指“发展道路”，有时指具体的社会政策或社会发展战略。

尽管雷默并非第一个使用“中国模式”这一概念的西方人，但他对“中国模式”进行了比较综合与系统的研究，雷默提出的“北京共识”及其对“中国模式”的提炼和归纳，引起了中国与世界的巨大反响和关注，并引发了海内外各界共同挖掘与反思当代中国的发展道路，尤其是改革开放以来中国发展经验的讨论热潮。人们期望通过对中国发展模式或中国发展道路的讨论，为世界寻找到创造中国奇迹的答案和现代化经验。

2008年，当肇始于华尔街的金融危机快速席卷全球、西方国家都深受金融危机的影响而陷入困境，中国经济似乎独善其身，很快就摆脱了金融危机的阴影；几乎与此同时，中国四川汶川爆发了特大地震，但中国在应对汶川特大灾情和举办北京奥运会的过程中所展现出的“举国体制”的优势，令世界对中国的整个体制都刮目相看。由此，

---

① 参见秦宣《“中国模式”之概念辨析》，http：//www.aisixiang.com/data/31821.html.

近年来世界对中国的变化和走向，以及中国崛起将如何影响世界的关注也达到了前所未有的高度。

20 世纪八九十年代，国内外学术界最初主要是从经济转轨方式的角度来考察“中国模式”，而且更多的是置于中国与俄罗斯经济转轨比较的视野之下来探讨，认为 20 世纪 90 年代俄罗斯“休克疗法”的激进模式是失败的，而相比之下，中国“双轨制”的渐进模式却取得了成功。这一时期，绝大多数学者或政要主要从经济的层面来概括“中国模式”，很少涉及政治、文化方面的内容。进入 21 世纪后，随着中国综合国力的迅速增强以及在社会民生诸问题上所取得的成就，国内外学术界开始从国家的整体发展战略和现代化战略的大视野来探讨中国发展的经验及其根源。

二　“中国模式”的解释力

在梳理关于“中国模式”的讨论时我们发现，国内外对“中国模式”的探讨已经涉及中国社会发展的方方面面，并呈现出更加宽阔的视野与多元的观点争论。在对“中国模式”的内涵与意义的阐释中，一个最具争议的焦点问题即是：是否可使用“中国模式”这一术语作为总结中国改革开放发展经验的核心概念，或“中国模式”是否可以作为表述 40 年来中国“成功之路”的理论解释的主要话语？

我们知道，“模式”这一术语（英文为 Model 或 Mode，Pattern）通常为社会学、人类学和经济学等学科用于分析和总结社会、文化和经济发展的变迁过程和规律以及变迁的途径与形式。“模式”的内涵十分丰富、形式多样，在社会发展这个意义上而言，“模式”往往是研究者对人们的社会实践所积累的经验的抽象和升华，是理论的一种简化形式，并被表达为表明事物结构或过程的主要组成部分及其相互关系的文字叙述，或是对其内在机制和事物之间关系的直观、简洁的图像描述或数学公式等。

一般来说，西方研究者对“中国模式”的论述都包含两个方面：“一方面是总结中国经济改革所取得的成就，因为无论在世界历史范围内，还是与其他国家和地区相比较，这个成就是无法否认的；另一方面，提出发展过程中所产生的问题、矛盾和危机，因为先前的发展模式中包含着明显的不可持续的因素和潜藏的风险。”①

中国一些反对使用这一术语的观点认为：因为中国的发展自改革开放以来一直就是像邓小平所说的那样“摸着石头过河”，从来就没有固定的路子。所以说，中国根本没有形成所谓的“中国模式”。

另一类观点则提出：以中国的改革“摸着石头过河”为由来否定中国的发展模式，也是不符合中国的实际情况。中国的改革最初确实是“摸着石头过河”，但随着路线图的日益明晰，中国的改革转为“看清石头在哪里之后再过河”；再后来，中国的改革蓝图就更加清晰，改革也变为“埋好石头再过河”，知道应该在哪里“埋下石头”而更有利于“过河”。但即使是坚持使用“中国模式”的学者，在阐释“中国模式”的内涵时，也众说纷纭、歧见纷呈。

总的来说，认同“中国模式”这一概念的学者大多认为，所谓“中国模式”，“的确不是一种固定的模式、方法或道路，而是不拘于任何一种方法的思维方式与实践精神……这正是‘中国模式’成功的关键”②。并且，用“中国模式”来总结中国的经验“能够提供新鲜知识，促进我国学界对本土文明的自觉，从而促进‘中国话语系统’的形成，以及‘中国学派’的崛起”③。

三　“中国模式”的内涵与意义

问题的关键在于：人们试图总结和概括的“中国模式”，究竟是

① 汪晖：《中国道路的独特性与普遍性》，《社会观察》2011 年第 4 期。

② 胡键：《争论中的中国模式：内涵、特点和意义》，《社会科学》2010 年第 6 期。

③ 潘维：《当代中华体制——中国模式的经济、政治、社会解析》，载潘维主编《中国模式：解读人民共和国的 60 年》，中央编译出版社 2009 年版，第 5 页。

指一种在特殊文化背景下、在特定国情下形成的只适用于中国社会的现代化战略，还是不分文化背景、不分国情而具有普遍意义的现代化战略？如果是前者，那么“中国模式”就是具有中国独特性的、只能适用于中国而不能被非中国文化的社会和国家所复制。

在西方模式遭受金融危机及新冠疫情重创的情况下，“中国模式”在不少国家包括部分西方国家都产生了一定程度的示范效应，西方感到中国模式作为西方模式的现实挑战已经不可避免。问题还不仅限于此，对很多西方人来说，他们总是在黑白对立的认知框架下认识中国模式，从而认为中国模式就是对西方模式的挑战。

但对一些理性的西方学者及很多发展中国家来说，探讨和总结“中国模式”的意义在于获得一种有别于其他现代化模式的替代模式。这意味着中国模式不仅对中国未来的发展具有深远的意义，在文明传播与东西方文明交流互鉴的意义上，对世界的发展尤其是对发展中国家也具有借鉴意义。

然而，由于“模式”这个术语是建立在西方文明传统之上的西方社会科学的概念，其本身即带有量化的、可复制的特性，很容易使我们在考量“中国模式”时容易被“复制”问题所误导。因此，倘若我们使用“中国模式”来为中国与世界提供有关中国经验的理论解释的话，“中国模式”理应具有更为深刻的价值意义。其内涵应该包含以下三个方面。

第一，“中国模式”是在特殊文化背景下、在特定国情下形成的中国走向现代化的路径，它体现了中国发展的独特性和独创性，中国模式具有特殊的价值取向，因而“中国模式”即便对世界其他国家产生影响，也是通过其对中国自身的影响而对世界产生间接的借鉴作用。如学者汪晖所认为的：“普遍性不是与独特性相对立的，因而也不能用可否复制这样的问题来检验。普遍性与借鉴、启发等概念关系更多一点，后者总是以自主和创新为前提，而不是什么复制。”[①] 学者林春

① 参见胡键《争论中的中国模式：内涵、特点和意义》，《社会科学》2010 年第 6 期。

也认为：“‘中国模式’应该是超越一般增长和治理的、关于中国现代转型的总体概括，也是对其中包括思想文化、制度组织等在内的经验的总结。它不仅是描述性的，也应该成为规范性、有普遍应用意义的模式。”①

第二，“中国模式”既是对改革开放以来的历史经验的总结，也应该是未来发展的蓝图。而且，对历史的总结与对未来发展构架的意义相比，两者虽然都很重要，但“中国模式”对中国未来发展构架的意义可能更为重要。因此，“中国模式”的内涵应获得不断的丰富和充实。

第三，“中国模式”虽然首先是要解决中国内部的发展问题，但全球化和全球性问题与中国内部的发展问题息息相关。作为一个发展中大国，中国内部的任何一个问题都有可能成为全球性问题，“中国模式”也必然深深地影响着全球治理。为此，中国应承担与自身身份相对应的国际责任，特别是要承担起构建人类命运共同体的历史责任，与世界携手共同创造更加美好的未来。

今天，我们身处当代中国文明发展的一个极其重要的历史时期，新的时代需要我们站在新的起点上重新认识中华文明的历史传统与价值，重塑文化自信，也需要重新认识中国的文明转型与文明创新过程中的得与失、成与败。

为此，当思考或参与讨论“中国模式”的内涵及其意义时，我们不禁想到：对中国现代化经验或者说中国道路的总结，必须有一个基本立足点，抑或说转向一种新的思想维度，那就是应把中国问题视为中华文明复兴的问题、视为中国现代化文明的独特性与世界文明的共同性相互联系的问题。这就意味着，我们建构中国自己的社会科学学派和话语体系，必须重新思考与回应“中国模式”的话语建构与传播问题，并考虑它与全球文明发展的关系。

---

① 林春：《承前启后的中国模式》，《读书》2006 年第 4 期。

四 “中国价值”的提出及其意义

毫无疑问，“中国模式”这一概念为我们提供了一种研究中国社会发展的新视角。长期以来，人类社会的现代化发展模式并非只有一种，而每一种发展模式都蕴含着特定文明的价值取向。但对于西方发达国家而言，“中国模式”更多意味着一种来自东方大国的文明发展的参照价值，或被误导为是挑战西方文明的价值取向与文明模式。

从文明传播的视角来看，先进的、进步的和可持续的属性构成文明的价值。“中国模式”或“中国经验”包含当代中国的文明价值，具有价值观上的引导作用。如学者甘阳所说：“中国模式不能仅仅是一个现状的描述，它应该有一个规范性的面向，说明中国应该怎么样。”[①] 在这个意义上，一些中国学者提出了“中国价值”这一概念[②]，以求在特殊与普遍、历史与未来、中国与世界的思维框架中，揭示当代中国的文明价值以及文明转型的价值模式、内在机制和启迪意义。

一百年来，中国始终是在与西方文明的相遇或碰撞中追寻与探索适合自身的文明发展路径。今天，我们身处一个全球化、多元化的时代，在经济力量和技术力量的推动下，世界更加紧密地联系在一起，全球已形成命运与共的社会空间。

为此，我们认为，用“中国价值”这一概念来替代“中国模式”，不仅意味着我们可以在全球化语境与世界文明的体系结构中，找到关于中国发展经验的独立自主的话语表达形式，还能有助于我们透过中国与世界的互动关系，思考如何保持文明发展的自主性，更好地把握中国与世界的文明走向，从而参与人类共同价值的界定，促进全球文明的共同发展。

尤其在今天，当人类面临的整体问题在新冠疫情中极致化地体现出来，当世界遭遇了与第二次世界大战、冷战、恐怖主义、金融危机

---

① 甘阳：《中国道路还是中国模式?》，《文化纵横》2011 年第 5 期。

② 张旭东：《中国价值的世界历史使命》，《文化纵横》2010 年第 1 期。

等完全不同的历史困境，当加强全球治理的紧迫性骤然上升，构建人类命运共同体与共同约定人类的共同价值，已不仅仅是世界所需，更是世界所急。

五　文明价值与中国价值

价值哲学认为，所谓价值，既不是客体和它的属性本身，也不是主体的需要和能力本身，而是它们双方相互结合的形态和产物。价值，就存在于人的对象性活动之中。而人的对象性活动，是包括主体和客体双方在内的一种相互关系、相互作用的运动过程。作为这种关系中的内容和效果，价值自始至终存在于这个过程之中。因而价值的本质，即是“客体主体化”的过程、结果及其程度，是一种“以主体尺度为尺度的主客体统一”。

可以说，自古以来人类为实现自己生存和发展所付诸的社会实践，都可归结为两种：一是“追求真理”，二是“创造价值”。所以，真理原则和价值原则是人类进步发展所依据的两大基本原则。前者是指，人们生活与实践在这个世界上，必须按照世界的本来面目和规律去认识并改造世界和人自身；后者则指，人们又按照人的尺度和需要认识和改造世界和人自身。

在人们的实践活动中，真理原则是活动的条件性原则，规定和校正人们的目的；价值原则是活动的目的性原则，反映了人们活动的动机和动力。爱因斯坦说过：“我们切莫忘记，仅凭知识和技巧并不能给人类的生活带来幸福和尊严。人类完全有理由把高尚的道德标准和价值观的宣道士置于客观真理的发现者之上。”自古以来，人们不约而同地发现并概括了几种最基本的，或者说是最具有高度人文精神的价值形态，即“真”“善”“美”和“自由”，并把它们当作自己所创造和追求的价值的总体目标或最高境界。[①] 真、善、美和

---

① 李连科、杨魁森：《真善美在认识活动中的统一——关于真善美统一的思考之二》，《天津社会科学》1993 年第 5 期。

自由，都是人类生活实践中达到主客体统一的和谐境界，它们代表着人类崇高价值追求的不同方面，也成为人类世世代代追求的价值观。

在文明传播的意义上，文明既是由国家、种族、民族文化群落与社会秩序形成的复杂系统，也是人类创造的总体价值与社会进步方式的历史表征。也就是说，作为价值概念的文明，是社会历史进步方式的表征和具有可持续性的总体文化成果。今天，我们不但要承前启后寻求中华文明的复兴和发展，更重要的是我们要创造一种既适合本国的又对其他文明也有借鉴意义的文明价值和文明形态。而只有把过去与未来、特殊与普遍、中国与世界联系在一起，才是"中国价值"应具有的价值内涵与价值指向。

雷默在《北京共识：提供新模式》中总结提出"北京共识"的同时，也指出了中国发展模式的三大价值理念："大胆实验，使创新的价值重新定位；求变、求新和创新是体现实力的基本要素；超越人均国内生产总值的衡量尺度，把重点放在生活质量上，追求公平与可持续的发展；发展不对称力量是应付复杂安全环境的最有效办法。"[①] 但正如学者张旭东所指出的：关于文明形态和"人"的终极意义等方面的追问，才是"中国价值"的关键所在。[②]

如果说"从来就没有什么现成的药方可以解决今天中国所面临的一切问题，没有什么放诸四海皆准的制度或观念能使中国自动地走向富强和公正"[③]，改革开放以来，中国人民为孜孜以求的文明复兴的探索与实践，从经济领域到新技术、新制度、新观念的落地生根、开花结果，无不经历了复杂的再创造过程。最终的成功，并非完全照搬外国先进生产经验的结果，而是源于将"理论与实践"相结合，产生出一种本土性的制度创新，激发出一种前所未有的能量、活力和创造力。

因此，我们可以把"中国价值"的内涵与本质确定为，当代中国

---

① 转引自胡键《争论中的中国模式：内涵、特点和意义》，《社会科学》2010年第6期。

② 张旭东：《中国价值的世界历史使命》，《文化纵横》2010年第1期。

③ 张旭东：《中国价值的世界历史使命》，《文化纵横》2010年第1期。

通过自身的社会实践创造的文明成果和文明价值，它体现出当代中国文明全方位的活力、创造性和持续性。

六 “中国价值”的悖论与反思

在人类的价值创造实践中，最常见的一种负面现象就是：由于没有去追求自己所应该追求的价值，或未能实现本可属于自己的价值，因而得到了负价值。这种“事理相悖”“事与愿违”的现象，即是价值的异化或价值的悖论。

从文明传播的向度来说，所谓文明的悖论指的是那些被现有的知识体系和价值规范认定有此无彼的对立现象的同时出现。或者说，文明的悖论的出现，源于文明的价值观或价值体系和功能内在的、自我相关的矛盾性和不合理性，及其价值思维方式和行为方式的悖谬。在这个意义上，文明的价值悖论也意味着文明有某些不可持续的属性。

从 1840 年（可能更早）开始，中国社会即开始进入现代社会。我们可以说，当代中国的社会转型，是近代以来中国现代性的延伸与发展。就现代化过程来看，现代性并不是一个单一的过程和结果，它涉及政治、经济、社会和文化等不同层面。

当代中国的改革和社会转型，是在已实现了现代化的西方社会遭遇深刻危机、出现一系列弊端之后开始的。由此，中国的社会转型少走了弯路，但也进入了现代性与后现代性问题并存的复杂的历史过程中。所以，当代中国的文明悖论也始终与全球现代性的悖论交缠在一起的。面对现代性发展的这种复杂局面，着眼于现代性的两难现实与价值，如何找到既指向人类自由、克服西方现代性弊端，又适合中国自身的现代文明发展和现代化道路，是摆在我们面前的重大历史课题。

中国的现代性几乎从一开始，它的参照系就是西方的现代性或西方文明。西方现代性的后果已为我们揭示了现代性的双重内涵及其价值的二重性，并衍生出多重的悖论现象和悖论问题。40 多年来，中国价值或中国经验的成功，意味着中国的发展取得了重要的成就，但同时，中国社会也出现了文明的价值悖论，即伴随而生了一些不文明和反文明的文化。今天，随着我们的文明转型与创造“中国价值”所付出的代价及其导致的负面后果的日益显露，我们不得不面对如下我们付出的巨大成本所产生的价值悖论产生警醒并进行深刻的反思。

其中，现代工业文明的发展对我们赖以生存的自然环境和生态系统的破坏和损伤，就是一个严重的文明悖论。毫无疑问，在今天中国的文明转型中，我们中国的自然环境已经无法支撑高污染、高能耗、低效益的生产方式。

改革开放以后，党中央日益重视生态环境保护。但同时，生态文明建设仍然是一个明显的短板，资源环境约束趋紧、生态系统退化等问题越来越突出，各类环境污染、生态破坏事件成为国土之伤、民生之痛。党中央强调，生态文明建设是关乎中华民族永续发展的根本大计，改善生态环境就是发展生产力，绝不以牺牲环境为代价换取一时的经济增长。必须坚持绿水青山就是金山银山的理念，要“像保护眼睛一样保护生态环境，像对待生命一样对待生态环境，更加自觉地推进绿色发展、循环发展、低碳发展，坚持走生产发展、生活富裕、生态良好的文明发展道路”①。

从另一个意义上看，推动环境保护、建设生态文明又何尝不是世界留给中国人的一个机会。历史似乎正等待我们回应：一个尚未完成现代化转型的中国能不能直接由目前的传统工业文明转向生态文明。这对我们既是严峻挑战，也是难得的机遇。

努力超越传统，追寻文化创新，却丢失了真正的文化自信，甚至出现文化遗产传承面临断裂的现象，也是当代中国现代化发展的悖论问题。

现代中国的开端起于对传统的彻底批判，特别是到五四运动时期，对传统，尤其是对儒学的彻底否定成为主旋律。因此，我们需要寻找

① 《为了中华民族永续发展——习近平总书记关心生态文明建设纪实》，《人民日报》2015年3月10日第1版。

现代中国文明与传统文化之间的内在张力和问题。从根本上只有把中国的文化传统，变成塑造中华民族现代文明的有效资源，才能完成中华文明复兴的使命。而充分认识优秀传统文化的当代价值，需要合理评估传统文化并汲取传统文化的精华及其文明价值。

传统，是民族记忆认同的价值体系，也是一种活着的有生命力的文化精神，一种持续不断的思想谱系。脱离了历史文化传统，脱离了体现在历史文化传统中的价值系统，中华文明也就失去了根基。同时，我们也要认识到，世界文明不仅是社会自身变迁发展的结果，也是人类跨越地域、文化、民族、国家等界限交往互动的产物。为此，我们只有在世界范围内考察中华文明的渊源与价值，站在世界文明的高度反观自己的文化时，才能拥有理性的、自觉的文化认知与文化自信。

今天，我们对于文明追寻的迷惘、困惑与焦虑，不仅来自外部世界的干扰，也源于我们对历史与传统的隔膜、无知与疏离。尤其对于今天进入后现代的中国文化而言，出路在于走向历史的深处，去寻找与重新认知我们自身存在的根基和源头。由此，我们才能走出现代文明的悖论，重建中国文化与中国的人文精神，也才能延续与世界文明的交流互鉴，推动中华优秀传统文化的创造性转化与创新性发展。让生生不息、富有创造力的中国文化，为世界文明的繁荣昌盛做出应有的贡献。

作者杨瑞明系中国社会科学院新闻与传播研究所副研究员

“后疫情时代”如何维系全球化？

——来自浙江义乌跨境电商行业的启示

钱霖亮

摘要： 近年来逆全球化的声音不绝于耳，曾经作为全球化重要推手的欧美发达国家政府也在经贸问题上保守主义化。新冠疫情暴发后全球产业的“脱钩”论加重了人们对全球化即将终结的担忧。但发达国家的政府、跨国企业并非推动全球化的唯一力量，中国这类发展中国家的中小企业利用小额资本从事全球贸易，它们构成的商业力量同样也能够推动全球化，在后疫情时代维系全球的互通互联。

关键词： 全球化；跨境电商；新冠疫情

一　新冠疫情下的全球化争议

20 世纪 80 年代以来，资本的全球扩张使全球化成为学界和公众认知中当今世界的发展趋势。然而近些年这一看起来不可逆的趋势却发生了重大转折。英国脱欧、特朗普上台、区域贸易协定的瓦解、中美贸易战开打，这些事件将全球化议题重新带回公众的视野，引发激烈的讨论。这其中，曾经作为全球化重要推手的欧美发达国家政府在经贸问题上的保守主义化尤其引人注目。这些政府曾经在 20 世纪 70 年代大力推行经济自由化改革，通过产业外包与许多发展中国家建立合作关系，促进了双方的投资和贸易往来，形成了全球生产贸易体系。

然而近年来这些发达国家的政府却开始主张贸易保护，设置贸易壁垒，架空推进全球自由贸易的国际组织。这些政府的举措在西方社会支持自由贸易的人群中引起了极大的不安，担忧它们会导致全球化的停滞甚至终结。

新冠疫情的全球蔓延加重了人们对逆全球化的担忧。首先，人员的跨国流动引发了病毒在全世界范围内的扩散。这使部分国外民众认为全球化是病毒扩散的主因。其次，由于产业外包，许多发达国家的政府和民众在疫情暴发后发现本国的急救物资和药品供应不上，于是开始主张把外包的产业转回本国。最后，部分国家民族主义和民粹主义抬头，将中国视为这次疫情的替罪羊，中国制造面临着前所未有的挑战。作为上一轮全球化浪潮的受益国之一，中国在改革开放后充分利用本国的人口红利逐步发展成“世界工厂”，成为全球生产贸易体系中的重要一环。也因为中国承接了相当一部分发达国家外包的产业，这些国家产业回归的口号将中国和中国制造推上了风口浪尖。如果逆全球化加速成为现实，中国的利益无疑会因此受损。

然而不少学者认为上述舆论观点太过悲观。虽然承认新冠疫情的蔓延对全球化有一定的负面影响，但他们坚信全球化本身是不可逆的。例如，姜跃春、张玉环认为，新冠不会中断全球化进程的理由有三：第一，全球化是世界经济发展的必然趋势；第二，新冠疫情对经济全球化的冲击是有限的；第三，中国已经成为全球化重要的驱动力，借疫情鼓动与中国脱钩有违经济规律，必将遭受惩罚。[①] 朱云汉通过梳理历史上流行病的社会影响来说明此类灾害很难从根本上改变人类社会的发展轨迹，同时他又以当下中国借助“一带一路”倡议等南南合作项目推动全球化的努力来说明全球化动力来源的多样性。[②] 张蕴岭分析了各国政府、企业和民众如若放弃全球化需付出的成本，

① 姜跃春、张玉环：《新冠肺炎疫情不会中断经济全球化进程》，《世界知识》2020 年第 7 期。

② 朱云汉：《全球化为什么不可逆——探索新冠病毒危机后的世界》，《文化纵横》2020 年第 3 期。

相信这些成本会引导他们作出理性的选择，甚至催生第四波的全球化。① 尽管这些研究富有启发性，但笔者认为全球化作为一项关系国计民生的议题，我们不能只是凭借历史经验和先贤总结的"经济规律"来预测它的走势，寄希望于现实条件对他国政府、企业和民众的制约来憧憬中国社会的未来——我们应当想方设法通过更多具体的活动主动地维系和推动对我们至关重要的全球化。

更进一步来说，如果各国政府、企业和民众由于各种因素的影响偏偏没有选择最理性的选项，例如欧美政府近年来的贸易保护主义和疫情之下抬头的新孤立主义，那么我们应当如何应对？它们的退却是否真的意味着全球化即将终结？在已有的学术讨论中，政府、跨国企业和国际组织主导的全球化通常被称为"自上而下的全球化"（globalization from above），与此精英路径相对的是"自下而上的全球化"（globalization from below）。在21世纪初的学术研究中，"自下而上的全球化"主要指的是世界各地抗议精英主导全球化模式的社会运动组织网络。② 到了2010年以后，部分学者开始用这一表述指代草根商人利用小额资本从事全球贸易的商业活动，我们最熟悉的例子大概便是广州的非洲商人。③ 这些学者对源自草根的全球商业活动的发现揭示了全球化并不只有精英主导一种模式。草根商业力量在面对政府、跨国企业和国际组织这些上层组织的漠视甚至打压的情况（尤其是出现知识产权、税务、外籍商人非法居留等法律问题）时仍能表现出不息的生命力，说明它们具有相对于上述组织及其主导的全球化模式的独立性。此外，它们的商业实践也会创造出新的全球贸易规则。④ 在这些研究的基础上，本文试图以浙江省义乌市的跨境电商贸易为例提出

① 张蕴岭：《疫情加速第四波全球化》，《文化纵横》2020年第3期。

② Donatella della Porta, Massimiliano Andretta, Lorenzo Mosca, Herbert Reiter, *Globalization from Below: Transnational Activists and Protest Networks*, Minneapolis: University of Minnesota Press, 2006.

③ Gordon Mathews, Gustavo Lins Ribeiro, Carlos Alba Vega, eds., *Globalization from Below: The World's Other Economy*, London: Routledge, 2012.

④ 温美珍：《国际小商品贸易中的信用体系建设：义乌的实践》，《文化纵横》2019年第6期。

第三种类型的全球化模式，即中小企业构成的商业力量和部分上层组织合作促成“上下联动的全球化”。具体来说，这一全球化模式可以分解成两个维度，包括中小跨境电商企业与政府的合作关系，以及这些企业与跨境电商平台的合作关系。在前者的合作关系之中，各级政府为中小企业提供配套的产业政策和线下基础设施，中小企业则负责扩大出口规模、活跃地方经济。在后者的合作关系中，跨境电商平台为中小企业提供网络交易市场、技术服务等线上基础设施，企业在购买平台服务的同时活跃了网络交易市场。① 这一模式区别于完全由精英主导的“自上而下的全球化”模式之处在于它的核心驱动力仍然来自民间，是基于草根商业力量自身的逐利需求而建立起来的。而它区别于仅限于草根的“自下而上的全球化”模式之处在于吸纳了政府、跨境电商平台这些上层组织的参与，在动员整合更多推进全球化力量的同时避免了“低端全球化”（low-end globalization）的标签及其潜在的污名。② 笔者认为，在后疫情时代部分国家政府与民众放弃或阻碍全球化的背景下，这一上下联动的贸易形态仍有一定的能力维系和推进当下的全球化进程。

二 跨境电商如何推动全球化

2015 年 2 月至 2016 年 3 月，笔者在浙江省义乌市调研当地的电商产业发展及其对从业人员日常生活的影响。义乌以商贸立市，拥有全球最大的小商品批发市场。也是得益于批发市场带来的货源、人员、交通和信息优势，该市在近十年内逐渐发展成中国最重要的电商产业基地之一。截至 2018 年，义乌的电商从业人员数量逾 20 万，内贸网

① 各级政府和电商平台之间也有非常复杂的合作关系，但鉴于本文关注的重点是基层的中小跨境电商企业如何与上述上层组织合作推动全球化，这里暂不讨论政府与平台之间的关系，相关的讨论参见 Min Tang，“From ‘Bringing-in’ to ‘Going-out’: Transnationalizing China's Internet Capital through State Policies”，*Chinese Journal of Communication*，Vol. 13，No. 1，2020，pp. 27 – 46。

② Gordon Mathews，Yang Yang，“How Africans Pursue Low-End Globalization in Hong Kong and Mainland China”，*Journal of Current Chinese Affairs*，Vol. 41，No. 2，2012，pp. 95 – 120.

商密度位居全国第一，外贸网商密度居全国第二（仅次于深圳），外贸网商账户数总计超 12 万户。[①] 2017 年全年跨境电商的交易额近 747 亿元，跨境快递日均发货量超 120 万单。[②] 电商产业集聚产生的巨大效益使得义乌成为由发改委和商务部批准创建的国家电子商务示范城市中唯一的县级市，亦成为全国跨境电子商务综合试验区的试点城市之一。

笔者在义乌当地调研时总计采访了 106 位卖家，其中有 5 人专门从事跨境电商贸易，另有 10 人兼及内贸和跨境电商，所涉的跨境平台包括全球速卖通、eBay、亚马逊 Amazon、Wish、敦煌网等（义乌当地也有少数自创跨境电商平台的企业，但笔者未能找到渠道采访）。2018 年 7 月至 10 月笔者到义乌回访，跨境电商此时已成为当地新的经济增长点，纳入了政府的“国际贸易综合改革试点”规划，一些卖家集聚的村庄也开始打造“跨境电商村”。在中美贸易战引发的逆全球化大背景下，笔者意识到这一群体实际上是一股推动全球化的草根商业力量，通过互联网将中国制造的小商品销往世界各地，促进了全球商品贸易的联动。他们的商业活动大体符合先前学者对驱动“自下而上全球化”商业力量的定义，即资源相对有限的商人用小额资本进行跨境商品交易，并且这些交易往往在发展中国家之间开展。[③]

一方面，笔者在义乌遇到的跨境电商卖家大多经营着中小规模的企业，缺乏雄厚的经济资本。经济实力决定了他们销售的产品主要是没有品牌的廉价小商品，同时这也影响了他们对销售平台的选择。尽管也有卖家在亚马逊、eBay 等欧美电商平台上开网店，但更多的人选择了阿里巴巴集团旗下的跨境电商平台全球速卖通（简称“速卖通”）。该平台相比于欧美平台的主要优势是网店运营成本较低，操作

---

① 曹晓蓉：《义乌获批跨境电子商务综合试验区》，《义乌商报》2018 年 7 月 14 日第 1 版。

② 曹晓蓉：《义乌电商年交易额首破 2000 亿元》，《义乌商报》2018 年 1 月 26 日第 4 版。

③ Gordon Mathews, Carlos Alba Vega, “Introduction: What is Globalization from below?”, in Gordon Mathews, Gustavo Lins Ribeiro, Carlos Alba Vega, eds., *Globalization from Below: The World's Other Economy*, London: Routledge, 2012, p. 1.

也较为简单。2015 年 12 月之前该平台不收取入驻费，所以初做跨境电商的卖家都会选择拿它试手。2015 年 12 月之后它开始收入驻费，但价格仍较其他平台低。吸引卖家使用速卖通的另一个因素是它的后台界面基本复制淘宝网店的后台。鉴于许多卖家是从内贸电商转行做跨境电商，或者兼营两者，这种操作上的相似性便利了他们的网店运营，减少了平台转换的额外成本。

另一方面，对平台的选择也决定了这些跨境电商卖家的交易对象。亚马逊、eBay 等平台的主要市场是欧美发达国家，而速卖通的三个最大的市场依次是俄罗斯、美国和巴西，其中两个是发展中国家。此外，白俄罗斯、乌克兰、土耳其、智利、阿根廷、哈萨克斯坦等发展中国家也是该平台的主要客源国。具体到这些国家的网购群体，鉴于速卖通走的是低价路线，其消费人群通常也是廉价商品的追逐者，为此他们甚至可以忍受三个月乃至更久的货运时间。这些特征某种程度上反映了其网购群体大多是发展中国家（以及部分发达国家）的中下阶层。在具体交易环节，由于速卖通免费提供网页翻译服务，语言并没有成为买卖双方交流的障碍。不懂外语的卖家可以使用翻译软件和顾客交流（通常用英语），翻译的精准性也不是问题，正如不少卖家提到的："很多顾客的母语也不是英语，用词和语法都有问题，但双方都觉得看得懂就好，反而更容易达成交易。"就这样，一个发展中国家的中小卖家通过跨国网络渠道将廉价商品销售给另一些发展中国家或发达国家的中下阶层消费者，这个存在于大宗国际贸易之外的商业链条以其独特的方式推动着贸易全球化的进程。

但这一电商贸易的全球化并不仅靠卖家的冲劲，没有跨境电商平台提供的线上基础设施和地方政府提供的线下基础设施，绝大多数的卖家就没有独立的技术资本成为全球化的驱动力，毕竟他们的生意不像很多非洲商人那样可以通过人肉带货的方式进行跨国交易。[①] 也是

① 钱霖亮：《电商经济是虚拟经济吗？——物质文化视野下的电子商务》，《浙江工商大学学报》2019 年第 6 期。

因为他们需要与跨境电商平台以及中国各级政府这些推动全球化的上层组织密切协作，最终三者交织成为上下联动的全球化。

首先，跨境电商平台在全球市场的推广活动为义乌（以及更广泛的中国）卖家和海外买家之间的商品交易打下了基础。亚马逊和 eBay 这些欧美电商平台企业在西方社会的影响力自不必说，速卖通所属的阿里巴巴集团在世界各地进行的线上和线下的推广工作也卓有成效，令不少国家的民众了解了这个来自中国的电商巨头和它平台上价廉物美的商品。以东南亚为例，除了推广速卖通，阿里还控股了该区域最大的电商平台 Lazada，将淘宝的英文版植入该平台中，当地的消费者不用懂中文就可以在淘宝下单，通过阿里旗下菜鸟物流的跨国网络将货物运送到消费者手中。[①] 在越南某些交通不便的乡镇，阿里平台在当地的代理人与政府部门、物流企业合作修建了转运中心。在马来西亚的部分地区，消费者可以直接在当地的 7-ELEVEN 便利店领取他们跨国网购的商品。而在菲律宾，加油站变成网购商品的转运中心，当地的快递员从这里领取货物派送给消费者。为了更好地培育东南亚的网络消费市场，提高网购的基础设施水平，阿里巴巴集团还在马来西亚和印度尼西亚新建了大数据中心，利用 Lazada 建立起类似支付宝的互联网支付系统。[②] 从物流转运的硬性基础设施到数据采集分析、线上交易支付这些软性基础设施，跨境电商平台的业务扩张极大地推动了中国电商卖家的全球商业拓展。

其次，义乌跨境电商的贸易全球化也与中国各级政府积极推动出口贸易的努力紧密相连。在全球层面上，中国中央政府的"电商外交"为从中国出发的跨境电商全球化做好了舆论与政策铺垫。[③] 在地方层面上，2011 年义乌获国务院批准成为国际贸易综合改革试点城

① 钱霖亮：《电商经济与中国软实力》，《文化纵横》2019 年第 5 期。

② Jane A. Peterson, "A Showdown Brews Between Amazon and Alibaba, Far From Home", *The New York Times*, October 22, 2017, https://www.nytimes.com/2017/10/22/business/alibaba-amazon-southeast-asia-lazada.html.

③ 张锐、钱霖亮：《电商外交：概念界定与中国实践》，《国际关系研究》2020 年第 6 期。

市，跨境电子商务由此被列为发展重心之一。2018 年，该市又获批设立跨境电子商务综合试验区，国务院和浙江省政府要求下属部门在该市跨境电商的物流、仓储、通关等方面进一步简化流程、精简审批。例如海关允许跨境电商企业按月集中申报出口商品清单，这一做法极大地便利了后者的通关流程，提高了它们的发货效率。义乌当地政府也出台了一系列优惠举措，包括给一定规模的跨境电商企业减免税，提供办公场地、财政补贴和商业贷款等。对于中小规模的跨境电商卖家而言，当地政府设立了 10 亿元的跨境电商产业基金和 1 亿元的电商风险补偿基金，用于扶持初创期的电商企业。此外，当地政府还承诺加强对跨境电商行业人员的技能培训、对跨境电商人才的服务保障（包括住房和子女教育方面的优惠政策），以及对纳入海关贸易统计的跨境电商企业承诺每出口 1 美元即给予 0.04 元人民币的奖励。① 这些利好的政策某种程度上解决了跨境电商卖家的后顾之忧，也激发了他们将生意做大做强的信心。

三 跨境电商的危与机

新冠疫情的暴发给中国的外贸出口造成了极大的冲击。作为外向型城市的代表之一，义乌 2020 年第一季度的外贸出口总值达到了 510.3 亿元，较 2019 年同期下降了 14.7%，但这已是当地政府和企业争取时间复工复产的结果。② 笔者在回访这些熟识的跨境电商卖家时了解到，他们中那些留在义乌过年或在 2 月中旬义乌打响复工复产号角后返回的卖家还赶上了一波出口的机会，但此后相当长的一段时间其跨境生意处于停滞状态。这种状况令许多卖家感到沮丧，但也迫使他们思考未来的出路。有的卖家开始全面转向内销；有的则一方面利用内销去库存，另一方面积极寻找新的跨境电商形式，为疫情结束后

① 义乌市人民政府办公室：《关于加快跨境电子商务创新发展示范区建设的若干意见》，http：//www. yw. gov. cn/art/2016/12/1/art_ 1229143187_ 1052054. html.

② 方静：《3 月义乌进出口实现恢复性反弹》，《金华日报》2020 年 4 月 23 日第 8 版。

继续外贸生意做好准备。跨境直播营销是他们想到的新形式之一，有卖家就找来了疫情防控期间滞留义乌的外商和留学生，通过他们在其来源国的直播平台上进行产品营销，吸引粉丝。这一做法通过当地媒体的报道被更多的外贸商家所借鉴，直播活动最后甚至开进了批发市场，成为市场管理层尝试破解当前外贸僵局的武器。

外销渠道不畅只是疫情防控期间跨境电商卖家面对的一个困难，有订单难发货的情况更令他们望洋兴叹。笔者采访过一位在疫情防控期间转售防疫用品的卖家，疫情在国外暴发后他的网店陆续收到零星的订单，但由于平台的海外仓无法入库，自己找跨境物流发货成本又太高，最后他不得不让顾客取消交易。这一困境的背后是以空运和海运为主的全球物流体系的停摆，疫情对这两种航运方式的冲击已经有目共睹。各国航空公司和海运公司暂停航线的措施直接导致了物流运输的大范围中断，仓位费用高企，跨境电商卖家因此不得不面对物流成本的急剧上涨。即便他们愿意付出高价发货，顾客所在国后续的派送也会成为问题，因为不少国家国内的物流系统也受疫情影响而停摆。有卖家就曾遭遇货物到了目标国家，物流信息便不再更新的窘况，顾客也没有收到货，买卖双方都不知道包裹在哪里。

常规物流运输停滞的难题迫使人们开始寻找替代方案，地方政府和地方国企也尝试利用自身的资源帮助外贸商家突破物流瓶颈。笔者了解到，从 2020 年 4 月中下旬开始，义乌市政府出台了一系列支持拓宽国际航空物流通道的举措，市财政将补贴愿意在义乌机场开通临时货运包机的中方承运企业，同时将奖励使用上述临时包机发货的本地或从外地来义乌发货的外贸企业。义乌布国际陆港集团等地方国企也积极对接各方物流公司，为其下辖跨境电商产业园区内的企业争取发货渠道。例如 2020 年 4 月下旬，该企业租用了一架飞机装载 2.5 万件跨境包裹，从杭州萧山机场飞往比利时，然后由比利时邮政物流将货物转运至德国、法国、荷兰等欧洲国家。然而更值得关注的还是从义乌始发的“义（义乌）新（新疆）欧（欧洲）”铁路班列，这条基于

“一带一路”倡议发展起来的运输通道在疫情防控期间成为部分跨境电商企业产品外运的生命线，也部分缓解了铁路沿线国家生活和防疫物资不足的压力。2020 年 1 月 1 日至 4 月 21 日，“义新欧”班列总共开行 116 列，发运 9692 标箱，同比增长了 39.25%。[①] 在空运和海运通道几近全线停摆的情况下，具有运量大、运费低廉、人员接触少等优势的跨国铁路运输实现了逆增长，让原本因疫情隔绝的各国重新互联互通。也是借助此次跨国铁路运输崛起的契机，中国邮政浙江各级分公司开始将义乌作为全省乃至全国对欧洲运邮的转运点，依靠“义新欧”班列实现规模化和常态化的输送。[②] 这一举措无疑会对未来义乌跨境电商企业的对欧贸易产生积极的影响。[③]

而在跨境电商平台的层面，尽管亚马逊、eBay 等也因疫情影响陷入了半瘫痪状态，产品入库和物流派送效率大打折扣，但阿里巴巴旗下的速卖通平台却逆风而起。英国《金融时报》的一篇报道指出，新冠疫情的全球蔓延给阿里巴巴提供了加速实现全球商业扩张的机会。这是因为：一方面，国外疫情暴发后，各国的消费者很难在本地商场和亚马逊、eBay 等电商平台上买到防疫用品，于是他们将目光转向来自中国的速卖通；另一方面，速卖通背靠“中国制造”完备的产业链，尤其是国内疫情控制住之后中国企业快速复工复产，这为其他国家的防疫工作提供了紧缺的物资。《金融时报》援引第三方数据指出，在西班牙和意大利，速卖通 2021 年第一季度的客流量分别同比增长了 20% 和 14%。在巴基斯坦，当地人已经开始从速卖通上购买口罩，然后以翻番的价格在线下转售。国外用户的急速增长令阿里巴巴及其合

① 龚书弘：《跨境电商单日出口票件量创历史新高，义乌是怎么做到的?》，https：//baijiahao.baidu.com/s? id = 1664818887048120818&wfr = spider&for = pc.

② 浙江省邮政管理局：《首趟“中国邮政号”中欧班列（义乌—马德里）启程》，http：//www.mofcom.gov.cn/article/i/jyjl/e/202003/20200302949297.shtml.

③ 根据最新统计，2020 年全年“义新欧”中欧班列先后开通马德里、捷克、莫斯科等 13 条运行线路，全年开行 974 列，发运 80392 个标箱，同比增长达 90.2%，带动进出口货物总值达 206 亿元，同比增长 96.7%，见施力维、陈佳莹《“钢铁驼队”助“世界超市”牛年开牛市》，《浙江日报》2021 年 2 月 22 日第 2 版。

作伙伴对跨境电商的前景充满信心，并以淘宝网在“非典”疫情后占领中国市场的胜举类比此次速卖通平台在全球市场的崛起。[①] 尽管截止到2020年5月，笔者采访的15名卖家中没有人直接受益于速卖通的这一波全球扩张，但笔者通过他们了解到义乌跨境电商行业内确有商家因此受益。更重要的是，他们中的不少人相信如果自已能度过眼前的困境，疫情之后的跨境电商会风潮再起，甚至更甚于前——这不仅是因为平台的全球用户更多了，在经历疫情之后更习惯网购了，还因为他们认为后疫情时代如果出现全球范围的消费降级，那么义乌价廉物美的小商品也将更受欢迎。[②]

四 结语：后疫情时代的跨境电商与全球化前景

新冠疫情在全球暴发后，其负面影响已从民众的健康波及世界各国的政治、经济和社会领域。反全球化的声音开始鼓噪拆解当下的全球产业链，鼓吹发达国家将外包的产业转移回本国，部分国家的民族主义和民粹主义也开始抬头，企图达到与全球“脱钩”的目的。疫情防控期间各国政府为求自保而采取的“封国”策略，以及部分发达国家政府撤资的言论，某种程度上迎合甚至助长了上述逆全球化的趋势。这次疫情也将作为上一轮全球化受益国的中国推上风口浪尖，成为反全球化者攻击的目标。在全球经济增速明显放缓的形势下，全球化是否真的会就此终结？中国是否会因为反全球化者的鼓噪和部分国家政府的贸易保护主义而真的被“脱钩”？

本文通过浙江义乌跨境电商行业在疫情前和疫情中的发展经验揭

---

① Ryan McMorrow and Nian Liu, “How a Pandemic Led the World to Start Shopping on Alibaba”, *Financial Times*, April 28, 2020, https://www.ft.com/content/4b1644b1-aeee-4d02-805a-c3ac26291412.

② 笔者在后续调研中了解到，有4位卖家的生意在2020年5月后开始反弹，全年整体营业额超过上一年。媒体报道则在更广泛的层次上反映这一趋势，海外疫情持续扩散和生产停滞致使义乌的出口生意此后快速反弹，2020年全年外贸实现稳中有升，进出口总额达到3129.5亿元，较2019年增长5.4%，这也是义乌进出口总值首次突破3000亿元，见吴峰宇《2020年义乌外贸总值突破3000亿元大关》，《义乌商报》2021年1月31日第1版。

示出：西方发达国家的政府、跨国企业和国际组织并非推动全球化的唯一力量，它们促成的“自上而下的全球化”模式也不应是全球化的唯一模式。中国这类发展中国家的中小企业利用小额资本从事全球贸易，它们构成的商业力量同样也能够推动全球化的进程，并且在中国各级政府和跨境电商平台的支持下，形成了“上下联动的全球化”模式。这一模式的实践有助于我们明晰后疫情时代全球化的前景，即当部分发达国家的政府与民众放弃或阻碍全球化时，基于全球市场需求的贸易形态仍会在一定程度上推进和维系当下的全球化进程。

最后需要再做一点澄清和补充。虽然本文从商业实践层面上发现了上述维系全球化的新型模式，但笔者认为，我们还是应该对全球化的前景持谨慎的乐观态度。开篇提到不少中文学界的学者在探讨后疫情时代全球化的未来时严厉批评了悲观的舆论，并尝试从历史经验、经济规律和理论模型中寻找支持他们乐观看法的素材。笔者对此有三点回应。首先，从知识社会学的角度来看历史经验、经济规律和理论模型，学者应当清楚它们是社会建构的产物，是可供参考的视角，但并不是真相本身。由此我们应该对自身知识推论的局限性有清醒的认识，不应据此盲目乐观。其次，作为学者，我们应当正视当下中国和世界其他国家在遭遇疫情后的困难状况，一笔带过困难、着力突出积极面并不是严谨的学术态度。再次，总结历史经验和理论规律固然有助于为现实提供指引，但维系全球化我们不能只寄期望于人类历史的发展规律发挥作用（如果它确实存在），而是需要人们真正发挥主观能动性，用具体的实践去支持它、推动它，本文便是对这类具体实践的一次尝试性的探索。

作者钱霖亮系东南大学人文学院社会学系副教授

“告”字释义的意识形态、文化跨变与社会网络

王凤翔

摘要：许慎的《说文解字》释“告”之说引发的学术争论，成为千年学术公案。本文从传播学视角论证与认同许慎之说，并强调“告”的仪式形成了国家祭祀制度与社会意识形态，构建了农业社会的民族特色与礼法制度。在佛教中土传播的本土化过程中，“告”意为“告度”，即佛家的“劝度”。本文认为，外来新思想的输入表现在语言上，“告”“牟”等字构建的佛家世界，折射了儒家、佛家两家的文化冲突与社会网络。“告”与“白”组成的“告白”一词由江浙文人话语发展而来，是近代广告的代名词，是西方工业文明对中国千年传统的农业文明与生产方式的颠覆，其隐喻了近代知识分子“王师北定中原日，家祭无忘告乃翁”的时代沉重感与历史沧桑感。

关键词：“告”字本义；告度；告白；意识形态；文化流变；社会网络

一　对释“告”之说千年学术公案的传播学探讨

自许慎《说文解字》释“告”之说出笼以来，学术界对“告”字本义形成讨论与论争，从而成为千年学术公案。

许慎《说文解字》释“告”：“告，牛触人。角箸横木。所以告人也。从口。从牛。《易》曰：‘僮牛之告。’”

后世诸多学者不认同《说文解字》“告”字本义说。其中，清代段玉裁《说文解字注》（以下简称“段注”）认为，许慎释“告”之说完全是牵强附会。他认为：“於牛之角寓人之口为会意。牛口为文，未见告义；且字形中为木，则告义未显。……愚谓此许因‘童牛之告’，而曲为之说。非字意。”① 段玉裁形象化的质疑解说影响较为深远。

对于许慎释“告”，除段玉裁之说外，学界对“告”字本义的解释，主要形成五种观点②：

一是系在牛角防牛顶人的横木。徐锴《说文系传》、桂馥《说文义证》、王筠《说文句读》持此说。

二是“语事之理”或“分别之事理”。俞樾《儿笘录》、陈启彤《说文疑义》持此说。

三是牛鸣声。杨树达《积微居小学述林》：“愚谓告当训牛鸣声。”

四是祭祀。陈诗庭《读说文证疑》、张文虎《舒艺室随笔》持此说。

五是关牛的圈栏或捕牛的陷阱。

诸贤的“告”字本义论虽丰富了“告”字的文化外延，但大多忽视了许慎释“告”说的话语逻辑、传播议程与文化属性。本文试从传播学视角，置释“告”之说于农耕社会、意识形态与传播议程下进行考证，对“告”字的意义传播、发展逻辑与文化价值抽丝剥茧。主要从两方面进行考察，旨在展示概念的一般化以及与社会发展密切相关的传播议题和文化发展。

一方面，祭牛价值何在，其“角箸横木”是为了什么，许慎为什么要论及“牛触人”？另一方面，许慎以引用“僮牛之告”为例，是

① （清）段玉裁：《说文解字注》，中国书店出版社2011年版，第187页。

② 邓明：《“告”字发微》，《古汉语研究》1998年第2期。

为了强调什么?"所以告人也"应该如何理解?

（一）根据《说文解字》，"告"本意为国家祭祀仪式

祭祀是最为重要的国家大事，事关国家正统。古人一再强调："祀，国之大事也。"（《左传·文公二年》）"国之大事，在祀与戎。"（《左传·成公十三年》）

"告"字本义为国家祭祀仪式。"告"字上下结构，是会意字，本义是献"牛"祭祀，"口"说祝辞，是非常隆重的国家祭祀仪式。在重大祭祀典礼中，牛是主要祭牲。"凡祭，……天子以牺牛"（《礼记·曲礼下》），"丧事共其奠牛"（《周礼·地官》）。许慎以《周易》为例，强调"僮牛"（童牛）是"告"（名词），旨在说明"告"字本意是祈求吉祥的祭祀仪式（祰）。甲骨文"告"字本义为祭祀仪式，叶玉森《殷墟书契前编集释》："卜辞之告为祭名。"[①]《尚书·金縢》："为坛于南方，北面，周公立焉。植璧秉珪，乃告太王、王季、文王。"《孔传》："告，谓祝辞。"[②]《战国策》："祭祀必祝之。"由此可见，"告"指的是献祭牛、口说祝辞的国家祭祀。

凡征伐、拜祖、迁庙、巡狩、请罪等国家大事，必有祭祀大礼以告天地、祖宗与神灵，因此会以不同数量的祭牛进行祭祀。据有关学者统计，卜辞所反映的商代祭祀用牛至少有十八种不同的数目：

> (1) 一牛/牢，(2) 二牛/牢，(3) 三牛/牢，(4) 四牛/牢，(5) 五牛/牢，(6) 六牛/牢，(7) 七牛，(8) 八牛，(9) 九牛/牢，(10) 十牛/牢，(11) 十五牛/牢，(12) 二十牛/牢，(13) 三十牛/牢，(14) 四十牛，(15) 五十牛/牢，(16) 百牛，(17) 三百牛/牢，(18) 千牛。[③]

---

① 叶玉森：《殷墟书契前编集释》，转引自台湾大学文学院古文字学研究室《中国文字》，1961 年，第 3723 页。

② （汉）孔安国注：《四库家藏　尚书正义》，上海古籍出版社 2004 年版，第 419 页。

③ 宋镇豪：《甲骨文献集成》（第 30 册），四川大学出版社 2001 年版，第 352 页。

“宗庙血食”攸关“天命”，代表国家的正统与合法性。汉武帝继承大统后，就强调：“今朕获奉宗庙，夙兴以求，夜寐以思，若涉渊水，未知所济。”（《后汉书·武帝纪》）光武帝刘秀为有承继大统的名分，下诏让大臣讨论庙祭，其结果是：从国家正统尊汉宣帝、元帝为祖、父，自身血亲设立私庙祭祀。武始侯张纯与太仆朱浮共奏：“名为中兴，宜奉先帝，恭承祭祀者也。……又立亲庙四世，推南顿君（作者注：刘秀生父）以上尽于舂陵节侯（作者注：刘秀高祖）。礼，为人后者则为之子，既事大宗，则降其私亲。”大司徒戴涉、大司空窦融议：“宜以宣、元、成、哀、平五帝四世代今亲庙，宣、元皇帝尊为祖、父，可亲奉祠，成帝以下，有司行事，别为南顿君立皇考庙。其祭上至舂陵节侯，群臣奉祠，以明尊尊之敬，亲亲之恩。”（《后汉书》卷二十五）拜谒宗庙，通过传播彰显合法性。刘秀“六月己未即皇帝位，燔燎告天”（《后汉书》卷一）。由此可见，“告”制祭祀“尊宗庙”，彰显国家正统、宗法制度与礼法尊严，是国家极为隆重的国家仪式、政治礼制与传播议程。

（二）祭牛的政治传播价值

牛作为主祭动物，只有天子、诸侯级别的社会角色才能享用，其事关正朔所在。这是由生产力决定的，深刻折射了“生产力和交往形式之间的矛盾”。

牛，作为农耕社会的大型哺乳动物与主要生产工具，具有上天赋予的人格力量。《说文解字》：“牛，大牲也。”柳宗元《牛赋》：“牛之为物，魁形巨首。垂耳抱角，毛革疏厚。牟然而鸣，黄钟满脰……善识门户，终身不惕。”《易·大畜》：“刚健笃实辉光，日新其德，刚上而尚贤。能止健，大正也。不家食吉，养贤也。利涉大川，应乎天也。”因此，“日新其德，刚上而尚贤”“应乎天”的牛，被构建为主流意识形态的传播象征符号，成为礼制规定的最高等级祭品。

诸侯之祭牲：牛，曰太牢；大夫之祭牲：羊，曰少牢。（《大

戴礼·曾子天圆》)

《易》曰:“用大牲,吉。”谓用牛也。(吴善述《说文广义校订》)

基于农耕社会生产力的发展需要,作为主要生产工具的耕牛,不能用于祭祀。“牛能生犊我有孙,世世相从老故园。”(陆游《饮牛歌》)《牛赋》认为耕牛“利满天下”“物无逾者”。张舜徽《说文解字约注》:“数犹事也,民以食为重,牛资农耕,事之大者,故引牛而耕,乃天地间万事万物根本。”同时,要坚持祭牛的政治性制度。《论语·雍也》:“犁牛之子骍且角。虽欲勿用,山川其舍诸?”孔子本意是强调血统与出身并非唯一,但是客观上反映了国家礼祭制度极为严格,即耕牛生出的小牛犊,即使毛色鲜红无杂、牛角整齐端正,仍不可用为祭牛。“已出耕牛劝岁功”(黄庭坚《减字木兰花·余寒争令》),孔子“山川其舍诸”之论,明确表达了作为“夜归喘明月”(梅尧臣《耕牛》)的耕牛在农耕社会作为重要生产工具转变为生产力的极端重要性。

(三)从畜到牲、从牲到牺的传播议程转变

祭牛选定是政治制度与礼教传播中极为重要的传播议程,形成了从畜到牲、从牲到牺的两个传播议程。这种议程转变是根本性的,呈现了礼治传播的神圣性。

《尚书·微子》:“今殷民乃攘窃神祇之牺牷牲。”礼制规定,祭牛必须“牛完全”(牲)、“牛纯色”(牷),即:牛的身体没有丝毫缺陷,纯粹一种颜色,没有一根杂毛。《春秋·宣公三年》:“春王正月,郊牛之口伤;改卜牛,牛死,乃不郊。”祭牛的口有伤口,不能用于祭祀,是宣公三年极为重要的一大事件。杨伯峻注:“郊祭必先择牛而卜之,吉则养之,然后卜郊祭之日。”[①] 天子、诸侯选择祭牛极为虔

① (明)胡广、杨荣、金幼孜:《四书大全校注》,周群、王玉琴校注,武汉大学出版社2015年版,第1150页。

诚谨慎，程序极为严肃复杂。在祭祀前三个月，天子诸侯亲自巡视，挑选一定数量的身体完整无缺和毛色纯正的祭牲。

> 古者天子诸侯，……斋戒沐浴而躬朝之。牺牲祭牲，必于是取之，敬之至也。君召牛，纳而视之；择其毛而卜之；吉，然后养之。（《礼记·祭仪》）

择祭牲时，天子、诸侯虔诚沐浴斋戒，然后仔细观察候选之牛。再将所选之牛的牛毛卜筮吉凶，卜为吉祥如意的牛，才可用于祭祀。选择以后，就严格按照程序进行专门豢养，达到纯洁化、神圣化。“左宗庙：东曰左。帝牲牢三月在外牢，一月在中牢，一月在明牢。一月谓近明堂也。三月一时已足肥矣，徙之三月，示其洁也。”（蔡邕《独断》卷上）

“凡祭祀，共其牺牲。”（《周礼·地官》）“牺牲玉帛，弗敢加也，必以信。”（《左传·庄公十年》）祭牛在传播议程中实现传播身份逆转，从纯粹的动物性升华到社会性，即仪式的神圣性、行为的正义性与政权的正当性。

一方面，从“畜”到“牲”，祭牛实现了价值转换与身份转化。“庖人掌共六畜。”郑玄引《周礼·庖人》注：“六畜，六牲也；始养之曰畜，将用之曰牲。”段注把“牷”释为“体完具”，把“牲”释为“牛完全”，“‘鼷鼠食郊牛角’，则非完全”（《周礼·天官》）。另一方面，从“牲”到“牺”，祭牛实现了“通天”使命与礼制功能。“告宜于用牲。……告事用牲，礼也。”（《论衡·顺鼓》）“凡祭……天子以牺牛”（《礼记·曲礼下》）。从议程仪式上看，“牲”升华至“牺”，实现了祭牛身份的政治价值与传播使命。

（四）用“横木”保护祭牛之角是重大新闻和特大广告

祭牛角的大小与祭仪礼制、传播价值关系最密切。牛角大小“茧栗、握、尺”代表祭礼的三个等级。初生牛犊之角如“茧”似“栗”，“握”指牛角有一拳的长度，“尺”为十寸之长，指牛角有人体小臂长。

其中，牛角如“茧栗”之小的“童牛”，是初生牛犊，祭祀价值最大。《汉书·礼乐志》：“牲茧栗，粢盛香。”颜师古释《汉书》“茧栗”为“言角之小，如茧及栗之形也”。刚刚长小角的小牛是“童牛”，即“僮牛之告”的“僮牛”。《易》“大畜”卦“六四：童牛之告”中“童”引作“僮”。《释名·释长幼》：“牛羊之无角者曰童。”[①]“童牛”是刚长出如“茧栗”小角的祭牛。

> 天子社稷皆大牢……祭天地之牛，角茧栗；宗庙之牛，角握；宾客之牛，角尺。(《礼记·王制》)
>
> 郊禘不过茧栗，烝尝不过握把。(《国语·楚语下》)
>
> 天地牲角茧栗。今陛下亲祀后土，后土宜于泽中圜丘为五坛，坛一黄犊太牢具。(《史记·孝武本纪》)

童牛“角箸横木”成保护动物，以示祭祀神圣、礼制尊严，也是政府发布的重大新闻。该“横木”是保护祭祀牛犊的特殊专用标志，旨在防止童“牛触人”，以保护牛角完好无缺。初生牛犊，是纯洁之物。而小牛角嫩，一碰触人与物，牛角会损坏。牛角损坏，就不是“牛完全”，与耕牛一样不能作为“牲”，不能用于祭祀。其罪不可赦免，灾祸延及子孙，“逆天地者罪及五世”，“谋鬼神者罪及二世”，“而杀人为下”（《孔子家语·五刑解》）。

祭牛在祭祀卜辞中称为“牢”，意为祭牛须经单独的特殊圈养，受专业化职业化政府衙门主管。牛在“牢”中专门圈养三个月，目的是“防禽兽触啮”（段注）。《诗经·小雅》郑笺：“系养者曰牢。”《礼记·王制》：“天子社稷皆大牢，诸侯社稷皆少牢。”国家设有专职养牛的“牛人”与喂牛专用的“牛田”。《周礼·地官》：“牛人掌养

---

① 屈万里：《读易三种》，（台北）联经出版事业公司1983年版，第174页。

国之公牛，以代国之政令”。《周礼·载师》：“牛田牧田。”“郑司农云：‘牛田者，以养公家之牛’”。“代国之政令”的牛人与祭牛承载国家使命与社稷担当，责任十分重大。隋、宋设有“牛羊署”“牛羊司”，专管祭祀的牛羊，专司国家祭祀事务。

台湾学者屈万里强调，许慎《说文解字》释“告”为“‘牛触人，角箸横木。所以告人也。’按：童牛角微，不能伤人，犹驻横木，慎之至也。”[①]“牛人”为保护牛犊之角，避免其因触碰遭到破坏，极为谨小慎微，慎之又慎，是“慎之至也”。这充分说明确保祭牛之角完美无缺，是极为严肃重要的国家使命与传播大事。

（五）“所以告人也”之“告”，彰显信息发布的权威性

“所以告人也”之“告”字，意为“诰”。

诰、告为古今字。“以言告人，古用此字，今则用告字。”段注：“以言告人，古用此字，今则用告字。”（《尔雅·释言》）“仲虺作诰，奉若天命。……以布命于下。”（《尚书·仲虺之诰》）从宋朝开始，“诰”成为具有“君权神授”文化意义的专用政治话语，属于皇帝任命高级官吏或封爵时使用的专有名词[②]。“告上曰告，发下曰诰。”（《广韵》）“告”“诰”获得自身形体结构、自在独特意义与自我传播价值。同时，两字在概念内涵与政治传播上形成了官方与民间的意义转变和话语规制。

“诰，谨也。即祭告一转之义也。”苏安恒在长安二年（702）上书皇帝武则天，就谈到了“诰”字的内涵：“陛下虽居正统，实因唐氏旧基。当今太子追回，年德俱盛，陛下贪其宝位而忘母子深恩，将何圣颜以见唐家宗庙，将何诰命以谒大帝坟陵?”（《资治通鉴》卷二百〇七）苏安恒认为武则天虽然在世为帝，而她去世后必然要“诰命”“唐家宗庙”，恳望她在生之时尊重李唐政权的合法性。

以上说明：一方面，祭祀是国家大事，必须“诰”人，具有“诞告万方”的宣传功能与传播价值；另一方面，谨慎对待祭牛，要避免

---

① 屈万里：《读易三种》，（台北）联经出版事业公司1983年版，第174页。

② 王力、岑麒祥、林焘等：《古汉语常用字字典》，商务印书馆2011年版，第120页。

其角触人而遭损坏，亦须“诰”人，“告于文人”（《诗经·大雅》），不要接触祭祀的童牛。

《说文解字》以《易》为例，强调“僮牛”（童牛）是“告”（名词），意在说明“告”本义是祈求国泰民安、天人合一的祭祀仪式。“告人”，意为“诰”知天下，将国家祭祀大事“诞告万方”（《尚书·汤诰》），是古代农耕社会特有的大众传播方式。“使民如承大祭”，目的是让老百姓“在邦无怨，在家无怨”（《论语·颜渊》），“本固邦宁”（《尚书·五子之歌》）。“告”字的形体构建与传播内涵符合主流意识形态传播要求，事关存亡之道与民生福祉，是向全社会公开、广而告之与传之于世的国家大事。

如果我们以现代汉语“告诉”解释“所以告人也”中的“告”字，必然会有歧义，莫衷一是。由此可见，“告”作为当时国家政治与社会生活重大的祭祀行为与传播事件，相当于我们现代社会的特大新闻与超级广告。

“告”作为国家祭祀制度与社会意识形态，构建了农业社会的民族特色与礼法制度。“清庙万年长血食，始知明德与天齐。”（李绅《新楼诗二十首·禹庙》）农耕社会“告”的祭祀仪式，形成了“正位凝命”（《周易·鼎卦》）的文化精神、以德治国的传统美德与道化天下的大同精神。许慎《说文解字》释“告”之说无疑是正确的，符合汉字发展的自身规律与传播学的议程设置，与国家诉求、礼制传播的内在精神是一脉相承的，与古代农耕社会的生活方式、社会习俗是一致的。

二　佛教中土传播的本土化：“告”“牟”的佛学构建与文化冲突

国学大家王国维《论新学语之输入》：“新思想之输入，即新言语输入之意味也。”① 佛教经典译著与高僧大量涌现，带来了语言与文化

① 王国维：《王国维文集》第3卷，中国文史出版社1997年版，第41页。

的深刻巨变。对汉语“广告”一词的最先使用，正是典出释道宣《续高僧传》第二十九卷的“论”之中：“又有厌隔人世，生送森林，广告四部，望存九请，既失情投，黾俯从事，道速赞善，傧从相催。”①把“广”与“告”组合为动词“广告”，通过“度”赋予了佛教内涵。“广”指“广度”，即佛家的“普度”。“告”指“告度”，即佛家的“劝度”，成为具有独特传播价值的佛教用语。

（一）“告”指“告度”，即佛家的“劝度”

“告度”一词本意为“剃度出家”，使尽人皆知。“剃度”指要出家的人剃去头发，成为僧尼。北魏孝文帝时颁布佛寺管理制度，要求信徒“服其道者，则剃落须发，释累辞家，结师资，遵律度，相与和居，治心修净，行乞以自给”（《魏书·释老志》）。政府主管部门“命僧道录司造周知册。颁行天下寺观。凡遇僧道到处。即与对册。其父母籍。告度月日。如册不同即为伪僧。”（大正新修《大藏经》第49册，No. 2038《释鉴稽古略续集》）

剃度讲究仪式，在梵声磬鼓、烟雾缭绕的庄严神圣环境下，构建潜移默化的语境，达到劝化宣教、润物无声的传播效果。“告”义在传播中引申为佛家“劝度”，意为劝化，有宣教感化的意思。

> 于时菩萨，劝度众生自除须发，念白净王当起恨意：“谁剃子首？”从使者闻，自剃之耳。王乃默然，是为菩萨善权方便。（大正新修《大藏经》第49册，No. 2038《释鉴稽古略续集》）
>
> 我欲诣彼劝度人民。佛复听往，为说教戒，复不从用而被唾辱。摩诃迦叶及尊弟子，合五百人以次遍往。不能度之咸见轻毁。（大正新修《大藏经》第12册，No. 0345《慧上菩萨问大善权经》）
>
> 次劝度脱众生普告大众。若僧若俗，从今身至佛身。誓欲度脱一切众生，普令入佛知见。黑暗岸下为作明灯，生死海中为船

① （唐）释道宣：《续高僧传》，上海古籍出版社1991年版，第360页。

> 筏。力虽未及，常运此心；念念相续，不令间断。能持此心否？若持此心，则永不退失阿耨多罗三藐三菩提。（大正新修《大藏经第》04册，No. 0206《旧杂譬喻经》）

“广告四部，望存九请”是佛法道场传播的仪式过程。“四部”是指佛家的“四部众”，法会上听佛说法的四种大众，即发起众、当机众、应响众、结缘众①，佛法的“四部”是比丘、比丘尼、优婆塞、优婆夷（《汉语大词典》），主要指僧、尼、善男、信女等。在中国，南朝梁武帝萧衍始设“四部无遮大会”，又为“四部众”说经。其中，“僧，译为和命众”（《魏书·释老志》）。“无遮”意为佛教徒上下贵贱平等。陈武帝陈霸先效法萧衍。梁武帝为四部说经，陈武帝举办“佛牙”法会，就是佛家道场所说的劝“度”。

（二）“仏”“広”的意义关联与传播构建

现代汉语“广告”一词来自日语“広告”一词，“厶”字与“仏”（佛）字、日语“広告”之“広”（广）字存在意义关联与跨文化构建。

李文权于1913年发表的《论广告与买药之关系》认为：“广告者，日本名词。今吾国人舍告白二字，沿用广告之新名词，几成定名，著者亦由而效之。”② 事实上，日语“広告”一词与中国佛教传播在文化上具有密切相关性，日语“広”“仏”中的“厶”在汉语字形结构发展上形成意义关联与文化同构。因此日语“広告”一词作为汉语“广告”及其新意使用，是文化的一种回流现象。

“厶”，意为跪着的人。《韩非子·五蠹》：“昔者仓颉之作书也，自环者谓之私，背私谓之公。”《环齐要略》云：“自营为厶，八厶为公，言正无私也。”（《春秋左传正义》卷四十四）“天邈以蒙，人厶以离。（厶，音私。《说文解字》：奸衺也。《韩非子》曰：仓颉造字，自

---

① 任继愈主编：《宗教大词典》，上海辞书出版社1998年版，第765页。

② 李文权：《论广告与买药之关系》，《中国实业杂志》1913年第2期。

营为厶。通作私，一本作么。伊尧切，小也。厶，当作么。)”（《柳河东集》卷十四）

《康熙字典》释“仏”字：“古文佛字。宋张子贤言，京口甘露寺铁镬有文，梁天监造仏殿前。”镬是一种用于烹饪的铁质大锅，古代常用它作祭祀之器。《周礼·大宗伯》：“凡祀大神、享大鬼、祭大示，帅执事而卜日，宿眡涤濯，莅玉鬯，省牲镬，奉玉齍，诏大号，治其大礼，诏相王之大礼。”郭祖深从君子与小人的视角反对梁武帝信佛，强调：“臣见疾者诣道士则劝奏章，僧尼则令斋讲，……臣谓为国之本，与疗病相类，疗病当去巫鬼，……所以不惮鼎镬区区必闻者，正以社稷计重而蝼蚁命轻。”（《南史》卷七十）梁武帝天监（502—519）年间，京口（今江苏镇江）甘露寺在佛殿之前铸造铁镬。这说明古文“仏”字是佛教传播的产物，最迟出现在梁武帝天监年间，在南朝应该颇有传播市场。同时，在梁朝就可能开始使用中国祭祀礼法操办佛事，佛祖“享受”了类似中国祭祀的帝王大礼，也说明佛教在中土开始本土化传播。

灭佛运动与反对佛教显然不能抑制佛教在中国迅速流传，佛教在最高统治者眼里只是统治的一种工具，或者是统治者与平民百姓回避现实的“象牙塔”，同时，由于“不能最终压倒这里的政治官僚体制，于是才传到日本”①。日本遣唐使促进了佛教文化渡海东传，“仏”字可能也是这个时期传到日本的。由此可见，日文“仏”字与中国古文“仏”字同源同宗，同形同构。

从文字结构及其发展历史来看，“仏”“弘”两字声旁（厶）相同。“仏”字的字形结构彰显了“人能弘道”（《论语·卫灵公》）的文化精神。《说文解字》释“弘”字：“厶，古文厷字。”厷字是古文“肱”。段注“弘”字：“经传多叚此篆为宏大字。宏者，屋深，故《尔雅》曰：‘宏，大也。’”“弘”是“宏”的假借字，“宏”字段注：

① ［加拿大］哈罗德·伊尼斯：《帝国与传播》，何道宽译，中国人民大学出版社 2003 年版，第 144 页。

“大而宏者，其声在外大而中宏也。……宏者深广其中，揜其外。”又，《中华字海》释“広”：“同‘廣’。”日语“仏”“広”等同于汉字“佛”“廣”，而“厶”字与“弘”“宏”存在声旁联系与语义关联。“仏”“弘”“宏”三字都与大房子有关，都是大的意思，与“广”字传播本意相同。因此，“仏”“広”在宗教文化上存有意义勾连与传播构建。

（三）“告”“牟”意义构建与跨文化冲突

Śākyamuni 汉译为“释迦牟尼”（佛陀），是汉译达到传播最高境界的一个文化典型。可以说，“释迦牟尼”汉译名称使佛祖之名呈现了佛教文化传播的博大精深。

《说文解字》：“释，解也。从采，取其分别物也。睪声。”本意为消除、解脱，后引申为佛家语。“释”为佛门，亦指佛教中出家修行的男子，“男曰优婆塞”（《魏书·释老志》）。“妇入道者曰比丘尼”（《魏书·释老志》）。道安“以为大师之本，莫尊释逝，乃以释’命氏。后获《增一阿含经》，果称‘四河入海，无复河名，四姓为沙门，皆称释种’。既悬与经符，遂为永式。”（《高僧传》卷五）[①] 后世把释作为世俗社会相对立的姓。“城池荒秽，惟有空处，有优婆塞姓释”（《水经注》卷一）。“以释氏立教，本贵清净。”（《全隋文》卷十六）“时帝志学神仙，师归真。归真乘宠，每对，排毁释氏，言非中国之教，蠹耗生灵，尽宜除去，帝颇信之。”（《旧唐书》卷十八上）

“尼”为梵语“比丘尼”（Bhikkhuni）的简称，指佛教中出家修行的女子。“胡统寺，太后从姑所立也，入道为尼，遂居此寺。”（《洛阳伽蓝记》卷一）在北魏，出家尼姑在皇亲贵族女性建的寺院里修行，蔚然成为一种社会风气。有尼姑因修行而死后尸身不腐从而形成佛教影响力、传播力的记载。“有司奏，上谷郡比丘尼惠香，在北山松树下死。尸形不坏。尔来三年，士女观者有千百。于时人皆异之。”

① （南朝梁）释慧皎：《高僧传》，中华书局 1991 年版，第 78 页。

（《魏书·释老志》）武则天在唐太宗去世之后，以尼姑身份入感应寺，对佛教发展形成巨大影响力。“太宗崩，后削发为比丘尼，居于感业寺。高宗幸感业寺，见而悦之，复召入宫。”（《新唐书》卷四）

“迦”为迦罗，古印度地域之名，是佛祖诞生地“迦维罗卫”的省称。“恒水又东南，径迦维罗卫城北。故净王宫也”（《水经注》卷一），（释迦牟尼）“父字阅头檀刹利王种。母字摩诃摩耶。所治国名迦维罗卫”（《法苑珠林》卷八），“往来通聘者，迦罗婆提等二十国；……东邻真蜡国，西接东天竺国，南尽溟海，北通南诏些乐城界。”（马端临《文献通考》卷三百三十）中国史书记载历史人物，都强调籍贯，以显示所在地家族地位。颜师古把印度的“释”作为中国的外来文化形式。“天竺，塞种也。颜师古曰：塞，释也。”（《资治通鉴》卷一百九十九）然后强调佛陀所在国家，典籍中常用“释迦”专指佛陀。“兴光元年秋，敕有司于五缎大寺内，为太祖已下五帝，铸释迦立像五，各长一丈六尺，都用赤金二万五千斤。”（《魏书·释老志》）后世信徒以《周易》《左传》等儒学话语与天人合一的文化精神，把佛陀的国家神圣化、本土化。“迦维罗卫者，天地之中央。周易曰：利见大人。左氏传曰：会于洮，谋王室也。凭五衍之轼，拯溺逝川；僧肇论曰：骋六通之神骥，乘五衍之安车。”（《昭明文选》卷五十九）

“牟”为圣人，是佛教传播本土化的表现。“释”“迦”“牟”“尼”四字中，除“迦”字有“天人同其愿，飘飖入紫微”（《广弘明集》卷七）的方位神圣价值外，释、尼是佛家的宣教者，而“牟”作为圣人之义的一个词。

> 道为圣悟……所谓佛者，本号释迦文者，译言能仁，谓道充德备，堪济万物也。……释迦年三十成佛，导化群生，四十九载，乃于拘尸那城娑罗双树间，以二月十五日而入般涅槃。（《魏书·释老志》）
>
> 大圣为之兴世，至人所以降灵，遂开解脱之门，示以安稳之

路。天竺王种，辞恩爱而出家；东夏贵游，厌荣华而入道。（法琳《答诏问释教利益对》）

释氏为物外高士。……孔丘岂容隐而不说。便有匿圣之愆以此挍量。推佛为大圣也。(《广弘明集》卷十一)

释迦乃西方圣人，……苦身修行，以证佛果。其言曰“无人我相”，曰“色即是空”，曰“薄寂灭为乐”，“殊不知佛称仁王，以慈悲为心，利益众生。”（萨都剌《龙门记》）

为什么“牛鸣”之“牟”具有“能仁”“道充德备，堪济万物”的圣人之义呢?

古人受恶劣自然环境影响，“圣人”根据自然环境变化，能够按照自然规律，为底层民众解纾生活困境，并形成阴阳哲学，成为社会的生产方式与生活方式。“古圣人之在天地间也，为众生之先，观阴阳之开阖以名命物；知存亡之门户，筹策万类之终始，达人心之理，见变化之朕焉，而守司其门户。故圣人之在天下也，自古及今，其道一也。”（《鬼谷子·捭阖》）路温舒认为“祸乱之作，将以开圣人也。……深察祸变之故，乃皇天之所以开至圣也。”（《汉书·路温舒传》）韩愈认为“古之时，人之害多矣。有圣人者立，然后教之以相生相养之道。为之君，为之师。驱其虫蛇禽兽，而处之中土。……如古之无圣人，人之类灭久矣”（《原道》）。儒道两家强调“法天”，强调遵循自然规律。佛家强调“天法”，强调修行佛法。“孔老二教，法天制用不敢违天。诸佛设教，天法奉行不敢违佛。”（释道宣《集古今佛道论衡》）无论强调儒家正统，还是反对佛家、道家，客观上阐释了所谓“圣人”的历史作用与传播价值。

“牟”字在汉语里并无圣人之义。《说文解字》：“牟，牛鸣也。”“牟”字之“厶”表示牛叫时所发出的声气形状。关于这点，柳宗元的《牛赋》有总结：“牛之为物，魁形巨首，垂耳抱角，毛革疏厚，牟然而鸣，黄钟满脘……当道长鸣，闻者惊辟，善识门户，终身不惕。”也许，当时的译者认为，牛发出的声音和佛家寺院的钟声类似，牛皮做的鼓皮发出的声音浑厚深沉，牛的特性、牛皮鼓的声音与寺院的佛家精神和传播神韵类似。

“牟”，通“侔”，是“等同”的意思。“侔，齐等也。”（《说文解字》）汉武帝刘彻获得司马相如“言封禅事”的遗作，引发汉武帝对司马相如的认可与怀念，朝廷大司马以武帝拥有“仁育群生，义征不譓，诸夏乐贡，百蛮执贽，德牟往初，功无与二”的功德，奏请汉武帝封禅（《汉书》卷五十七下）。“畸于人而侔于天”（《庄子·大宗师》），“嘉声驰九牧，惠化光千祀。时雨侔昔贤，芳猷贯前史。”（李隆基《送忠州太守康昭远等》）“吾观少陵诗，为与元气侔。”（王安石《杜甫画像》）由此可见，“牟”是与德化思想、王道精神统合在一起的，具有与教化等思想相关联的文化内涵。因此，后世形成了对孔子的历史性贡献予以“德侔天地，道冠古今”的最高评价。他们认为能与“侔”字所代表的道德内涵相匹配的，只能是孔子一人。而把缺少“人”字偏旁的“牟”，专门归纳到异域传来的佛陀，即“释迦牟尼”的专用与专指里。从此，儒家、佛家两家在文化上历史性地形成内化关联与专用意义场。

“告”“牟”两字展示了中国古代千年以来佛教传入中土而引起的文化巨变。笔者认为，“释迦牟尼”之汉译及其佛教传播，还与中国农业社会生产力的发展密切相关，与“告”字字形结构及其所蕴含的中国礼仪祭祀密切相关。“告”“牟”字形均有“牛”形。与“口”形近通用的义符有“厶”部等。[①]“牟”与“告”在上下结构上进行了交换，以彰显佛教作为外来文化与本土文化的区别，从此“牟”在中国祭祀文化中获得了新的含义。“牟”作为佛教圣人，必居于大雄宝殿等大房子之中，与“广”在传播上形成紧密的意义构建、话语传播

① 韩耀隆：《中国文字义符通用释例》，（台北）文史哲出版社 1987 年版，第 41—48 页。书法作品“厶”“口”通用数见不鲜，如《出师表》“恢弘志士之气”句中“弘”字中的“厶”写成“口”等情形。

与文化联系。

三　作为近代广告的"告白"：近代特色、中国话语与时代隐喻

1911 年 10 月，云南军政府发布《滇军政府讨满洲檄》，其中提到"西人称吾国曰黄金世界"[①]。宏伟壮观的元大都，皇宫金碧辉煌，被马可·波罗在《马可·波罗游记》中称为"黄金世界"，这说明当时中国的经济、文化发展都达到了空前繁荣，中国封建社会达到鼎盛时期。但是，世易时移，"地球人类，一切事物"都遵循达尔文"物竞天择，优胜劣汰"的进化论，"日赴于文明"，为世界所接受。[②] 由于长期闭关锁国，中国农业社会在全球竞争中落后，没有和工业革命与时俱进，农业社会无法和工业社会相对抗。自鸦片战争以来，中国陷入一百年的被动挨打局面，在晚清沦为半殖民地半封建国家，正如梁启超《论学术之势力左右世界》强调的："前人以为黄金世界在于昔时，而末世日以堕落。"[③] "告白竞争，宜其实业之进步速也。"[④] 具有市场导向意识的媒体与广告是西方新经济学输入的产业意识及其传播载体，中国近代广告——"告白"发轫于沿海开放通商口岸，是对西方工业革命的复制的产物。

（一）具有中国话语特色的"告白"是近代广告（advertising）

近代广告的概念是什么？近代广告与以往的广告有何不同？对此，马克思以广告在世界霸主英国的发展态势为例进行了经典论述。他认为，在工业社会的语境下，广告（Anzeigen）是给报刊媒体"付了钱

① 中国史学会主编：《中国近代史资料丛刊 辛亥革命》（六），上海人民出版社 1956 年版，第 259—262 页。

② 梁启超：《清代学术概论》，上海科学技术文献出版社 2014 年版，第 120 页。

③ 梁启超：《清代学术概论》，上海科学技术文献出版社 2014 年版，第 120 页。

④ 《中国实业杂志》1912 年第 1 期附录。《中国实业杂志》于 1910 年在日本创刊，前身是《南洋群岛商业研究会杂志》，于 1912 年改为此名，改季刊为月刊。李文权为社长、主编，由东京中国实业杂志社编辑，北京、上海商务印书馆发行，1917 年移至天津出版，具体停刊时间不详。《中国实业杂志》以"实业救国"为基本宗旨，分图画、论说、译著、专件、传记、调查、名人伟论、附录等栏。

的”“充满活力的、洋溢着产业精神的、常常是妙趣横生的”传播交往形式。[①] 以资本利益为导向、以产业发展为基础的“产业精神”，是近代历史上资本主义广告发展与成熟的标志性要素。广告的“产业精神”指广告内在的经济驱动力，是追求利益与发展的企业、资本与媒体所具有的“发财的坚强意志”与“经济上的进取精神”。[②] 以英国为首的西方资产阶级工业革命推动了世界历史的近代化与文明化，马克思所说的广告“Anzeigen”（德语）具有付费性、充满活力、产业精神与妙趣横生等四方面的传播内涵，是对当时全球最发达的英国广告业发展的总结与概括，也是英文中“advertising”（广告）的概念。

那么，晚清有没有近代广告呢？答案是肯定的。那就是具有中国话语特色与思想底蕴的“告白”，其具有近代化传播价值。“告白”，即马克思所说的 advertising，成为中国近代化广告的代名词，是近代广告的中国化话语表达。

李文权《告白学》一文把“告白”定义为：“告白者，以心中所欲白之事项，而告之于众，使远近之人皆知其心中欲白者为何事，以达此布告之目的。”李文权虽没有把“产业精神”定义到“告白”的概念里，但是他认为“况一千七百七十六年阿达姆式之著富国论，其中所言颇符合告白学之原理原则，是即告白学之滥觞”[③]。而亚当·斯密认为“把资本用来支持产业的人，既以谋取利润为唯一目的，他自然总会努力使他用其资本所支持的产业的生产物能具有最大价值”，[④] 并把其作为常识加以发挥与传播。

由此可见，《告白学》把广告的“产业精神”这个核心内容嵌入“告白”的内涵之中。戈公振认为，“日报之发生，……因新经济学说

---

① Karl Marx, *Der leitende Artikel in Nr.* 179 “*Kölnischen Zeitung*”, Karx Engels Verke (1), Dietz Verlag Berlin, 1978, p. 86.

② 王凤翔：《略论马克思、恩格斯的广告批评思想》，《新闻与传播研究》2015 年第 6 期。

③ 《中国实业杂志》1912 年第 1 期附录。

④ ［英］亚当·斯密：《国民财富的性质和原因的研究》下卷，郭大力、王亚南译，商务印书馆 1974 年版，第 27 页。

之输入，足以促华商之觉悟，使具国际间之知识，而渐启其从事企业之思想”[①]。《告白学》明确指出“告白”一词，“英语谓之为 Advertising，日本谓之广告”。其源自拉丁文“Advertere”，原意是通过叫卖引起人们注意与关注。这一说法得到中国学界和业界的广泛认可与采纳，至今仍被流传。这是中国广告学研究者最早对“告白”与英文广告词（advertising）概念一致的论述。

（二）“告白”的合目的性

中国“告白”与西方广告有何不同呢？西方广告“以其产业精神与传播文明，和媒体、资本、技术、市场等社会资源与发展要素”，具有“共同构建国内统一市场与全球市场的政治价值”[②]。晚清时期，中国逐步沦为半殖民地半封建的国家，作为殖民产物的“告白”复制与学习西方广告，同样具有付费性、充满活力、产业精神与妙趣横生的传播特征。

“告白”与西方广告相比较而言，四个要素中除向报刊媒体付费相同外，充满活力、产业精神与妙趣横生具有其西方文化独特内涵和殖民主义意识形态。马克思认为广告的“活力”是广告内容对企业和消费受众所产生的吸引力与认同感，是对企业和消费受众的个体身份认同与社会认可的构建，具有西方个人主义哲学色彩，[③] 妙趣横生也与个人主义哲学和西方传统文化一致。但是，中国的洋务运动及其媒体与广告的“产业精神”与“充满活力”不同于西方广告，具有浓厚的集体主义精神与“家国”传统文化的意识形态。

洋务运动通过公司制度学习西方的企业发展模式，旨在“师夷长技以制夷”“富国强兵”“以促华商之觉悟，使具国际间之知识，而渐启其从事企业之思想”，实质上使中国从“以农立国”走向“振兴商务”“以工立国”，客观上是西方工业文明对中国千年传统的农业文明

① 戈公振：《中国报学史》，上海古籍出版社 2003 年版，第 138 页。
② 王凤翔：《略论马克思、恩格斯的广告批评思想》，《新闻与传播研究》2015 年第 6 期。
③ 王凤翔：《略论马克思、恩格斯的广告批评思想》，《新闻与传播研究》2015 年第 6 期。

与生产方式的颠覆。

（三）“告白”是具有时代沉重感与历史沧桑感的时代隐喻

具有广告意义的词语在汉语里很多，有的超过了“告白”的使用时间、传播历史、使用频率与认可度，甚至比“告白”更为贴切，更具传播的普适性与文化性。从《申报》等报纸使用的广告代名词来看，有“告白”“布告”“告布”“告示”“公告”“启”“声明”“谕”“白”等十种之多，均具有“布告”、广而告之的意思。高伯时认为：“不论何种布告，凡是要深切地感化人的，统叫做广告。”① 其中，“深切地感化人”，带有中国文学传统理念。事实上，“招贴”“报贴”“布告”等词语作为近代广告的代名词，比“告白”一词更具普适性。

为什么“告白”却成了近代广告的代名词呢？“告白”一词是由江浙文人话语发展而来。同时，在1865—1900年，《申报》等报刊媒体主要以“告白”作为商业信息发布的常用语与近代广告的代名词，隐喻了时代沉重感与历史沧桑感。

“告白”一词原为动词，“告”与“白”两字意义相同，意为告知、报告、汇报。南朝萧梁时期大士傅弘《致武帝书》：“今闻皇帝崇法，欲伸论义，未遂襟怀，故遣弟子傅暀驰书告白。”“告白”在传播过程中由表示行为动作转变为表示行为动作的对象，在沿海江浙经济发达地区成为文人化的广告话语，具有广而告之的意思。明崇祯刻本曹士珩的《道元一气》一书在南京官僚的支持下出版，正文前有作者撰写的“告白”。该告白是一则关于该书亮点与版权维护的广告。“是书也，独畅祖真秘旨，合阐性命微言”，强调“倘有无知利徒，影射翻刻，誓必闻之当道，借彼公案，了我因缘云”②。“告白”还具有布告、通告、户外广告之意。明末浙江绍兴人祁彪佳《甲乙日历》（下）中有例证：“二十九日，招章静如、竟可师议傅家墺平粜之事；乃托

① 高伯时：《广告浅说》，中华书局1930年版，第2页。

② 田彧：《中国古代广告概述》，海潮摄影艺术出版社1991年版，第81页。

蒋安然书平隶及发赡村之告白与小票。”[①] “白” 作为一种话语交往方式，在方言里被建构为夸耀、吹嘘、欺骗之义，如南方方言“策白”、东北方言“儿白”、两广“白话”（粤语俗称）等。李文权《告白学》在“告白之性质”中强调“告白”是“代货物以自白之法”，认为广告是代替货物进行话语表白或自我夸耀的途径。[②]

《申报》历任总主笔蒋芷湘、钱昕伯、何桂笙、黄协埙等均为江浙文人。他们根据自己地域的文人话语，把近代广告意译为“告白”并加以推广使用。由于江浙地区是中国经济最发达的地区之一，而《申报》在市场上的影响力与在社会上的传播力较大，同时沿海交通发达亦便于传播与扩散，故“告白”一词逐渐被广泛接受、认可与流行，成为广告的代名词。

笔者认为，从深层文化考究，江浙文人对“告白”颇具用心的使用与传播，也许体现了清末士人的苦闷与抑郁的集体无意识。《说文解字》：“白，西方色也。阴用事，物色白。”“白”是表示西方方位的一个词，而近代广告来自西方世界。按照中国“五行学说”，白属金，和实业发展、广告“产业精神”一脉相承，“告白”传播亦可能隐含了朝代交替的文化理念。借用“告白”一词作为广告代的名词，能够比较含蓄而又准确地表达广告是一个来自西方世界的词语和产物，是工业社会特有名词。

“白”字蕴含的祭祀思想在民间发生了历史性变化。殷礼规定：“‘御’常用‘血’，所‘血’或为羊，或为猪，其色为白，其数常为三或其倍数九。”[③] 官方祭礼规定以猪羊等动物凝成的白血及其规定数量进行仪式化祭祀。《说文解字》释“白”：“阴用事，物色白。从入合二，二，阴数也。”“白”为古代丧服颜色，后吊丧葬事之礼所用相关物品贴带白色，“以表哀情”（《仪礼·丧服》疏）。民间以白事作为丧事的代称，形成民间传统习俗。由此可见，由于农业社会生产力的

① 钟明立：《“广告”小考》，《语文月刊》2011 年第 6 期。

② 武齐：《中国广告学术史（1815—1949）》，知识产权出版社 2014 年版，第 106 页。

③ 王宇信：《西周甲骨探论》，中国社会科学出版社 1984 年版，第 47 页。

限制，以丧服之白色代替了动物之血色，仪式化颜色由此置换为情感性颜色，表达祭祀之“白”的官方规定历史性地在民间生活化与形式化了。“亲戚或余悲，他人亦已歌。”（陶渊明《拟挽歌辞三首》）从他者视角来看，白事中亲人哀情还在、他人已歌，是人之常情，同时哀情的表达形式是具有祭礼制度的集体无意识，一定程度上带有夸张表演的仪式情感。在方言中，“白”字产生了意义衍生。“白”作为一种话语交往方式，如湖南方言“策白”、两广方言“白话”、东北方言“儿白”等词汇，除人际交流的含义外，还有表演、夸耀、吹嘘、欺骗之义。“白”字与“告”字本义在礼祭话语与生活实践上形成意义联通与文化逻辑关联。李文权《告白学》在“告白之性质”中强调“告白”是“代货物以自白之法”，认为广告是代替货物进行话语表白或自我夸耀的途径。[①] 从“告白”与“告”“白”两字的意义衍生形成了文化传播上的共时性谐振，“白”与“告”本意形成逻辑关联与意义联通。

满族、蒙古族均崇尚白色，“告白”亦契合清朝统治阶级的文化心理。西人基于办报赚钱理念，需要广告传播本土化，因此不会也无法对“告白”的言外之意或文人解构之隐作过多考究。“广告不仅为工商界推销出品之一种手段，实负有宣传文化与教育群众之使命也。”[②] “白”字所蕴含的文化内涵、集体无意识及其民俗学意义，也许意味着“告白”带有一种较浓的政治贬抑色彩与隐晦的文人心境。由此可见，作为传播话语的“告白”，反映了当时文人潜意识上对西方侵略的无奈心绪与文化上的心理对抗，抑或带有“王师北定中原日，家祭无忘告乃翁”的社会意识与民族情绪。[③]

作者王凤翔系中国社会科学院新闻与传播研究所副研究员

---

① 武齐：《中国广告学术史（1815—1949）》，知识产权出版社 2014 年版，第 106 页。

② 戈公振：《中国报学史》，中国新闻出版社 1985 年版，第 108 页。

③ 王凤翔：《从传播学视角对〈说文解字〉“告”字本义流变的考察》，《湖南广播电视大学学报》2019 年第 2 期。

克莱默尔论媒介：病毒、感知与信使模型*

吴璟薇　曾国华　毛万熙

摘要：如何同时超越“意义”导向的媒介概念和“物质性”导向的媒介概念，以及如何将这种概念和日常生活的交往/传播相关联？德国媒介哲学家西皮尔·克莱默尔（Sybille Krämer）通过对作为媒介的病毒、中西文化与信使隐喻、媒介性与噪声、媒介与感知、人工智能的媒介性进行深入阐发，简明清晰地阐述了其基于信使模型的媒介性理论，并展示了这种理论对于“内容”媒介概念和“物质性”媒介概念的双重超越。

关键词：克莱默尔；病毒；信使模型；媒介性

德国媒介学者西皮尔·克莱默尔为德国柏林自由大学哲学系教授。在英语学界，人们熟知她对德国媒介学家弗里德里希·A. 基特勒（Friedrich Adolf Kittler）的深刻解读。但作为一位继基特勒之后的重要媒介学者，她的媒介理论建构了一个与之前德国媒介研究所理解的完全不同的媒介概念。她的早期研究主要从技术视角来研究媒介，但是从1991年其教授资格论文《计算理性：十七世纪的运算与理性主义》（*Berechenbare vernunft*：*Kalkül und Rationalisums in* 17.

* 本文内容曾刊发于《国际新闻界》2021年第5期，感谢《国际新闻界》授权转载。本次发表有修改和删节。

Jahrhundert）出版以后，她便将媒介研究的视角转向媒介的中介功能，此后西皮尔·克莱默尔对媒介的思考不断推陈出新。1998年出版的《传媒、计算机、实在性：真实性表象和新传媒》（*Medien*，*Computer*，*Realität*：*Wirklichkeitsvorstellungen und Neue Medien*）一书[①]，将人的认知与媒介研究结合起来，开创了一条与德国传统的媒介研究所不同的路径。西皮尔·克莱默尔的媒介理论强调"媒介性"（Medialität），该词特指"精神世界的信息通过媒介被感知（wahrgenommen）和理解"[②]，因而"媒介亦即感知"。此外，克莱默尔还在《媒介、信使和传送：传媒形而上学小引》（*Medium*，*Messenger*，*Transmission*：*An Approach to Media Philosophy*）[③]中提出两种对等的传播模型——"邮递"（postal）模型（又称作"信使"模型，messenger model）和"性合"（erotic）模型，来回应西方的协商（deliberation）传统与哈贝马斯的交往理性。书中提出的媒介形式多种多样，天使、病毒、货币、翻译者、精神分析师、目击者，乃至地图都可以被看作媒介。这些媒介除了建立传播者之间的联系外，还保留了自身的多样性。

西皮尔·克莱默尔的媒介理论提供了一种"去人类主体性"的媒介观，也为智能媒介时代如何理解人与媒介技术之间的关系提供了众多独有的启发性的哲思。[④] 2018年，《全球传媒学刊》发表了西皮尔·克莱默尔在北京的演讲《作为文化技术的媒介：从书写平面到

① ［德］西皮尔·克莱默尔：《传媒、计算机、实在性：真实性表象和新传媒》，孙和平译，中国社会科学出版社2008年版，第1—6页。

② Krämer S.，*Medium*，*Messenger*，*Transmission*：*An Approach to Media Philosophy*，Amsterdam University Press，2015；吴璟薇、曾国华、吴余劲：《人类、技术与媒介主体性——麦克卢汉、基特勒与克莱默尔媒介理论评析》，《全球传媒学刊》2019年第1期。

③ Krämer S.，*Medium*，*Messenger*，*Transmission*：*An Approach to Media Philosophy*，Netherlands：Amsterdam University Press，2015，pp. 75–78.

④ Krämer S.，Der Stachel des Digitalen-ein Anreiz zur Selbstreflexion in den Geisteswissenschaften? Ein philosophischer Kommentar zu den Digital Humanities in neun Thesen，in：Digital Classics Online，ed.，Charlotte Schubert，Bd. 4，1，2018，pp. 5–11.

数字接口》[①]，并将她的媒介思想与麦克卢汉和基特勒的思想进行了比较分析。[②] 这篇文章勾勒了西皮尔·克莱默尔媒介理论的大致图景，但是对其理论中的一些主要概念及其关联语境的阐述仍然不够清晰，在信使模型对意义媒介模型和物质性媒介模型的双重超越性方面更是着墨不多。2020年年末，远隔千山万水的我们通过电子邮件，与西皮尔·克莱默尔进行了一场历时两个月的往复不断的深度对话。在这个过程中，西皮尔·克莱默尔对自己的媒介哲学理论进行了简明清晰的归纳，并对作为媒介的病毒、中西文化与信使隐喻、媒介性与噪声、媒介与认知等主题进行了深入的阐发。

一 信使、媒介性与病毒

问：在你的媒介理论中，你为什么强调病毒？

答：20世纪60年代，当媒介在人类传播、经验、知识方面的作用被发现的时候，便伴随着人文学科内部强烈的技术决定论倾向。媒介被理解为技术工具或机器：媒介生产了其传输的内容。弗里德里希·A.基特勒和马歇尔·麦克卢汉（Marshall McLuhan）都是这一建构主义观点的支持者，认为媒介并不是在传递（transmit）信息，而是在生产信息。我把这种态度称为“媒介基要主义”（media fundamentalism）。

媒介基要主义的问题何在？它抬高了创造和生产，把发明和制造置于人类社会的中心。但是世人不仅要不断创造前所未有的新事物，而且要在已经存在但通常是分离的事物之间建立关联。正是媒介在不同的双方之间建立起联系，并传送了媒介自身没有生产的事物，因此，我的媒介哲学是相对于媒介基要主义的另一种选择。媒介并不是自主

① Krämer S.，“Was Bedeutet，Geist? Eine etwas Andere，Philosophie des Geistes mit Seitenblick auf die Digitalen Geisteswissenschaften”，in：Geisteswissenschaft-Was bleibt? Zwischen Theorie，Tradition und Transformation（Geist und Geisteswissenschaften，Bd. 5），hg. v. J. Noller，Freiburg/München：Alber，2019，pp. 224 – 250.

② 吴璟薇、曾国华、吴余劲：《人类、技术与媒介主体性——麦克卢汉、基特勒与克莱默尔媒介理论评析》，《全球传媒学刊》2019年第1期。

的行动者，相反，它们是内容的中介。这些内容不是本真地（genuinely）经由媒介产生的，而是根据媒介的规律而形成的。

在传播讯息的过程中，媒介倾向于隐藏自身，使自己不可见。媒介的通过让自身后撤（step back）而使他者显现，即保持在感知阈值以下。信使递交的信息并非自身产生，正是这样一种原型。信使说话时并没有站在“自我论”的立场，而是用一种“异己者的声音”，即为他人说话。

因此，我把我的媒介哲学称为“媒介性（mediality）的信使模型”①。我想通过这个信使模型重新激活连接过程——作为传输（transmission）或中介（mediation）——的文化创生力（culture-creating capacity）。从一开始，下面这个问题就对我很重要：当人们把自己在世界上的地位理解为中介者、传输者和翻译者，而不是创造者、发明者或作者时，这意味着什么？不是用自己的声音说话，而是用他人的声音并为他人说话，这就是信使精神。

在这样的背景下，我试图制定出非常不同的形式，在这些形式中，媒介承载着传递具象化（figurations of transmitting）的功能。因此，见证者作为媒介，传递了他对于某个被抽离出听讲场域之外的事件的经验。货币作为媒介，转移了某人渴求但并不拥有的商品所有权。在基督教和西方艺术史中，天使意象作为媒介，将上帝的话语传递给人。类似地，病毒传播传染性疾病。

我特意挑选了这些媒介传递的案例，它们通常并不被等同于大众媒体意义上的“媒介”。通过这种做法，我想澄清：世界不能划分为属于媒介的东西和属于非媒介的东西。相反，“媒介性”（mediality）是一种将事物视为传输和中介的发生场合的视角。

媒介处于居间（in-between）的位置，处于两个分离的领域/系统/世界之间的第三方的位置。现在我们来更详细地说说作为媒介的病毒：

① Krämer S.，*Medium*，*Messenger*，*Transmission*：*An Approach to Media Philosophy*，Amsterdam，the Netherlands：Amsterdam University Press，2015，pp. 75 – 78.

在生物感染方面，患病的有机体和健康的有机体之间存在区别；病毒通过充当将传染病从病患转移到健康机体的媒介，弥合并抹平二者之间的差别，未感染的机体因而被转变为感染病灶。只有当异己和自身、感染和非感染之间的区别确实存在时，传染性传递才有可能发生。这一点已经被免疫力所证实，免疫力是消除异己和自身、感染和非感染之间差异的一种策略，从而中断疾病的传播链。

特别有趣的是病毒传染的具体方式，即传递逻辑。病毒并不具有生命，但它可以复制。如果没有与宿主细胞的连接，病毒只是一种化合物。当它们接触到生物体细胞时，不同病毒便在其中被分化了，发展出诸种策略以利用宿主细胞的再生机制来进行自我再生。病毒寄生于宿主自我再生过程中。

寄生原理基于这样一个事实，即病毒通过进入细胞，利用细胞自身的复制、转录和转译过程来复制自己的遗传物质。这是通过转录活动实现的：细胞宿主的 DNA 被编码到病毒的 DNA 中。将宿主的遗传信息再编码（recoding）成病毒的遗传信息，这可与作为文化技艺的编码（coding）和转录相比拟。令人惊讶的是，书写和编码在生物学过程中也发挥作用。在这一细胞层面上，生物病毒和技术病毒之间的家族相似性（family resemblance）是显而易见的：自我复制的分子生物学以“读取”（reading）、处理和传送信息为基础。生物病毒和技术病毒的融合点在于，它们都以最少量的纯“信息包”（information package）的形式出现，并通过“读取”和“重写”获得效力——复制的可能性。基于这一原因，“计算机病毒”这个术语不仅仅是比喻。计算机病毒是程序的一部分，它将自身编码（encode）到另一台计算机的主程序（host program）里。被感染的程序被用户激活后，可以干扰和破坏数据、硬盘、软盘、程序等数字“材料”，同时复制自身。总而言之，“病毒原理”是基于转录和再编码策略的，通过这种策略，宿主（host）的自我再生被用来完成病毒的自我再生。

但我们可以从一个更广阔的视角来看铭刻（inscription）在宿主的

DNA 中的作用：病毒不仅可以传播疾病。毋宁说，就人畜共患病而言，它们将人类世界与动物世界连接了起来，这对于人类的进化发展及人体内生先天免疫能力有极为重要的意义。已有研究表明，大约 8% 的人类 DNA 可追溯到病毒的入侵和它们对人类基因组的永久转录（transcription）。因此，在进化过程中，通过病毒媒介我们获得了内生体免疫力以应对诸多来自外部世界的影响。

问：关于病毒和传播，您提到“只有当异己和自身、感染和非感染的区别确实存在时，传染性传递才有可能发生”①。这一点就表现在免疫力上，它是消除异己和自身、感染和非感染的差别并从而打断疾病传播链条的策略。但如何解释病毒的变异？会产生更多的差异吗？

答：最重要的一点是，在“信使理论”的语境中，两极差异是至关重要的，否则就不需要媒介（用隐喻的方式说，就是不需要信使）来连接。没有差异，那么本来就是在连接、平等和统一中了。我所写的病毒这一章节的基础就是被感染和未被感染的有机体之间的差异，这是生理感染的起点。至于病毒是否会变异——这是经常有的现象，在我的思路的视野下，这个问题只有在关系到是否有一种新的差异产生时才有意义，因为这时这一新差异会开启一次新的传播链条。是的，变异导致新的差异和重新传播。

问：假如我们把差异消除这个问题放在全球化背景下来讨论的话，病毒会带来更多的相似性还是差异？如果所有人都免疫了（不管因为被感染还是接种了疫苗），会发生什么？

答：当所有人都对某种传染性疾病免疫了，则这个特定形式的感染将不复存在。在欧洲有很多此类案例：小儿麻痹症、天花等。但“免疫力”只能指向特定而非所有的细菌或病毒，因为细菌和病毒的变异会导致新的感染。许多细菌已对抗生素产生耐药性。在人类进化

---

① Krämer S., *Medium*, *Messenger*, *Transmission*: *An Approach to Media Philosophy*, Amsterdam, the Netherlands: Amsterdam University Press, 2015, p. 97.

过程中（我在采访的附加评论中写了这一点），人类确实对大量外部影响因素具有免疫力：我们有大约8%的基因组是通过病毒编码产生的，这使我们对特定病毒具有免疫力。因此，如果原住民接触的人对某些疾病具有免疫系统，而原住民对这些疾病尚未产生免疫力，则原住民就面临危险。

问：这是因为有传递权力关系。在世界范围的病毒感染中，权力关系也能消除吗?

答：非常重要的是，感染的发生实际上应被理解为一种暴力行为：病毒对宿主细胞的生物暴力，病毒为了复制自己而重写宿主细胞的遗传程序。因此，所有的社会对抗策略也被建构成一种权力和暴力：隔离、隔绝感染群体、宵禁、通过跟踪应用程序进行控制等。

问：在你的媒介理论中，传染性传播实际上没有任何开端①。这是否意味着病毒的传播是一个没有起点的循环（或无限长的线）? 或者在传播过程中定义一个开始是毫无意义的，因为“这条链的每个组成部分同时既是病原体的接受者又是输出者”②?

答：在紧急情况下，如新冠疫情大流行时，当然有可能追踪到感染热点所在，从而定位到导致病毒感染的第一个“热点”。第一次出现一名新冠病毒感染者传染了一名未感染者的时间和地点——只要这种说法能成立——是有可能被重构出来的。

在概念—哲学的层面上，由传递导致的感染显然不能被理解为一个圆圈，而是一个链形图。这个链以时间因素为中心，然而我们通常把链条想象成一个共时的、空间性的链接。健康和疾病之间必须有某种鸿沟和差异，这样病毒才能利用健康有机体的再生机制来进行自己的再生。其结果正是，对宿主DNA的再编码使宿主生病。健康的细胞

---

① Krämer S., *Medium, Messenger, Transmission: An Approach to Media Philosophy*, Amsterdam, the Netherlands: Amsterdam University Press, 2015, p. 96.

② Krämer S., *Medium, Messenger, Transmission: An Approach to Media Philosophy*, Amsterdam, the Netherlands: Amsterdam University Press, 2015, p. 97.

是接收者；一旦被感染，它就反过来变成了一个发送者和传递者，把其他生物变成了接收者。正是在这一转变过程中从接收位置到传递位置存在一段时间间隔，通过预防措施遏制病毒的传播才有可能，即使在没有疫苗（即模拟感染）的情况下。正是因为这是一种“链式（train）反应”，而且需要时间，所以文化上的对抗策略在医疗免疫（口罩、距离等）之外也能发挥作用。

问：如果我们在不同的层面上定义媒介，那么媒介的传输过程会完全不同。病毒是媒介（中观层面），人类（宏观层面）或DNA/RNA（微观层面）是否也可以是媒介？根据你对媒介的定义，这在理论上是合理的吗？

答：我所提出的媒介哲学中最重要的看法是：媒介基本上不是某类特定事物，准确地说，“媒介性”是一种用来看待被用作媒介的事物的方法性视角。“媒介”是一个人类行为学意义上的、以功能性为导向的概念。此功能性体现于这样一个事实，即第三方在异质性的双方之间建立连接，以便某些事物可以传输、交换和循环。让我们来想象一朵花。一方面，花在日常生活中是一种生物学的、植物类的对象。在这个意义上，日常生活中也存在一些媒介，如图画、书写、电视、报纸、智能手机。但是对于花朵来说，重要的是它们必须从生物学来看，吸引昆虫以完成授粉。这种功能性的生物学的视角使得花朵成为授粉的媒介，是植物和昆虫世界之间的接口（interface）。媒介视角的一个特点是，它可以在高度多元的情境中，在宏观、中观和微观的层面上，对发生过程和对象提供有趣的功能性解释。

问：病毒在传播中起转录媒介的作用。病毒会在人体的免疫系统和记忆中留痕，因此病毒也能作为铭刻媒介（inscription media）吗？

答：铭刻媒介的有趣之处在于它们是关于表面的技术。在文化语境中，书写（writing）意味着在一个表面上涂/刻。虽然这个过程实际上是三维的，但我们需要将铭刻界面当作二维平面对待：我们必须翻动一页书，把它的背面变成正面，这样才能继续阅读。平面化的文化技艺在整个人类历史中都得到了应用：从皮肤纹饰到洞穴绘画，从图片、写本、图表、地图的发明到电脑屏幕、平板电脑和智能手机的发明。[①]

我们必须将“人工平面”（artificial flatness）技术解释为一种创造潜力。一切存在的、尚未存在的，甚至永远不可能存在的（“不可能的物”），都可以投射到二维空间中。如果没有铭刻界面的使用，科学、艺术、技术和建筑将是不可想象的。抽象的、内向的、不可感知的概念可以变得可见、可编辑、可控制和可以在社会层面区分。

此外，计算机是一种平面技术，不仅因为它的界面，而且因为程序本身是一种铭刻形式。即使在机器学习这一先进技术的“深度学习”程序中，位于输入和输出之间的“隐藏中介层级”，也发挥着类似功能，就像表面的成倍叠加。每一个表面都解码特定的图样：第一个隐藏的中间层识别亮度值，第二层识别节点和边缘，第三层识别形构，第四层识别颜色，等等。而且这种生物病毒还必须将自己铭刻于一具身体的表面，即使是内在的表面，比如新冠病毒首先在喉咙里安家。

问：全球化在第二次世界大战后加速，与此同时，病毒的传播形成了另一种“全球化”进程，就像 1918 年的大流感和目前的新冠病毒一样。这种新的全球化似乎形成了对前一种全球化的反动。你如何解释病毒在全球化中的作用?

答：全球化和病毒感染之间有着密切的联系。全球化意味着相互依赖，即增加中间联系和商品与知识的交换。在德国，在新冠病毒传染图示中，有一个显著的特征，让人认识到全球化和新冠病毒之间的

---

① Krämer S.，“Graphism and Flatness，The Line as Mediator between Time and Space，Intuition and Concept”，in：The Power of the Line，ed.，Marcia Faietti und Gerhard Wolf，München：Hirmer，2015，pp. 10 – 19.

联系：工业化的、人口密集的、网络全球化的联邦德国迅速成为传染的热点，工业化程度更低、人口更少、几乎未被网络国际化的民主德国的领土——受危机影响更小。

最近的新闻报道显示，因为右翼的游行和集会，民主德国也成为高传染性地区。也许工业化是这种传染病的一个重要传染因素。

关于民主德国和联邦德国之间的差异问题，有很多反思。与此同时，最高的感染率和死亡率却出现在民主德国。此事为何发端于西德，可以这样来解释：联邦德国人在"热点"滑雪胜地度假，在全球商务上更活跃，前往亚洲和世界各地旅游，居住在人口更稠密的城市和地区。

现在民主德国的高感染率当然也与反新冠示威有关，但在联邦德国也有这种情况。斯图加特甚至是这种示威活动的核心。在反新冠示威中有政治权利诉求者，但也有愚蠢无理的嬉皮士和"横向思维者(lateral thinkers)"①。

还有另一个重要原因造成亚洲和"西方世界"的不同疫情（除亚洲国家在抗击流行病方面有更多的经验这一事实之外），即自我中心和个人主义在西方所扮演的角色。例如，反新冠示威的"横向思维者"将戴口罩行为看作对基本人权的不可接受的侵犯，这便是一种过度的个人主义表达：我感兴趣的不是众多民众的生病和死亡，而是我的小小的自由受到了限制。西方的问题在于个人的绝对化，以及为他人着想并与他人一起思考的意识的弱化。因此，我的信使模型恰恰强调了这一点：我们相互关联；我们通过他人发声，这样一来，我们就必须自己后撤（set back）一步。

问：作为一个阴谋论者，英国人巴里·特洛瓦（Barrie Trower）

① 横向思维也称作非线性思维，指通过不明显的、间接的和创造性的推理来解决问题的方式，与传统直线式的、循序渐进的逻辑形式（即"垂直思考"）形成对比。该词源自法国学者爱德华·德·波诺（Edward de Bono）于1967年出版的著作《新的思考：水平思考的应用》（*New Think: The Use of Lateral Thinking*）。文中引用了所罗门审判的故事。所罗门王为解决谁是孩子母亲的问题，下令将孩子切成两半，再根据两位母亲的反应来判断其身份。

认为5G电信技术是新冠病毒迅速传播的罪魁祸首。[1] 他认为，它会降低免疫系统，而全球电信业的强大力量正在掩盖这种危险。这种阴谋论及其变种获得了大量追随者，并导致在一些国家发生了对5G设施有目的的攻击。您对这种关于病毒媒介与5G通信技术之间关系的表述有何评价?

答：对我来说，每一个阴谋论都是错误的，都是需要与之抗争的。电信（telecommunications）的扩散是全球化的一种征候，病毒是由全球化、旅行和交流所推动的，先进的通信技术与新冠病毒的传播之间形成了一种互相关联。但这种关联并非因果关系。混淆这一点是严重的方法论错误。但错误还不止于此：先进的通信技术可以成为防止病毒扩散的一种手段。现代数据技术并不是病毒感染的驱动力和原因——就像巴里·特洛瓦假设的那样——相反，它使病毒感染得到了成功的阻击。在这方面，德国的案例也同样令人深省：德国在宽带通信方面落后，一款供全国范围内下载的、防止新冠病毒感染的应用程序存在缺陷且效率低下。这款应用通常无法使用，其对抗新冠病毒感染的承诺也落空了。

二　媒介性和噪声

问：您提出信使模型，认为信使在传递（transmission）过程中扮演关键角色。作为一个强有力的隐喻，“信使”深深植根于西方文化（如古希腊文化)。但在其他地区或文化中，比如中国，可能没有类似的信使隐喻。这种情境差异是否会影响跨文化交际中信使模式中的“感知”?

答：这种观察是正确的。信使在西方文化中是一个意象。但重要的是要考虑我提出信使模型的批判性意图何在。西方哲学大多偏爱植根于生成和创造的人物形象，根据这一形象，人类的创造力包括作为

---

① 巴里·特洛瓦（Barrie Trower）是英国人，以其在无线通信技术领域的阴谋论而闻名。他一向认为微波和其他相关的无线通信技术是人类健康的最大威胁。在2020年，他提出5G移动通信技术的应用是新冠疫情暴发的原因，获得不少阴谋论赞同者的关注。

某物的“原创者”“生产者”或“作者”。一个人只有在成为他或她的世界和自我的创造者时，才成为人。这种思路根源于欧洲启蒙运动时期的世俗化过程。在基督教中，上帝是一位从无到有创造万物的造物主。随着世俗化进程，这一造物主原则被移置到了人类身上。在这种文化人类学视野下，文化和社会创造力是那种可以被证明是原创性的、前所未有的、创新的东西。另一方面，诸如联系、连接和中介等活动，在某种程度上则需要中介者自己回撤（self-retraction），因而被这种造物主绝对论边缘化和贬低了价值。这正是我想要用信使模型来批判并用一种关联性的世界观来克服的。一切都在关联中生发。信使就是这样一个形象，没有他的话，有差异的事物之间的关联就难以发生。媒介创造关联，使分裂两极之间的交换成为可能。

此处我还看到信使模型与赵汀阳的哲学之间的关联。德国目前正在接受他的哲学思想。赵汀阳提出一种不同于西方个人主义和竞争理性的合理性概念：共存的关系合理性概念。这也是信使模型所追求的理想理性。

问：信使被假设为中性的。但信息的传递者是深度参与信息编码和解码的，信息的编码和解码会受到比如技术特征、物质性条件和设置、意识形态或文化因素等因素的显著影响。因此，信使的“中介”实际上也是在“调解”（mediate）信息。我们应该在多大程度上认为信使在传递信息时保持中立？

答：信使意象的中立性绝不能被误解：所有媒介都通过自己的“逻辑”、条件和物质性，勾勒和塑造着自身所传达的内容。但这个印记有一种潜伏状态，始终隐含着某种东西。在中介传递行为中，媒介将自身显示为所呈现内容的痕迹。使用媒介时，使用者始终以某种方式对媒介的物质性和形式视而不见。只有在被干扰，在媒体的智能功能中断时，媒体才会将自己立于台前：只有当声音沙哑而脆弱时，当广播中充斥着烦人的噪声时，当电视画面模糊时，媒介在发挥作用这一点才立即（immediately）显现出来。然而，在有效的中介传递中，媒介的内在逻辑仍然要低于感知的阈值。我们听到的不是声音而是话语，我们看到的不是光波而是彩色的鸟，我们在不知网页排名算法的情况下进行搜索查询，等等。“媒介中立性”（media neutrality）一词指媒介在发挥作用过程中的自我回撤。一个批判性的媒介认识论的任务是重建媒介铭刻印记和形塑内容的痕迹，并分析这些条件。但这是一种批判反思、一种与媒介保持理论距离的行为：在使用媒介的行为过程中，我们对媒介的内在逻辑始终保持盲目。

然而，艺术必须排除在这之外，艺术的一个重要作用正是展示和评论艺术对象的媒介性。举个例子，意大利画家卢西奥·丰塔纳（Lucio Fontana）在许多绘画作品的表面都留下深深的切口。但是，通过对无深度的、平面的、二维的画布的破坏，他恰恰让人们意识到这种二维性是绘画中一种自明的中介状态。

问：您还提出性合原则（erotic principle，也译作“爱欲原则”），即媒介将异质性转化为同质性，将差异转化为同一，从而实现了一种“单一的声音”。这一原则提供了一种不同于尤尔根·哈贝马斯的对话性交往的视角。与交往理性相比，性合模型似乎更强调感知体验。但在《对空言说》（*Speak into the Air*）一书中约翰·彼得斯（John Peters）却认为，上帝和天使之间的交流是不用身体的。而你强调身体的作用并评点道，德里希·A. 基特勒的媒介理论排除了身体作为媒介的观点[①]。您能详细说明身体在性合传播中是如何工作的吗？身体是不是传播的必要条件？

答：通过将“性合”和“邮递”（postal）两种传播模式放在同等位置，我关注的是一种西方的带有偏见的批评。它假设交往应以达成共识为目标，即它应消除交往者之间的异质性和差别。此处“性合”仅仅意味着存在不同的极性（polarities），这些极性被设定为将抹平差异，作为沟通的结果“合而为一”，从而融合成“精神统一体”，

① Krämer S.，“The Cultural Techniques of Time Axis Manipulation：On Friedrich Kittler's Conception of Media”，*Theory*，*Culture & Society*，2006，23（7－8），pp. 93－109.

其模式是身体在性爱上的结合。对话，即双向对等的交往，被认为是实现这一以共识为导向的目标的理想途径。但我们知道，这一交往的形象是不完整的。对话双方在交谈中总是拥有不同的权力（power）地位，在相互对话中，“论证的力量”往往被证明是一种正确立场的专制（tyranny）。

邮递传播建立在这样一种假设的基础上：交流的人们不必抛开和克服分歧。相反，邮递原则在发送方和接收方之间架起了跨越距离和差异的桥梁，从而在未消除差异的交往/传播（communication）的各方建立联系。这不仅适用于跨越空间的远距离交流，也适用于所有的人类交流。根据邮递模式，理想的交往/传播不是对话，而是散播（dissemination）。正如约翰·彼得斯在《对空言说》一书中所阐述的那样，散播意味着：讯息从一到多发送出去，可以被接收者接收并处理，但这并非强制性的。接收者始终可以灵活决定是否以及如何对消息作出反应。从邮递原则来看，交往的个体之间存在一种基本的不可通达性（inaccessibility）。在我们的内心世界里，我们依然孤僻内向，彼此陌异。散播导向的交往，接受参与者之间的他者性（otherness），参与者并非像对话导向的传播理论所假定的那样在形式上是平等的，而毋宁说是在人生阅历、经验视野、性别与教育等方面存在实质性差异。

从这一点看，肉身性便开始发挥作用了。性合原则将交往者视为双向对等（reciprocal）的伙伴，每个人都能以同样的形式使用“论证的力量”。正如尤尔根·哈贝马斯所言——作为“非强制约束”（unconstrained coercion），这种形式上的平等是一种错觉，没有考虑到源于我们肉身性（corporeality）、性别的大量差异。这些差异因而又对对话中的权力位置进行了不同分配。这并不是说，以对话为导向的“性合模式”考虑肉身性的问题，而“邮递模式”否认它。毋宁说，作为差异的前提条件，交往的物质性和肉身性成为邮递原则的基础，正是它们首先驱动并开启了交往。

问：噪声是媒介理论中的一个经典话题。在传递过程中，特别是对于邮递和性合模型来说，噪声有什么影响吗？

答：媒介传递的行为中，媒介从自身的物理存在中淡出，消失在所呈现的内容的背后。这就是为什么我们可以说，只有通过干扰，即通过信号中的噪声、传输图像的失真和计算机程序的崩溃，媒介才能揭示其自身的物质性和固有属性。只有中介过程中的故障，才会中断媒介的不可感知性和自我回撤（self-retraction）。噪声把媒介的缺席转变为它的干扰性在场。

对于以实现交往者之间的统一性和同质性为目标的性合交往模式而言，媒介本身就是必须克服的干扰。无中介的直接性是它的“性合”理想。另外，邮递模式不可逆转地与“没有中介就没有交流”的观点联系在一起。媒介是使传播成为可能的条件。

三　感知、文化技艺和数字化

问：你的媒介理论认为，任何一个媒介的基本原则都是“使之可感知”。我们该如何理解“使之可感知”（Wahrnehmbarmachen）？

答：我强调将“使之可感知”的过程作为中介的核心是有原因的。在西方哲学中，存在一种人类语言依赖的绝对论：语言的使用被提升为人之所以为人的本质。但人类的表达（articulation）有两种符号形式：语言和图像，言说和显示（showing）。有趣的是，在符号语言的初级形式中，人类交往的前身以动物的信号语言的形式存在。但是对于图像的生产，在动物的世界里是没有类似物的。生产图画和可视化的东西是人类独特的“卖点”！哲学赋予了语言特权，因为语言开启了论证和命题。而图像，无论是作为艺术图像还是作为议题的可视化，在认知和文化方面的角色和权力，在哲学上都被彻底边缘化。

但在人类文化中，言语和显示、言说和可视化是两种等价的、往往相互交织的表达形式。尤其是书写，只能被理解为一种语言和图像的杂交品种。当信使被设想为一个人格意象时，既然信使“言说”，那么我想要澄清，言说并不是一种哲学意义上的话语性的言语行为。信使的言语并不体现语用学意义上的言说，而是对别人告诉或指示他/她去传达的内容的演示。提高对“显示”以及图画和视觉的评价，在哲学上是严肃而重要的。这让我们认识到书写、图绘、图表、地图等图形—视觉的人工物在人类认知能力、科学和审美活动的发展方面所发挥的作用，以及最重要的是，认识到它们在社会和组织实践中所发挥的作用。

问：你在2018年北京演讲时也提到媒介就是感知。“感知”（perception）是人类特有的能力。当媒介涉及非人类元素时，它们将如何与感知概念联系起来？如果是机器之间，或者人机之间的交流，还能算是“感知”吗？

答：让机器做一些类似于人类感知的事情并不意味着机器所做的就是感知。当技术主导或增强人类功能的履行时，它会靠自己的技术以非人类的方式发挥作用。就像飞机不是模仿鸟的飞行，车辆不是模仿人类的奔跑或马匹的腾跃，卷积神经网络的人工图像识别展现出的是一种与人类视觉、人类大脑的神经过程均无关的操作模式。

人工智能领域目前更青睐语音、物体、图像识别的自动化，即看似是模拟人类感知的过程。这些学习算法的架构是建立在人工神经网络基础之上的，这些算法的输入和输出之间，存在着多重隐藏的层级。在海量的训练和测试过程中，这些隐藏的层级构成了图像识别的特定亚组件（sub-component）。一个层级识别节点和边缘，下一层级识别图形，下一层级识别颜色，等等。人脑中没有类似的结构。我们看到：算法没有眼睛。相反，数字化对象的数据被转换成点集，这些点集在坐标系中以统计值出现。例如，如果要训练识别猫和狗的区别，则算法需要找到一个数学函数，函数的曲线或直线能够以某种贯穿数据点集的方式将猫与狗的图像分离开来，而这一切只建立在统计计算的基础上，而非经由“感知的眼睛”。

问：平面化的文化技艺随数字化而变，铭刻表面成为网络化的界面，VR、AR和可穿戴设备可能带来三维的文化技艺。在进一步数字化的新兴时代，媒介的形式是什么？数字化是否会改变传统媒介所产生的交往/传播和媒介性？第三性（thirdness）也会改变吗？感知如何在数字化传播中起作用？

答：书写、阅读、计算等文化技艺，即字母数字的读写素养，依赖作为媒介的人工平面。如果没有可视化，没有书写、图绘、图表、地图这些用来记录和处理知识的技艺，科学的进步是不可想象的。从这个意义上说，计算机是一种图解（diagrammatic）机器，参与并激进地改变了平面化的文化技艺。但是，从字母数字到数字读写素养的转变也带来了一些新事物：在网络计算机的行动中，时间现在作为一个与二维平面相关的第三维度而被引入和执行。

一个具有启发性的例子是由谷歌开发的高级数据库技术“大表格”（Big Table），其中的索引是通过行代码、列代码（列键）和时间戳（timestamp）来完成的。“行”和“列”表示空间方向，而现在，添加了作为第三维度的时间表征。这使得搜索引擎能够以可能达到的最快的方式抓取以秒为单位变化和增加的海量网络数据：时间戳只允许检查最新版本的数据，而不处理或删除旧版本的数据。

理解数字化意味着反思微时间性（microtemporality）的变动性作用。对于用户来说，互联网上的计算和搜索查询几乎是即时的：你在网上提问，几秒内得到答案。从人的感知来说，没有时间被消耗。法国哲学家亨利·柏格森区分了两种时间秩序。客观测量的、空间化的时间和对所花费时间的持续性的主观体验。但数字信息技术引入了一种更深入的时间制度，即当代性的微时间性。当机器以最高速度运行时，机器所需的时间不再被人类视为一种持续时间和时间消耗。当然，即使是电影也是基于高速运作的形式。但仅在有网络计算机的情况下，人类才会认为微时间性似乎克服了时间间隔。

作者吴璟薇系清华大学新闻与传播学院副教授；曾国华系中国社会科学院新闻与传播研究所助理研究员；毛万熙系清华大学新闻与传播学院博士研究生

国际传播渠道建设：一个整合和协同的研究方案

季芳芳　孙　萍　王雪玲

摘要：变动的政治经济格局和日新月异的技术变迁，对国际传播的平台与渠道建设提供了不同的机遇及演进路径。目前有关渠道问题的讨论针对某一类别或者某个具体渠道展开，并没有将数字平台、主流媒体和人文交流三类渠道视作一个有机整合的渠道进行系统考量，也鲜少有学者论述三条渠道之间的联系与协同路径。然而在国际传播实践中，迫切需要多渠道的资源整合和协同联动，推动传播内容多向输出。基于媒介基础设施的理论视角，本方案将各类国际传播渠道视作“基础设施”，考虑构建国际传播基础的各类传播渠道资源的整合和协同，以破解渠道机制建设存在的关键问题。

关键词：国际传播能力建设；渠道建设；媒介基础设施

一　引言

渠道是信息传递的通道，是连接传者和受者的桥梁，是国际传播能力建设中的重要一环。目前对国际传播渠道的研究集中于三类：第一，认为数字平台重构了国际交流的交往格局，是拓展国际传播的新渠道，数字平台的出现意味着主体、传播形态和话语的变革，要加强对数字平台的建设；第二，从技术、传播形态、人员培养、受众调查以及效果测量等角度论述在全媒体时代、媒体融合进程中如何加强主流媒体的国际传播能力建设；第三，基于不同的人文交流渠道（如孔子学院、电影节、城市、友城等），有针对性地分析该渠道存在的问题与创新路径。

目前有关渠道问题的讨论都是针对某一类别或者某个具体渠道展开的，并没有将三类渠道视作一个有机整合的渠道进行系统考量，也鲜少有学者论述三条渠道之间的联系与协同路径。然而在国际传播实践中，迫切需要多渠道的资源整合和协同联动来推动传播内容多向输出。

鉴于各类传播渠道与道路、电力以及大坝等其他基础设施一样是从物质基础、社会系统等层面成为组织社会的物质资源的。这些物质资源是“货物、人员或思想得以流动的网络”①，从“基础设施”的渠道视角看能够将研究视野分散的渠道资源整合起来，同时看到这些物质资源如何构建社会系统，成为思想、内容和话语得以流动的物质基础。因此，本文认为，应将各类国际传播渠道视作“基础设施”，考虑国际传播基础的各类传播渠道资源的整合和协同，以破解渠道机制建设存在的关键问题。相应地，在新技术、政治、经济格局下，如何从基础设施的理论视角出发，探讨渠道战略规划、结构设计、整合协同，以加快国际传播能力建设，应成为国际传播渠道建设探讨的主要问题。

二　“基础设施”与国际传播：一个理论视角

近些年，支撑和维持全球传播网络的基础设施及其社会、物质、文化和政治层面的意涵成为学界关注的重点。

不同应用领域对基础设施的概念有不同的理解。在政策文本、发展规划和工程设计中，基础设施是社会生产和居民生活赖以展开和继续的物质工程；在传播学视野中，基础设施指的是在社会中形成的公

---

① Larkin, Brian, “The Politics and Poetics of Infrastructure”, *Annual Review of Anthropology*, 2013, Vol. 42, pp. 327 – 343.

共技术系统，它是由一系列中心、节点、线路和终端构成的网络，构成了人类行动的物质条件，形塑了人类生活的基本结构。[①]

随着媒介的发展，基础设施概念与现代电子媒介、电信及数字技术紧密关联。从物质性角度来说，互联网基础设施以社会技术系统的方式嵌入城市、乡村和人们的日常生活，不仅是资源，还涉及社会权力关系，影响着人们的感知和对现代生活的体验。学者们不仅关注技术本身，更关注这些支撑技术运作的设施如何构建了人们对于全球化的想象、文化生产和文化体验，并且如何改变了社会连接结构和影响全球环境。

1858 年 8 月，爱尔兰（欧洲）与纽芬兰（北美洲）之间铺设完成了第一条洲际海底通信电缆，这意味着电报得以在洲际之间传输。海底电缆拥有比卫星更为稳定的信号传输能力，根据美国科技媒体 The Verge 的报道，目前有 436 条总长度超过 130 万千米的电缆铺设在海底，99% 的国际互联网数据是通过这些海底电缆传输的。[②]

1962 年 7 月 11 日，人造卫星首次播送全球电视。法国与英国通过通信卫星传送节目，美国人第一次看到从欧洲现场播出的电视。[③] 这意味着全球广播电视的开启。1973 年，Arpanet 通过卫星通信实现了与夏威夷、英国伦敦大学和挪威皇家雷达机构的联网，形成国际互联网络。[④] 从此，人类的信息与话语通过信号和数字在空中、深海和光纤中源源不断地流动。

数字基础设施以光速传输信号，并隐藏在地球上高度安全的、类似掩体的设施中。[⑤] 数字基础设施的叠加和优化使得全球传播能够传

---

① 张磊、贾文斌：《互联网基础设施研究：元概念、路径与理论框架》，《中国社会科学院研究生院学报》2021 年第 5 期。

② 《憧憬元宇宙的人类或被电缆“卡脖子”：我们都可能成为失联的汤加》，https：//3g.163.com/dy/article/GU66VTHM0512DU6N.html.

③ 《人造卫星首次播送全球电视》，https：//www.sohu.com/a/156117785_99894294.

④ 《互联网究竟是怎么诞生的?》，https：//baijiahao.baidu.com/s? id = 1692284725111765729&wfr = spider&for = pc.

⑤ Acland C. R.，P. Dourish，S. Harris，et al.，*Signal Traffic*：*Critical Studies of Media Infrastructures*，Springfield：University of Illinois Press，2015，p. 5.

输更为丰富的内容、更多主体的信息、更长远的距离，给用户提供更快捷的体验。在全球范围内，基础设施已和互联网通信技术紧密交织。

将媒介作为基础设施，要关注权力关系、劳动关系、意识形态操作等维度。在国际传播领域，基础设施的传播渠道与国际政治经济关系早已引起学者的注意。西方基础设施援助项目在第二次世界大战后第三世界“现代化”进程中的中心地位，以及媒体基础设施的技术/物质特点及其意识形态意涵都蕴含研究价值。①

这些研究提醒我们，在讨论传播渠道作为一种基础设施时，要着重考量目前世界各国在渠道技术设施上的现状，特别是地缘政治关系以及不对等格局，并且在此基础上探讨建设中国主导的渠道基础设施的可能性。2020 年，国家发展和改革委员会首次明确“新型基础设施”的范围，包括信息基础设施、融合基础设施和创新基础设施三方面，主要是以新发展理念为引领，以技术创新为驱动，以信息网络为基础，面向高质量发展需要，提供数字转型、智能升级、融合创新等服务的基础设施体系。这意味着，“新基建”从传统的交通、水利等物理领域延展到了信息领域。以华为为代表的公司借助“一带一路”平台将中国的通信基础设施嵌入全球的通信系统，以 Tiktok、Shein、阿里云为代表的数字平台成为全球居民数字生活的重要组成部分。在新技术条件下，中国在全球基础设施建设中的进展以及其对全球传播秩序的意义值得关注。

三 渠道建设：一个整合协同的研究方案

不同类型的渠道，其功能、价值目标、运作机制都不同，从提升国际传播能力的角度考量，需要考虑渠道建设的总体规划、结构性设计以及协同整合。

---

① Pendakur M.，“The New International Information Order after the MacBride Commission Report: an International Powerplay Between the Core and the Periphery Countries”，*Media*，*Culture & Society*，1983，5（3），pp. 395 – 411.

（一）国际传播渠道建设的总体规划

1. 聚焦国际传播渠道建设的战略目标

国际传播渠道建设的主要战略目标，需聚焦于以下几个方面：（1）打造整合性的信息传播基础设施，为对外讲好中国故事提供信息交流的物质基础。信息社会转型不仅给传媒行业，还给人类整体传播实践带来革命性转变。在媒介技术发展迅猛的当下，应打通媒介渠道，使得不同类型的信息得以在国际社会高效流通。（2）为中外各主体提供对话空间，破除文化壁垒。从技术可供性视角来看，媒介不只是传递信息，更为用户创造了“生存条件”，即媒介成为一种基础设施、栖居之地、凭借之物和生命形态，是“自我表达和自我存有”的融合。[①] 因此，基于“对话”功能，基础设施要求能够为用户互动、组织活动和文化流动提供空间。（3）构建中国主导的基础设施，对不平等的世界传播格局发起挑战。一方面，技术带来的算法黑箱、隐私泄露、平台垄断给全球网络治理带来隐患；另一方面，西方传播渠道的垄断和带有民族歧视的管理给中国国际传播实践带来阻碍，因此，构建公平的全球信息服务基础设施具有战略意义。应强调国际传播的“连接、沟通和建构”等重要维度[②]，这也是使“数字文明造福各国人民”，共建网络空间命运共同体的重要组成部分。

2. 聚焦国际传播渠道建设的战略设计

要实现以上战略目标，需要有相应的战略设计：（1）有机适应。即中国国际传播基础设施建设要先与全球国际传播基础设施对接，并从中汲取经验。中国信息基础建设与全球化对接的过程，可彰显一二。20 世纪 90 年代，中国通过金关工程等国际贸易信息化工程，提高了对外经济贸易的现代信息化水平。当下，中国国际传播渠道设施在网

---

① 郭小平、杨洁茹：《传播在云端：平台媒体化与基础设施化的风险及其治理》，《现代出版》2021 年第 6 期。

② 胡正荣：《智能化背景下国际传播能力提升与人类命运共同体构建》，《国际传播》2019 年第 6 期。

络平台上高度依赖西方的社交平台（如 Twitter、Facebook 等），在媒体平台方面的话语权弱于已在全球布局节点的 CNN 和 BBC 等西方媒体，受限于渠道，中国需要利用全球国际传播基础设施，进行传播节点的布局（例如在各大西方社交平台构建外媒账号群），并从中汲取自我构建国际传播基础设施的经验。（2）自我建设。中国已经出现了以 TikTok 为代表的具有全球影响力的社交媒体平台和以“一带一路”民心相通为代表的各类人文交流平台。为了摆脱对西方传播网络的依赖，需要建设以中国为主导的基础设施。TikTok 等平台的成功构建一方面离不开政府政策与资本的推动，另一方面也离不开民间主体（包括个人、组织）的创新协同。因此，在自我建设阶段，应从学术智库到游戏、影视文创等行业，激发各社会主体渠道打造全球化平台的积极性。（3）结构优化。将与国际传播相关的各个企业、行业、社会的基础设施连接成网络。在基础设施从互不相通的单个社会技术体系到相互连接发展成网络时，各种设备、社会机构都会作为网关出现。[①]因此，在未来，各个社会机构和平台渠道资源的嵌套连接是基础设施结构优化的重要一步。所有的国际传播渠道将可以整合成一套互联互通、协调统一的国际信息传播基础设施体系，并作为新基建的一部分连接到社会整体的新型基础设施之中。另外，面对结构化过程中商业力量的膨胀，如何协调基础设施的公共性和商业性，激发该基建的持续创新能力也是一项重要命题。

（二）国际传播渠道建设的结构性设计

1. 明确渠道的发展现状与问题

要考察数字平台、传统媒体和人文交流三个类别的国际传播渠道的现状和存在的不足，以在结构性设计中扬长避短，作出合理的结构性设计。

当下，基于网络平台经济的研究逐渐兴起，“平台基础设施化”

---

① 段世昌:《从“寄生”到“共栖”——淘宝平台如何走向基础设施化》,《新闻记者》2021 年第 7 期。

成为社交媒体批评的重要视角[①]，这表明对于网络平台渠道，应该从社会和传播渠道相互嵌入这个角度进行理解。国际数字平台不仅提供了各种传播方式，也为受众创建了一个新型的交往情境。然而平台利用算法技术决定了国际信息的“可见性”和“不可见性”，算法传播给世界数字鸿沟、国际议程设置和全球秩序稳定等带来潜在风险，加剧了冲突性的信息地缘政治，使人类走向一个机遇、变革与挑战共存的不平等世界。[②] 因此，西方主导的平台对中国的信息歧视使我国国际传播面临巨大挑战，然而如何处理全球数字资本垄断，提供具有中国特色、面向世界的国际平台治理方案也成为中国赢得全球声誉的机遇。

传统媒体是指以中国传统大众媒体为传播主体，以电视、广播、报纸、融媒体矩阵为传播载体的渠道。在政策的鼓励下，中央重点媒体加紧海外布局，扩展海外发行渠道和提升落地率，“走出去”的步伐明显提速，“走出去”的方式和手段更加多元。尽管传统媒体在全球布局和技术提升方面皆取得不错的成绩，但是在国际话语权方面仍然没有突破性进展。这和全球议题设置的主导权被西方国家掌控，对外传播中的主体意识模糊，宣传色彩浓厚，无法高效利用短视频、直播、VR 等新传播方式，跨文化叙事能力不强，传媒管理体制和产业组织模式不协同等因素有关。[③④⑤]

人文交流渠道是指通过人文交流活动、事件等构建文化交流场景，通过不同形态的文化资源传递中国故事。中国一直致力于通过各种人

---

① Jose van Dijck, *The Culture of Connectivity: A Critical History of Social Media*, Oxford: Oxford University Press, 2013.

② 罗昕、张梦：《算法传播的信息地缘政治与全球风险治理》，《现代传播》（中国传媒大学学报）2020 年第 7 期。

③ 程曼丽：《中国对外传播的历史回顾与展望（2009—2017 年）》，《新闻与写作》2017 年第 8 期。

④ 郑保卫、王青：《当前我国国际传播的现状、问题及对策》，《传媒观察》2021 年第 8 期。

⑤ 王虎、陈小苹：《全媒体传播视域下国际一流新型主流媒体建设》，《电视研究》2020 年第 1 期。

文交流渠道，如孔子学院、中国电影节、奥运会、友城交流等展示中国形象，传递中国声音。然而，中国人文交流渠道也存在诸多问题，比如孔子学院存在品牌文化活动缺乏、传播方式单一、文化资源挖掘力度不足等问题。一般意义上的中华文化对外传播面临的问题包括：西方控制下的社交平台不利于中国文化流动；聚焦深度传播、具有广泛影响力的爆款文化产品还比较少；在跨文化传播过程中，对海外不同受众群体的区分和具有针对性的传播策略还不充分；具备多种素质的复合型数字化国际传播人才较为缺乏。①

2. 聚焦传播渠道能力评估以及相应的分类

随着各类国际传播渠道建设的推进，每个渠道类别中都有一些渠道崭露头角，在不同区域、不同群体、不同类型的事件中发挥着独特的影响力。我们需要从不同维度考察各类渠道并对其进行能力评估。

不同渠道在不同的大洲和国家呈现出不同的优势。在非洲、东南亚，中国的科技企业和传播公司显现出较强的传播力。例如：在非洲，传音公司生产的智能手机占据近半的市场份额，四达时代成为非洲重要的视频流量拥有者。在东南亚，腾讯视频海外版 WeTV、爱奇艺国际版与 Netflix 等流媒体企业同台竞争助力影视剧输出，网络小说也成为东南亚群体感知中国文化的重要渠道。而中国“游戏出海”在美国日韩等发达市场取得不菲的成绩。一加、华为、小米在全球吸引了众多的品牌粉丝，Shein、Shopee 等电商也逐步攻占了欧美和东南亚市场。

与此同时，国际传播的目标群体不同，传播渠道发挥的作用也不同。从人口统计学角度看，越来越多的年轻人习惯使用社交媒体来获取信息。并且，高校交流活动、访学、旅游也是国外年轻人了解不同文化的重要渠道。不同地区的受众使用的社交媒体平台也存在差异，例如，在日韩除了 Facebook 和 Twitter，LINE、KaokaoTalk 也成为人们

---

① 翟慧霞：《中华文化数字化国际传播的路径探索与思考》，《传媒》2021 年第 19 期。

的信息获取渠道。因此，在做结构设计时，应该充分考虑目标受众的人口统计信息，针对不同目标受众的特点进行传播渠道布局。

此外，不同议题类型都存在着渠道配置取舍的问题。在政治议题上，传统主流媒体在政治事件中作为传播渠道具有权威、官方、快速的特点，但由于东西方的政治误解，主流媒体往往被质疑。通过渠道转换（利用他国媒体发声）和 KOL 联动能避免自说自话，提高议题影响力。经济议题涉及多元渠道，应创新利用传统媒体和网络渠道，在话题上占据舆论制高点。在文化议题方面，孔子学院、唐人街、友城等在文化、体育、教育等各类人文议题上具有广泛的影响力。同时，社交媒体为文化传播提供了有效、亲和的渠道。因此，在进行国际传播渠道结构设计时，应该考虑事件议题的属性，做到多渠道主次有别、协同联动。

3. 聚焦渠道布局优化

进行各个渠道的价值与适用性评估之后，需要聚焦渠道的整体布局优化。具体而言，需考察渠道布局、建设和策略机制等问题。

从布局角度而言，当下，以 *China Daily*、CGTN、新华社为代表的主流媒体基本完成了在全球的媒体布局。中国国际传播的平台基本建成，网络覆盖全球，也就对传播能力和传播水平提出了更高要求。具体而言，就是要针对每个对象国，开展深入的调查研究，实施“一国一策”，制订具有适用性的国际传播方案。[①] 在进行全球化布局的过程中，各个渠道不仅要做到全覆盖，还应做到国别差异化，根据不同区域的政策和经济文化特点以及政经需求做出合理布局。

在布局的研究基础上，渠道建设将是落实战略布局的重要一步。

首先，在网络平台建设方面，需将网络平台分为他造平台和自造平台。他造平台包括 Facebook、Twitter、Instagram、Amazon、YouTube、Google 等国外社会力量控制下的平台。虽然这些平台上存在算

① 胡正荣：《国际传播的三个关键：全媒体·一国一策·精准化》，《对外传播》2017 年第 8 期。

法偏见和管理偏见，但由于其与全球受众连接，是中国对外传播无法放弃也不该放弃的重要渠道。除了辐射国际的社交平台，也要考虑在不同国家活跃的中国的各类社交平台。自造平台主要包括 TikTok、WeChat、Shein 及其他各平台的国际版软件等。第一，差异化是在全球平台流量与用户竞争中的重要策略。不管是 TikTok 还是 Shein，二者都抓住了与头部平台不同的路径，即创造新的传播形式和消费行为。第二，数字化已经高度嵌入社会生活，数字平台不仅仅是提供社交功能的平台，还能涵盖购物、日常生活、生产等多元化场景。因此，在搭建自我平台时，应鼓励多维度多样态的全球服务平台的搭建，构建具有场景化特点的自主平台渠道。第三，根据目标国家与中国的政治关系，采取不同的发展策略。

其次，在传统媒体渠道建设方面，本方案将聚焦于“借船出海”和“造船出海”两条渠道并展望未来。在“借船出海”方面，通过媒体合作等方式借助外媒渠道传递中国声音。在“造船出海”方面，需要主流媒体全面布局，整体发力。一方面要求主流媒体自身建立一体化系统，主流媒体之间也要建立协同运作系统；另一方面，要巩固壮大传播矩阵，广泛应用 5G、人工智能、VR/AR、4K/8K 等新技术，实现多平台多终端内容广泛聚合和精准分发。

再次，本方案将人文交流渠道大致分为：（1）主体，包括各个对外交往的人员、组织，如留学生、对外合作高校、企业等；（2）空间，包括城市、口岸、友好城市；（3）事件，包括电影节、奥运会、政治会议、节日庆典等。在主体上，人和组织是他国人民直接感受中国具体人和事物的重要方式，因此要发挥人和组织的积极性与协调性，在人员的跨文化培训上下大功夫，同时各企业、社会组织可以通过组织人员和活动的方式积极搭建人文交流渠道。在空间上，城市是人和文化的容纳器，因此，要挖掘城市文化、打造城市品牌，通过友城合作，布局体系化城市外宣，提高国际知名度和影响力。在事件上，电影节、奥运会等能够突破空间界限，除了形成品牌化事件之外，还要通过整体渠道策划在最大程度上提升传播效果。

最后，策略机制是优化布局这个环节考察的重点。为了使传播能够从“走出去”发展到“走进去”，要考虑策略机制，本土化战略是策略之一。所谓国际传播本土化，是指根据用户所在国或地区的特定传播环境，雇佣本土人才，进行贴近性强的内容生产、传播以及运营管理。[①] 例如，在主流媒体层面，*China Daily* 会根据不同区域推出中国香港版、亚洲版、非洲版等版本；在网络平台层面，TikTok 通过招聘本土化人才等方式在海外市场站稳脚跟；而在人文交流层面，在跨文化交流过程中，由于文化差异的存在，“文化折扣”随之产生，因此在人文交流渠道全球布局中，本土化同样重要。

（三）国际传播渠道的协同发展

将媒介视作基础设施，会看到“基础设施”之间联动的可能性。不同的基础设施有不同的联动性功能，而且在新技术可供性基础上，这种联动性又大大加强。在新媒介技术环境下，传统媒体驯化新媒介，使之产生新的形态，新兴传播样态也在不断出现。网络平台、媒体和人文交流渠道并非三条互不交织的轨道，它们形态不一、维度不同，但是在实践中往往你中有我、我中有你，所以需要探索三者之间的协同路径，如图 1 所示，为国际传播实践提供理论指导。

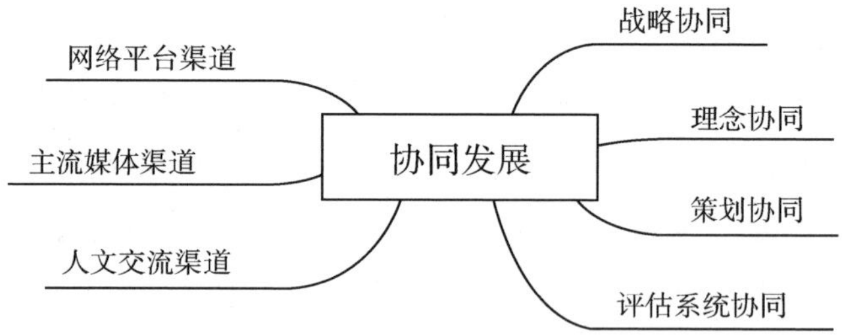

图 1　传播渠道的协同发展

① 邹妍艳：《国际传播发展路径：全球布局与本土发展——以中国国际广播电台实践为例》，《现代传播（中国传媒大学学报）》2014 年第 11 期。

1. 聚焦战略协同

2021 年，习近平总书记根据国际舆论新形势，提出了加强和改进国际传播工作在战略层面的要求："必须加强顶层设计和研究布局，构建具有鲜明中国特色的战略传播体系……"[①] 这点出了构建国际传播协同战略的重要性。协同理论认为，在千差万别的系统中，均存在子系统之间的相互影响与协作关系。协作形成协同效应，推动事物向前发展。如果子系统之间不能进行良好的协作，系统必然呈现无序状态，发挥不了整体功能而终至瓦解。[②] 因此，在国际传播渠道建设中，要协同各子系统，推动对外传播的进展。

战略传播是近年来国际传播研究领域的"关键词"之一。[③] 渠道战略是战略传播的重要组成部分。平台作为一种数字基础设施，潜移默化地影响了主流媒体和人文交流渠道的建设。平台和主流媒体、人文交流渠道交融的过程，并非简单的渠道借位，而应该上升为体制机制的转型。政府部门及媒体开始从科层管理走向扁平化管理的探索，比如在宣传管理部门和媒体内部建立具有一体化功能的国际传播办公室，是当下的一种管理创新。[④] 也有学者认为，当下的平台媒体建设应该设立党中央和国家层面的领导小组或跨部门联动机制进行顶层规划和设计，中宣部、国新办、国家网信办、外交部、文旅部等职能部门作为执行单位，整合协调外宣媒体、互联网平台和民间机构的力量，协同开展议程设置和议题管理，形成上下联动、合纵连横的战略传播机制。[⑤] 本方案认为，除了国际传播内部基础设施需要协调之外，同样需要重视传播领域和社会各个有机子系统的嵌入，从而达到渠道疏通、信息

① 《习近平在中共中央政治局第三十次集体学习时强调 加强和改进国际传播工作 展示真实立体全面的中国》，《人民日报》2021 年 6 月 2 日第 1 版。

② 程曼丽：《国际传播能力建设的协同性分析》，《电视研究》2014 年第 6 期。

③ 史安斌、童桐：《从国际传播到战略传播：新时代的语境适配与路径转型》，《新闻与写作》2021 年第 10 期。

④ 程曼丽：《国际传播能力建设的协同性分析》，《电视研究》2014 年第 6 期。

⑤ 史安斌、童桐：《从国际传播到战略传播：新时代的语境适配与路径转型》，《新闻与写作》2021 年第 10 期。

畅通的连接效应。在这样的连接效应下，我们能够将国际传播实践融入社会运转过程（例如每一次对外贸易也是一次国际传播行动），从而让国家形象获得更为立体、完整的建构。

2. 聚焦理念协同

新冠疫情全球大暴发提醒我们，全球国家置身于共同的“风险社会”之中，我们休戚与共，没有人可以置身事外。新世界主义理论的核心是打造“人类命运共同体”，具体表现为：“反对霸权主义和西方中心主义，主张世界多极化和文化多元化；反对地域保护主义，主张人财物通信自由流通、开放合作；反对利己主义，主张共商共建、共赢共享、共生共荣；反对干涉他国内政，主张和谐包容、市场运作、和平发展；反对否认、歪曲、篡改历史，主张牢记历史，防止历史悲剧重演。”①

国际传播渠道建设的理念协同是指，应该秉承人类命运共同体的理念，将“中国梦”“人类命运共同体”“文明交流互鉴”等概念进一步整理成具有严整逻辑关联的理论体系，使得这些话语互相勾连、互相延伸，形成体系。实现这一理念协同，不仅需要我们对相关理念进行阐释，还需向世界阐释清楚相关理念要义，破除世界对中国的误解，让这些理念不仅做到意义协同，也能做到内外协同，站在全人类的立场上，传递中国故事和提供中国方案。

3. 聚焦策划协同

国际传播战略实施需要“调兵遣将”，进行整体性筹谋擘画，包括在传媒产业布局、新媒体技术运用、民族品牌的形成等领域，以及在核心价值观的建设、对外形象的建构、国际传播人才的培养等方面进行全盘考虑；在传播方案、主题、产品、渠道等方面进行统合规划②。不同形态、功能的三个渠道，在具体策划过程中也需做到协同

---

① 邵培仁、周颖：《国际传播视域中的新世界主义：“命运共同体”理念的流变过程及动力机制研究》，《浙江社会科学》2017 年第 5 期。

② 程曼丽：《国际传播能力建设的协同性分析》，《电视研究》2014 年第 6 期。

创新。数字网络平台给予主流媒体平台和人文交流渠道更广阔及时的触达空间，传统媒体平台给予网络平台建设和人文交流渠道建设更多更权威的社会关注度，人文交流渠道提供了充满人文色彩、人情温度的文化聚集平台。在国际传播实践中，三条渠道可以通过策划协同以追求更好的传播效果。因此，这部分将会基于案例，重点考察如何针对传播内容、议题与传播用户特性，并结合三类传播渠道不同的功能、特点，进行策划协同。

4. 聚焦评估协同

建构国际传播效果评估指标体系，着眼于战略构想与具体实施之间的协同互动，对传播效果进行动态考察，是国际传播建设的重要环节。[①] 本方案认为，国际传播渠道效果评估应协同发展。（1）体系层面：目前各个渠道按照渠道特点各自进行效果评估，要注重顶层设计和协同策略，在不同议题、项目大主题下，进行协同评估，服务国家传播战略。（2）用户层面：网络平台、媒体平台和人文交流渠道看似属于不同形态，但三者都着眼于目标受众的心理、思想和行为，因此应该遵循传播规律，基于受众制定一体化、高标准、可操作的效果评估体系。（3）数据层面：不同渠道应积极进行数据整合，作出趋势分析。可利用数据深度挖掘等方法，统合用户调查等各类线下线上数据，对渠道传播效果进行评估。

四 结语

国际传播能力建设是一项系统化的过程。国际传播渠道建设是国际传播信息流通的重要桥梁。在“万物皆媒”的时代，传播媒介泛化让国际传播渠道变得复杂多样。目前有关国际传播渠道问题的讨论主要针对某一类别或者某个具体渠道展开，并没有将三类渠道视作一个有机整合的渠道进行系统考量。本方案的提出旨在：从媒介“基础设

① 刘燕南、刘双：《国际传播效果评估指标体系建构：框架、方法与问题》，《现代传播》（中国传媒大学学报）2018 年第 8 期。

施”的理论视角出发，厘清国际传播渠道的类别、现状、布局，以及提出国际传播渠道有效整合协同的路径，以拓宽现有国际传播能力建设的学术讨论。

作者季芳芳系中国社会科学院新闻与传播研究所副研究员；孙萍系中国社会科学院新闻与传播研究所助理研究员；王雪玲系中国社会科学院大学新闻传播学院硕士研究生

可持续传播：人类世框架下中美环境议题沟通模式的可行性研究

郑　雷　G. Thomas Goodnight

摘要： 面对环境议题，全球人类是一个共同体。本文借用人类世的框架与思路，结合中美关系的现实走向，尝试探讨加强中美两国的州/城市间的联系与合作，以达成中美在环境领域的可持续传播与沟通模式。

关键词： 人类世；可持续传播；环境议题；生态文明；中美关系

“人类世”（Anthropocene）一词由诺贝尔化学奖获得者、大气化学家保罗·克鲁岑（Paul Crutzen）与密歇根大学生物学家尤金·斯托默（Eugene Stoermer）于2000年提出，以命名“地球历史上新的时间阶段”，在此阶段，地质领域诸多重要条件与过程都因人类活动而永久改变。[①] 2009年，国际地层委员会（International Commission on Stratigraphy）成立人类世工作组（Anthropocene Working Group），成员为34名科学家，经过学科考证，2019年5月，其中29名成员为“人类世作为新的地质年代”投出赞成票。[②] 人类世工作组宣称：“人类世”

---

① Robert Sanders, “Was First Nuclear Test the Start of New Human-Dominated Epoch, the Anthropocene?”, UC Berkeley, https://news.berkeley.edu/2015/01/16/was-first-nuclear-test-dawn-of-new-human-dominated-epoch-the-anthropocene/, Jan16, 2015.

② Meera Subramanian, “Anthropocene Now: Influential Panel Votes to Recognize Earth’s New Epoch”, https://www.nature.com/articles/d41586-019-01641-5, May 21, 2019.

已经成为科学家、从事科学工作的公众与媒体所使用的流行科学术语，用以指定人类在地球历史上所经历的时期，在此时期，人类行为对地球系统的状态、动力和未来具有决定性的影响。[①] 目前人类世已进入认定阶段，认证完成后将正式被纳入“地质年代表”[②]。

近年来，社会学、人类学、政治学、经济学、传播学等不同学科都表现出了对人类世的较大关注与研究兴趣，这些研究时常与人为导致的气候变化中的不确定性相关联。人类世工作组认为，人类世作为新纪元，囊括了地球上发生的众多重大“扰动”（perturbations）和“量级”变化（order of magnitude）。比尔曼（F. Biermann）等学者总结到：人类社会现在必须改变航向，远离关键的临界点，一旦越界，可能会导致迅速而不可逆转的变化。[③] 重命名一个时代是为了构建一条明确的分隔线：一边为过去（then）与现在（now），一边为充斥着不确定与不完善的未来。

地质时期、时代与纪元的辨析，是对在历史持续时间内找准当前方位的尝试。作为新生代（Cenozoic Era）的一部分，第四纪（Quaternary Period）涵盖了地球上最近的260万年。第四纪分为两个阶段：更新世（Pleistocene Epoch）与全新世（Holocene Epoch）[④]。全新世于11700年前开始，被人类看作“开放的礼物”：马丁·海德格尔（Martin Heidegger）曾审视当代与现代人类的社会取向——自然被视为能源的基本储备。[⑤] 人类的沟通与交流也被转换为媒介商品，通过提取、汇总变为信息，按照地理位置重新构建，通过算法进行培养并作为信息出售。

---

① Working Group on the “Anthropocene”：Results of Binding Vote by AWG，http：//quaternary. stratigraphy. org/working-groups/anthropocene/，2019.

② 姜礼福：《“人类世”概念考辨：从地质学到人文社会科学的话语建构》，《中国地质大学学报》（社会科学报）2020年第2期。

③ Biermann F.，Abbott K.，Andresen S.，et al.，“Navigating the Anthropocene：Improving Earth System Governance”，*Science*，335（6074），2012，pp. 1306 – 1307.

④ Mary Bagley，“Quaternary Period：Climate，Animals & Other Facts Published”，February 6，2014，https：//www. livescience. com/43151 – quaternary – period. html.

⑤ Heidegger M.，*The Question Concerning Technology*，New York：Harper & Row Publishers，1977.

作为全新世的继任，人类世的开端关乎科学、历史与大众辩论，有观点认为此时期可追溯至智人的出现，也有观点倾向于认为其始于工业革命。人类世工作组赞成将20世纪中叶作为人类世的起点：彼时迅速增长的人口加速了工业生产、农药施用与人类活动，同时第一批原子弹爆炸产生的放射性碎片遍布全球，碎片嵌入沉积物与冰川，成为地质记录的一部分。① 1945年7月16日在美国新墨西哥州进行的首次核试验提供了一个真正明确的起始点：关于防御和进攻的古老辩证法于那天结束，全面战争模式开启，军备竞赛启动，下一场战争可能即最后一场。②

命名一个新时期意味着全球系统的改变，雷·斯潘根贝格（Ray Spangerburg）总结到，人类世只是一个时间节点，（普遍存在的）局部变化开始以合力改变全球系统体系。③ “持续时间”的概念随之而来：当人类作为整体超出地球边界时，留给人类自身进行安全操作的时间窗口。④ 虽然由多样性生物构成的生态系统具备进化能力，但此进化能力已经跟不上环境改变的速度。⑤ 加州大学伯克利分校整合生物学教授、古生物学家安东尼·巴诺斯基（Anthony Barnosky）认为，人类世的命名意味着“人类已经成为一种地质力量，此力量与‘自然力量’一样强大，后者曾导致冰河世纪及大规模物种灭绝”⑥。人类的此种力量主要通过人为活动及其带来的气候变化、毒物泛滥和物种

---

① Meera Subramanian, “Anthropocene Now: Influential Panel Votes to Recognize Earth's New Epoch”, *Nature*, https://www.nature.com/articles/d41586-019-01641-5, May 21, 2019.

② Zalasiewicz J., Williams M., “First Atomic Bomb Test may Mark the Beginning of the Anthropocene”, *The Conversation*, 2015, http://theconversation.com/first-atomic-bomb-test-may-mark-the-beginning-of-the-anthropocene-36912.

③ Spangenberg J., “China in the Anthropocene: Culprit, Victim or Last Best Hope for a Global Ecological Civilisation?”, *BioRisk*, 9, 1, 2014, p.2.

④ Rockström J., Steffen W., Noone K., et al., “Planetary Boundaries: Exploring the Safe Operating Space for Humanity”, *Ecology and Society*, 14 (2), 2009.

⑤ Spangenberg J., “China in the Anthropocene: Culprit, Victim or Last Best Hope for a Global Ecological Civilisation?”, *BioRisk*, 9, 1, 2014, p.2.

⑥ Robert Sanders, “Was First Nuclear Test the Start of New Human-Dominated Epoch, the Anthropocene?”, UC Berkeley, https://news.berkeley.edu/2015/01/16/was-first-nuclear-test-dawn-of-new-human-dominated-epoch-the-anthropocene/, Jan. 16, 2015.

多样性降低来呈现，其中人为气候变化是关键，也是人类世的核心表征。①

一个新时期的命名，也是一种预言，阐释即将到来之事——学者尝试预测与描述人类自我损毁阴影的轮廓。人类世是科学术语，也是一种概括性表述，将当下与历史重新定义为形成中的“持续时间”。这使人回想起爱因斯坦（Albert Einstein）相对论与伯格森（Henri Bergson）时间观之间的现代分界。在哲学家伯格森看来，时间是有机的人类建构，是无穷尽的非线性体验。“持续时间”标志着现代世界中机械化线性时钟时间的转变。人类世正在成为一个宣称人类与非人类关系转向的词语。对时代的命名承诺取代了工业合理化本体论，这引发了猜测，却也成为推进科学讨论与批判性辩论的动力。

一种主张大分离（great disjunction）的意图努力将时间分割为废弃的过去与充满活力的当下。可以说，20 世纪的大加速（great acceleration）与高效产能、贸易耦合、渐进发展联姻，传播成为理想与务实结合的媒介权力投射。人类世框架下的话语正在重新打量“发展与进步”的价值，这种“话语”立足意识形态、本体论及认识论，具备三个特点：（1）强调人类活动的角色及其对自然的影响；（2）审视经济增长；（3）重新思考自然与文化、知识与政治之间相互关联的方式。②事实上，20 世纪 80 年代以来，环境问题已然成为全球问题，动员了民间社会和媒体，也迫使全球各地的政府采取行动。③集体风险、现代风险、后工业风险事件在全球范围与日俱增，模糊了专家和公众的视野，并越发失控。风险事件接连出现，不可逆转，副作用难以预测，修复及补偿手段却严重不足。正如乌尔里希·贝克（Ulrich Beck）的

① 姜礼福、孟庆粉：《人类世：从地质概念到文学批评》，《湖南科技大学学报》（社会科学版）2018 年第 6 期。

② Marinelli M.，“How to Build a ‘Beautiful China’ in the Anthropocene: The Political Discourse and the Intellectual Debate on Ecological Civilization”，*Journal of Chinese Political Science*，23（3），2018，p. 368.

③ Da Costa Ferreira L.，Barbi F.，“The Challenge of Global Environmental Change in the Anthropocene: An Analysis of Brazil and China”，*Chinese Political Science Review*，2016，1（4），p. 685.

疑问："如何创造绿色现代性?"[①] 面对环境危机与气候事件，中美两国之间如何维持可持续传播与沟通，在一定程度上是对于上述问题的回应。

一 环境代价

人类世所在的第四纪正经历着明显的气候变化，对粮食资源的持续生产与稳定造成影响，并导致了物种的灭绝。2020 年世界自然基金会的报告指出，工业革命以来，森林、草原、湿地及其他重要的生态系统因人类活动被不断破坏：自 1700 年至今，地球已经失去了近 90% 的湿地；1970 年至 2016 年间，受监测的哺乳类、鸟类、两栖类、爬虫类及鱼类的种群大小平均下降了 68%。[②] 这些生态后果也威胁到人类自身：生物多样性是粮食安全的基础。

进入 2021 年，联合国秘书长古特雷斯（António Guterres）表示，刚刚过去的 6 年是自人类有气象记录以来最热的 6 年，全球二氧化碳排放量创下新高，火灾、洪水及其他极端气候事件在全球与日俱增，若不采取行动，21 世纪全球气温将升高 3 摄氏度，带来灾难性后果。

当前我们讨论的气候变化，重点关注的是工业革命以来与人类活动相关的、主要是由化石燃料燃烧排放的温室气体所造成的气候变化。全球平均气温上升会提高并增强热浪、洪灾等严重急性自然灾害的发生频率与严重性，也会加剧旱灾、海平面上升等慢性灾害的发生。

从社会层面来看，气候变化直接影响五大社会经济系统：宜居和宜业性、粮食系统、实物资产、基础设施服务和自然资本等。现代社会持续增加的关联性、复杂性与人口密度，使人类社会更加脆弱，相比过去，面对同样强度的气候事件，人类社会经济生活将承受更大的损

---

① Beck U.，"Climate for Change，or How to Create a Green Modernity?"，*Theory*，*Culture & Society*，27（2－3），2010.

② Living Planet Report 2020，*WWF & Institute of Zoology*（*Zoological Society of London*），https：//f. hubspotusercontent20. net/hubfs/4783129/LPR/PDFs/ENGLISH－FULL. pdf，2020.

失。对于国家来说，环境恶化的后果可以通过量化统计窥见端倪。

大气污染、土壤污染、水污染对中国政治、经济、社会带来的影响显而易见。麦肯锡公司在报告中称，若全球二氧化碳排放量保持目前的增速，中国将更加炎热与潮湿，因此损失的户外工作时长平均占比将从目前的 4% 增至 2030 年的 6.5% 与 2050 年的 9%，相当于到 2050 年时，中国年均 GDP 损失为 1 万亿—1.5 万亿美元，类似于 1980 年“五十年一遇”的强降水概率到 2030 年将增长 2—3 倍，到 2050 年将增长 3—6 倍。①

南加州大学教授哈希姆·匹萨（Hashem Pesaran）的研究显示，气候变化导致的温度升高与降水量波动，已经拖慢了美国近几十年的经济产出。根据美国达图研究中心的报告，美国政府问责局在 2015—2019 年，已经为气候灾难投入了至少 4500 亿美元，而全球气温每攀升 1 摄氏度，美国就会损失 1.2% 的国内生产总值。② 目前美联储已经步全球其他主要央行之后尘，考虑将气候变化作为影响金融稳定评估的重要因素，面对短期及长期的环境风险事件，如何维持金融系统和银行的韧性，是全球性难题。美国军方也表现出了对环境问题的极大担忧。2018 年，飓风袭击了美国佛罗里达州廷德尔空军基地，损坏了数十架单价过亿美元的F－22 战机，同年，飓风还袭击了北卡罗来纳州勒琼营地，美国海军陆战队 1/3 的兵力驻扎在此。美国五角大楼的报告显示，气候变化将影响美国国家安全：威胁军事基地与人员安全，严重损害美军部署、作战和军事设施，引发自然灾害、资源争夺战，甚至助长恐怖主义。③

---

① McKinsey Company：https：//www.mckinsey.com/－/media/mckinsey/business%20functions/sustainability/our%20insights/leading%20the%20battle%20against%20climate%20change%20actions%20for%20china%20new/leading-the-battle-against-climate-change-actions-forchina-vf-cn.pdf，2020 年 6 月。

② 黄小芳：《中国特稿：中美气候合作，成不成得了“气候”》，https：//www.sohu.com/a/153259254_267106。

③ 《美国重返巴黎气候协议的战略考量和深远影响》，https：//www.bbc.com/zhongwen/simp/world－56182897。

二　生态文明与建设美丽中国

习近平生态文明思想深刻阐述了生态兴则文明兴、人与自然和谐共生、绿水青山就是金山银山、良好的生态环境是最普惠的民生福祉、山水林田湖草是生命共同体、用最严格制度最严密法治保护生态环境、建设美丽中国是全体人民的共同事业、共谋全球生态文明建设等一系列新思想、新理念、新观点，对生态文明建设进行了顶层设计和全面部署。[①]

2015 年 9 月 28 日，习近平在纽约联合国总部出席第七十届联合国大会一般性辩论并发表题为“携手构建合作共赢新伙伴、同心打造人类命运共同体”的重要讲话。[②] 2017 年 2 月，“构建人类命运共同体”被写入联合国决议；2017 年 10 月和 2018 年 3 月，“构建人类命运共同体”先后被写入《中国共产党章程》和《宪法》序言。“人类命运共同体”生动阐释了：面对全球大势，中国与其他国家“同呼吸、共命运”的未来；人与自然同为命运共同体，人与自然应和谐相处，努力实现世界的可持续发展和人的全面发展。

党的十八大以来，我们把生态文明建设作为统筹推进“五位一体”总体布局和协调推进“四个全面”战略布局的重要内容，开展一系列根本性，开创性，长远性工作，提出一系列新理念新思想新战略，生态文明理念日益深入人心，污染治理之大，制度出台频度之密，监管执法尺度之严，环境质量改善速度之快前所未有，推动生态环境保护发生历史性、转折性、全球局性变化。[③]

---

① 参见习近平《建设美丽中国，努力走向社会主义生态文明新时代》（2013 年 5 月 24 日），《论坚持人与自然和谐共生》，中央文献出版社 2022 年版，第 30 页；习近平《推动形成绿色发展方式和生活方式是发展观的一场深刻革命》（2017 年 5 月 26 日），《论坚持人与自然和谐共生》，中央文献出版社 2022 年版，第 168 页。

② 《携手构建合作共赢新伙伴，同心打造人类命运共同体》（2015 年 9 月 28 日），《习近平外交演讲集》第一卷，中央文献出版社 2022 年版，第 286—287 页。

③ 郑军：《“十四五”生态环境保护国际合作思路与实施路径探讨》，《中国环境管理》2020 年第 4 期。

2016 年 9 月杭州二十国集团领导人峰会前夕，中美两国正式联合批准应对全球气候变化的《巴黎协定》。在 2020 年纽约举办的联合国大会上，习近平提出了中国二氧化碳排放力争于 2030 年前达到峰值，努力争取 2060 年前实现碳中和。这种长期承诺被国际舆论视作全球抗击气候变化中的重要一步，也是非常鼓舞人心的一步。截至 2019 年，“十三五”时期中国单位 GDP 二氧化碳排放累计下降了 18.2%。[①]

三 中美关系

奥巴马政府时期，气候变化问题几乎是每次中美元首会晤的必谈议题。环境议题不仅是中美双边关系新的增长点和支柱，也是其他议题的缓冲带，但特朗普执政以来，白宫在气候变化问题上开始消极转向。[②] 特朗普意图明确：推行单边主义，轻视联合国及相关国际机构的制度，推卸美国在全球环境治理的责任，意图以“美式规则”重塑全球环境治理体系。[③]

2017 年，特朗普宣布美国即将退出《巴黎协定》。在演讲中，特朗普表示巴黎协议对美国商业和工人不公：一方面，未来美国国内煤炭、钢铁、天然气、水泥、造纸行业将大幅减产，数百万工作岗位将丢失，国民生产总值和家庭收入将下降；另一方面，美国的煤炭等行业的工作岗位被转移到了其他国家（例如中国），可以继续增加二氧化碳排放和建造火力发电厂。[④]

环境政策是特朗普政府推行的总体政策中的重要一环。奥巴马时

---

① 《国新办举行“十三五”生态环境保护工作新闻发布会》，http://www.mee.gov.cn/xxgk2018/xxgk/xxgk15/202010/t20201021_804298.html.

② 薄燕：《全球气候治理中的中美欧三边关系：新变化与连续性》，《区域与全球发展》2018 年第 2 期。

③ 郑军：《“十四五”生态环境保护国际合作思路与实施路径探讨》，《中国环境管理》2020 年第 4 期。

④ “President Trump Withdraws US from Paris Climate Change Agreement (full remarks)”, ABC News, June 1, 2017, https://www.youtube.com/watch?v=5uPoZhFrJ7Y.

期，美国曾尝试将中国纳入其主导体系。尝试失败后，2012 年白宫正式实施亚太再平衡战略，其根本目标是重塑中国并让中国按“规则”办事。特朗普上台后，美国开始将中国视为主要战略竞争对手。[①] 美国元首与代表曾在多个场合质疑中国的发展中国家地位，压缩了中国在生态环境国际合作中维持发展中国家地位的空间和时间。[②] 在特朗普执政时期，中美间基本战略互信被严重削弱，过去 40 年基本框定的中美相处之道急剧变形，双方每次妥协所达成的目标和效果都是短暂的，研究者们担心，中美之间甚至可能失去“斗而不破”的共同默契。[③]

拜登上任后，将气候变化、新冠疫情、经济萧条、种族矛盾，列为美国新政府面临的四大危机。[④] 上任伊始，新总统带领美国迅速回归《巴黎协定》，将气候议题置于美国内政外交的中心，拜登认为，气候变化加剧了美国本土的风暴、野火、洪水和干旱，燃烧化石燃料造成持续污染，新政府应该带领美国社会致力于与气候相关的现代化基础设施建设和清洁能源开发。[⑤] 基于本国环境利益与共同面对的环境威胁，拜登政府表示将致力于与中国开展“以结果为导向”的接触，中国也提出中美在气候变化领域有“广泛合作空间”[⑥]。

虽然呼声很高，但中美从国家层面合作应对环境危机的道路，依旧困难重重。特朗普执政期间，美国社会对中国的负面情绪持续上升，拜登上台后，此种状况难以在短期内得到改变，中美之间难以回到之

① 韩召颖、王辛未：《秩序合法性视角下的中美战略竞争走向》，《世界经济与政治》2020 年第 11 期。

② 郑军：《“十四五”生态环境保护国际合作思路与实施路径探讨》，《中国环境管理》2020 年第 4 期。

③ 吴白乙：《美对华政策走势与中国的反向塑造》，《国际安全研究》2020 年第 6 期。

④ 《美国重返巴黎气候协议的战略考量和深远影响》，https：//www. bbc. com/zhongwen/simp/world－56182897。

⑤ Reuters：《拜登采取全面措施遏制气候变化　誓言创造就业机会》，https：//www. reuters. com/article/us-biden-env-climate-job－0128－idCNKBS29X0CF。

⑥ 黄小芳：《中国特稿：中美气候合作，成不成得了“气候”》，https：//mp. weixin. qq. com/s/L3QZfUxg_ IiqIFJJiCb29g。

前的“蜜月期”。[①] 战略性竞争、系统性博弈将是未来中美关系的基调。[②] 从全球范围来看，民族主义、民粹主义思潮在许多国家继续升温，逆全球化进程持续发酵，国家间缺乏合作意愿的态势越来越明显。[③] 以英国脱欧、特朗普上台为标志，全球化时代国家间边界日益模糊的发展态势出现逆转，新冠疫情更是推动了国家走向“堡垒化”[④]。当下，将对方视为首要战略竞争对手，是中美百年交往中前所未有的，中美关系之船已驶入未知的水域。[⑤]

未来中美在环境领域的合作与博弈不仅会受到两国在人权、领土、贸易等核心议题上的基调的制约，也会被技术转让以及发展中国家和发达国家对转让程序、转让方式等的分歧所影响。[⑥] 拜登政府新任国务卿（Blinken）布林肯和气候问题特使克里（Kerry）均表示，中美之间存在竞争、合作、分歧，气候问题是非常重要的独立议题，需要单列出来推动，共同合作应对气候变化，符合中美两国利益。[⑦] 对此中国外交部发言人赵立坚表示，中美在气候变化领域拥有广泛共同利益和合作空间，中方愿同美方及国际社会一道，合作应对气候变化问题，但中美在具体领域的合作不是“温室里的花朵”，必然与整体的中美关系息息相关。[⑧]

四　可持续传播与沟通

在人类世背景下，作为对人类未来影响最关键与最核心的议题

---

① 金灿荣、刘丹阳：《拜登胜选后的中美关系走向》，《前线》2021 年第 1 期。

② 安刚：《度过当前危机　应对长期风险》，《国际安全研究》2020 年第 6 期。

③ 姜毅：《国际大变局中的俄罗斯战略与中俄关系》，《国际安全研究》2020 年第 6 期。

④ 倪峰：《探析中美关系之变》，《国际安全研究》2020 年第 6 期。

⑤ 倪峰：《探析中美关系之变》，《国际安全研究》2020 年第 6 期。

⑥ 张丽华、李雪婷：《利益认知与责任分摊：中美气候谈判的战略选择》，《东北师大学报》（哲学社会科学版）2020 年第 3 期。

⑦ 《美国国务卿和气候问题特使呼吁与中国合作》，http：//www. cankaoxiaoxi. com/world/20210128/2433363. shtml.

⑧ 张文、卢佳、成欣：《赵立坚说中美在具体领域的合作不是温室里的花朵》，http：//www. xinhuanet. com/2021 -01/28/c_ 1127038289. htm.

组合，环境议题特别是气候应对，需要全球居民共同面对。中美两国作为全球最大的能源消耗国和碳排放国，二者间的合作举足轻重。从现实层面来看，围绕环境议题特别是气候变化问题的应对，中美两国之间、城市之间具有切实的合作动力。美国本土页岩油气工业的发展推动了美国能源结构调整。即使在特朗普执政时期，正视气候变化、重视节能减排也成为美国多个州的能源发展方向。2019 年，得益于核能与可再生能源消费量的增加，非化石能源占美国能源消费总量的比重上升至 20%。当前中国正举全国之力发展可再生能源，致力于能源结构转变。目前中国已建成全球最大规模的超低排放清洁煤电供应系统，光伏和风能装机容量、发电量均居世界首位，全国清洁能源占能源消费的比重达 23.4%。[①] 全球约 1/3 的风力发电机、99% 的电动巴士，以及半数的电动汽车和充电设施都产自中国。[②] 近年来，中国先后发布了约 60 项支持政策和举措，支持新能源汽车产业发展，中国新能源汽车产销量连续 6 年位居全球第一，累计销量超过 550 万辆。[③]

当地时间 2017 年 6 月 1 日，特朗普宣布退出《巴黎协定》，美国 82 个城市（代表 4000 万人口）的市长立即发表公开信宣布组成美国气候联盟（United States Climate Alliance），承诺切实履行《巴黎协定》的目标，努力发展可再生能源和电动汽车领域。其中，纽约市前市长布隆伯格呼吁，只要全美各地市、州政府与商界联手通过“自下而上”的方式，同样可以兑现美国的减排承诺。

2001 年布什政府宣布退出《京都议定书》后，美国部分州和城市联合推出温室气体减排的方案、计划、目标，并成立各种组织与网络，

① 《国新办举行“十三五”生态环境保护工作新闻发布会》，http://www.mee.gov.cn/xxgk2018/xxgk/xxgk15/202010/t20201021_804298.html.

② 黄小芳：《中国特稿：中美气候合作，成不成得了“气候”》，https://mp.weixin.qq.com/s/L3QZfUxg_IiqIFJJiCb29g.

③ 《国务院新闻办就工业和信息化发展情况举行发布会》，http://www.gov.cn/xinwen/2021-03/03/content_5589875.htm.

继续促使美国在全球气候治理进程中前进。[①]

特朗普“退群”次日，美国加州州长布朗即开启“二度访华”行程，同行者中还有美国政府高级官员和企业领袖。布朗一行与中国7个省份签订了合作协议，重点在绿色能源领域，中国国内一部分媒体也将此行看作“一场为其清洁能源技术产业发展筹资之旅”[②]。加州有较为先进的低碳清洁技术创新中心和孵化中心，包括氢燃料电池、碳捕捉和碳封存、清洁煤、智能电网技术，美方希望利用中国的资源优势，让技术在中国落地生根。[③] 2017 年 6 月 4 日，布朗在成都代表加州与四川省正式签署友好省州关系协议（四川省与加州双方曾于 2015 年签署两省州建立友好合作关系备忘录），表示希望加强加州与四川省在清洁能源、低碳环保、气候治理等领域的合作。2017 年 6 月 5 日，布朗在南京（江苏省与加州为友好省州）与江苏省委书记签署了全球应对气候变化领导者谅解备忘录和关于建立清洁技术领域合作伙伴关系谅解备忘录，双方表示将在环保技术、应对气候变化领域开展深度合作。四川省与江苏省也是布朗在 2015 年发起的“低于 2 摄氏度联盟”（Under 2 Coalition）的成员。

2017 年 6 月 6 日，习近平在人民大会堂会见布朗。在会见中，习近平表示，地方交流合作是中美关系的重要支柱，对推动中美关系有重要作用，中美两国省州要加强发展战略对接，创造更多合作亮点，把地方交流与合作打造成中美关系发展新的增长点，促进两国在科技、创新、绿色发展领域的合作。布朗表示，加州政府长期致力于同中国地方政府的积极对话与合作，期待加强同中国地方在经贸投资、清洁技术、低碳环保等领域的合作，为美中关系发展做出更大贡献。

---

① 冯帅：《次国家行为体在全球气候治理 3.0 时代的功能定位研究》，《西南民族大学学报》（人文社会科学版）2019 年第 5 期。

② 冯灏、姚喆：《加州遇见四川：中美地方气候合作升温?》，https：//chinadialogue. net/zh/3/43657/.

③ 陈丹：《美地方政府挺〈巴黎协定〉加州州长来华洽谈》，http：//www. xinhuanet. com/world/2017 –06/03/c_ 129624170. htm.

加州拥有美国最大的碳交易系统，被称作“限量与交易”（cap and trade），已经与加拿大魁北克省对接。布朗来中国的一个重要议题，就是讨论加州碳交易市场与中国碳交易市场的对接与融合。[①] 根据路孚特公司（Refinitiv）的报告，由于预计排放上限将收紧，2020 年全球碳市场总值跃升了 20%，达到创纪录的 2770 亿美元。[②] 目前中国国内有 28 个城市开展了气候适应城市试点工作，开展了六个省份 81 个城市的低碳省市试点建设。[③] 截至 2020 年 8 月，中国碳排放交易试点省份碳市场共覆盖钢铁、电力、水泥等 20 多个行业，接近 3000 家企业，累计成交量超过 4 亿吨，累计成交额超过 90 亿元。2021 年 2 月 1 日，《碳排放权交易管理办法（试行）》开始施行，全国统一碳市场交易将启动。在推进低碳发展方面，中国意愿强烈，但在低碳技术、数据透明性、资金机制等方面仍存在不足，美国在这些方面拥有技术、经验、话语权和领导力，这决定了双方合作的巨大潜力和动力。[④]

伴随着人类文明进程的发展，城市间的联动成为全球居民沟通与交往的重要渠道与方式。在环境议题特别是气候治理中，城市间的传播与沟通意义重大：构建跨国城市气候治理网络对话和共同行动平台，培育由城市主导的“自下而上”的碳市场，承办环境和气候会议，通过地方政策实践推动全球气候治理体系发展与转型。[⑤]

全球气候治理体系自诞生起，便处于持续变迁的进程。[⑥] 相比于《京都议定书》的“自上而下”，《巴黎协定》确立了“自下而上”的

---

① Peter Henderson，“Exclusive：California to Discuss Linking Carbon Market with China”，https：//www. reuters. com/article/us-usa-climatechange-california-china-ex-idUSKBN18S6NO.

② Nina Chestney，“Global Carbon Markets Value Surged to Record MYM277 Billion Last Year-Refinitiv”，https：//www. reuters. com/article/us-europe-carbon-idUSKBN29W1HR.

③ 《国新办举行“十三五”生态环境保护工作新闻发布会》，http：//www. mee. gov. cn/xxgk2018/xxgk/xxgk15/202010/t20201021_ 804298. html.

④ 汤伟：《特朗普时代，中美气候合作路在何方?》，https：//chinadialogue. net/zh/2/43655/。

⑤ 于宏源：《城市在全球气候治理中的作用》，《国际观察》2017 年第 1 期。

⑥ 李昕蕾：《非国家行为体参与全球气候治理的网络化发展：模式、动因及影响》，《国际论坛》2018 年第 2 期。

减排模式，体现着对全球气候治理的差异性和多元性诠释。[1]“自上而下”模式纯粹由主权国家主导，“自下而上”则强调多元行为体参与。[2] 城市，被联合国环境规划署定义为全球环境领域利益攸关方的重要行为体。

范·德尔·普勒伊姆（R. Van der Pluijm）和梅里森（J. Melissen）在2007年明确提出了“城市外交”的概念：“城市代表自身利益，在国际政治舞台上与其他行为者建立联系的机制与过程”，城市负责人、公务员、顾问是城市外交的代表。[3] 有研究者将城市外交看作主权国家之间外交的延伸，具有宪政上的非主权性、战略上的补充性、权力上的有限性、行为上的中介性、职能上的社会性等特点。[4] 在不同国家政体之下，城市与国家之间的关系不尽相同。在中国，城市外交可以看作在中央政府的授权和指导下，与其他国家的官方和非官方机构围绕非主权事务所开展的制度化沟通活动。[5] 将城市间的网络连接作为正式和制度化的治理结构，以方便城市与城市、城市与其他行为体之间的合作，这需要以本地和国际层面的综合性和战略性的思维为指导。

在波云诡谲的国际形势下，中美之间就环境议题的合作难以规避两国关系整体基调的影响与制约，我们需要借助“人类世思维”，加强两国的州/城市之间的联系与合作，通过作为次国家行为体的城市寻求一种可持续的传播与沟通模式：第一，城市作为多数跨国企业、科研机构、高校、智库、NGO的所在地，对区域内的其他行为体具有强大的号召能力与动员能力；第二，相比国与国之间的沟通、谈判与合

---

① 张丽华、李雪婷：《利益认知与责任分摊：中美气候谈判的战略选择》，《东北师大学报》（哲学社会科学版）2020年第3期。

② 李昕蕾：《非国家行为体参与全球气候治理的网络化发展：模式、动因及影响》，《国际论坛》2018年第2期。

③ R. Van der Pluijm, J. Melissen, “City Diplomacy: The Expanding Role of Cities in International Relations”, Netherlands Institute of International Relations-Clingendael, 2007.

④ 杨勇：《全球化时代的中国城市外交——以广州为个案的研究》，博士学位论文，暨南大学，2007年。

⑤ 赵可金、陈维：《城市外交：探寻全球都市的外交角色》，《外交评论》2013年第6期。

作，城市之间争议较少，反应时间较快，合作过程迅速，沟通、合作方式灵活，更具稳定性；第三，通过城市之间合作的探索与成果，推动国家政策层面在环境议题方面的进步发展，并影响环境议题的全球治理框架。

作者郑雷系中央民族大学新闻与传播学院讲师；G. Thomas Goodnight系南加利福尼亚大学安纳伯格新闻与传播学院教授

国际传播秩序中重构“他者”主体性的现象学省思

张　楠

摘要： 后疫情时代，世界格局的不确定性进一步加剧了国际传播秩序的松动，中国面临国际传播新秩序重组的挑战与机遇。本文回溯了自16世纪以来，三次国际传播秩序重组中的“他者”从“客体”走向“主体”、从“边缘”走向“中心”的话语实践，从现象学视角分析并梳理了作为“他者”的德国和美国重塑其主体性的哲学经验，拟为当前中国国际传播理论的研究与实践提供思考。

关键词： 国际传播；跨文化传播；文化他者；现象学；主体性；主体间性

“秩序”是指有条理、不混乱的情况，是“无序”的相对面。按照《辞海》的解释：“秩，常也；秩序，常度也，指人或事物所在的位置，含有整齐守规则之意。”美国法学家博登海默认为，秩序指在自然进程和社会进程中都存在着某种程序的一致性、连续性和确定性。[①] 国际传播的秩序指的是民族/国家在长期的与世界交往的过程中形成的相对稳定的关系模式、结构和状态。在漫长的国际交往中，由于国家文明与文化发展的进程不同，因而国际秩序也在不断重组。

① ［美］博登海默：《法理学——法哲学及其方法》，邓正来译，中国政法大学出版社1998年版，第207页。

迄今为止，世界近代历史中先后出现了三次国际传播秩序重组的浪潮。16、17 世纪，殖民扩张奠定了英法在国际传播秩序中的主体性地位；18 世纪，启蒙运动与“狂飙突进”运动确立了德国在国际传播秩序中的主体性地位；20 世纪，大众传播产业又将美国推至秩序的中心。[①] 三次国际传播秩序重组的实质是国际关系模式与结构的变革，是一个民族/国家从边缘走向中心、从“他者”变为“我者”的主体性建构的过程。

从传播形势上来看，世界正经历着第三次国际传播格局重组的浪潮，具体体现为：从 1976 年开始，作为“他者”的非第一世界西方国家开始开展倡导国际传媒新秩序的运动，企图重构“我者”与“他者”的关系与地位。[②] 2008 年开启的中国国际传播五年规划（2008—2013，2014—2019）实施至今，中国已然汇入国际范围内世界传媒新秩序重建的浪潮，并成为重要的分支。后疫情时代，国际政治经济秩序的动荡更进一步加剧了国际传播新秩序的到来。

然而，目前关于中国国际传播理论与实践的研究中仍存有诸多问题，其中之一是“收支”不平衡的问题，即硬实力的投入和软实力的收效之间失衡的问题。硬实力是显现的、事实的，而软实力是遮隐的、感知的。从主体性哲学和现象学的视角来看，这个鸿沟可以还原为“实力”在“存在”层面与“认识”层面的鸿沟。也就是说，中国国际传播在政策、资本、基础设施、人力资源方面的投入只转化成了存在论的实力，而没有或大部分没有转化成认识论的实力。

---

① 姜飞：《与时俱进，守正创新：中国国际传播能力建设规划急需升级版》，《国际传播》2020 年第 1 期。

② 20 世纪以前，英法的殖民扩张奠定了世界传播秩序的基础；两次世界大战以及大众传播技术奠定了以英、法、美、德等西方发达国家为主导的国际传播格局；2001 年“9·11”事件以后，美国延续冷战思维，依托国际传播的历史影响力，借互联网国际辖制权重新启动国家战略传播规划，不断强化美国主导的单极化世界传播霸权格局，迫使包括中国在内的发展中国家和一部分发达国家重新思考世界传播秩序，在第三次国际传播格局重组浪潮中找寻位置。从 1976 年开始，非第一世界西方国家开始开展倡导国际传媒新秩序的运动（如倡导世界传播新秩序的芬兰，以及卡塔尔半岛电视台、俄罗斯 R. T. 等）。

提升国际传播能力，其中的“能力”应该是兼具存在论实力与认识论实力的综合表达。这就要求我们思考如何恰当地建构“能力”的主体——国际传播的“我者”在存在论和认识论层面的主体性问题。是存在决定意识，还是意识决定存在，主体性如何在存在与意识的辩证中形成，这是自17世纪以来主体性哲学一直在探索的问题。与主体性哲学一同求索真理的还有世界范围内曾主导了三次国际传播秩序重组浪潮的弄潮儿，他们是主体性获得的直接受益者，重构国际传播秩序的实质就是寻求自身在新秩序中成为“我者”的合法性。这段历史与哲学史，英国、法国的主体性哲学实践与国际传播实践历程，德国、美国在从“他者”走向“我者”的过程中获取自身主体性的哲学思想与传播实践经验，或许能够为当前我们思考如何走出国际传播困境提供参考。

一 英国在“文明—野蛮”话语中的主体性：笛卡尔“我思”的主体性范式

1607年，英国在美洲建立了第一块殖民地，1990年，世界上最后一块殖民地纳米比亚宣布独立，1997年，中国政府恢复对香港行使主权，殖民地遍布除南极洲以外的所有大洲的英国结束了400年的殖民历史。400年的殖民史使英国和法国被称为“宗主国”，殖民地国家被称为“附属地”；使西方的“白人男性”成为文明的“我者”，非西方的一切存在成为野蛮的“他者”；使英语成为全球通用的世界语；使世界成为英法的工厂和经销地。世界在空间、时间、资本、知识等多重维度陷入“文明—野蛮”的国际传播秩序。支撑英法殖民逻辑合法性的是“我者—他者”的二元对立的话语范式，文明的“我者”对于野蛮的“他者”具有绝对的话语领导权，那么“我者”何以文明？“他者”何以野蛮？这与17世纪西方哲学出现的主体性转向不无关系。

所谓西方哲学中的主体性转向，标志性事件就是笛卡尔提出“我思故我在”的哲学命题。为发现真理，笛卡尔对感性的经验性知识进行了普遍怀疑。感性的基础是感官，而感官的真实性是存疑的，因此感性知识也是存疑的，经过彻底的怀疑后，笛卡尔反思了什么是不可怀疑的。笛卡尔发现只有“我在怀疑”这件事是不可怀疑的，即只要我在怀疑，我在思想，我就可以确认我的存在；也就是说，“我思”与“我在”是共时性的存在。但是“我在”并非“我思”的结果，而是“我思”的直观，“我思”与“我在”是内在同一的。在怀疑了感性知识后，什么知识才是不被怀疑的？一切“我思”的、被我直观感悟的东西是不被怀疑的，这种东西包括“通过理智而感知和通过意志而决定”①。这种“我思”，是不包含推论的，具有抽象的必然性和绝对的自明性，这种绝对的自明性使其能够作为知识的确定性基础。也就是说，“我思故我在”这一哲学的第一原理否定了知识的感觉来源，而是把知识的确定性基础归结为“我思”的自明性，实现了知识和理性的最终根源向思维之主体的回归。② 理性取代感性成为知识的可靠性来源，而“我思”的直观感悟和理智知觉成为理性之源。

“我思”既是理性之源，那么，如果将英国作为“我思”的主体，英国的“我思”是什么？17 世纪，英国的工程师们开始研发和改良蒸汽技术，最终将蒸汽技术投入工业生产，在提高生产效率的同时，也引发了生产力和生产方式的工业革命；同时，英国也是最早进行“电力”实验的国家，“电力”的发现与应用加速了英国与世界工业的现代化进程。③ 英国科学家和工程师对人类科学、知识、真理的探索是原发的自明性“我思”，是“通过理智而进行的感知”，是“通过意志而进行的决定”。18 世纪，生产力与生产方式的革新直接导致了英国对外殖民扩张的升级，土地的掠夺升级为资本与商品的垄断，伴随着

---

① 冯俊：《开启理性之门——笛卡尔哲学研究》，中国人民大学出版社 2010 年版，第 19 页。

② 柴楠：《他者的澄明与主体的涅槃——教学交往范式的伦理转向》，博士学位论文，湖南师范大学，2013 年，第 48 页。

③ 英国医生吉尔伯特（William Gilbert）于 1600 年出版了《论磁石》，将电学与磁学现象分开，同时他还发现了“电力”和“电吸引力”等诸多现象，创建了新拉丁术语“electrica”（后衍生为英文的“electric”和“electricity”）。详见 Baigrie，Brian，*Electricity and Magnetism：A Historical Perspective*，Greenwood Press，2006，pp. 9 – 15.

垄断与掠夺，意识形态以理性的知识的方式流入殖民地国家。理性的扩散确立了（理性的）传播者的主体性地位和受传者的非理性的客体性地位，确立了“我者—他者”的边界，确立了“认识—被认识”“征服—被征服”“中心—边缘”的二元对立秩序。

而理性在“被认识”“被征服”的边缘性“他者”那里，又被看作“先进的”“高级的”“文明的”的代表与标准。正如卡西勒（E. Cassirer）在《启蒙哲学》中所写的：“18 世纪浸染着一种关于理性的统一性和不变性的信仰，理性在一切思维主体、一切民族、一切时代和一切文化中都是同样的。”[①] 因此，理性，在“他者”和启蒙哲学家那里，与“文明”画上了等号，而理性之源是“我思”，“我思”故“我在”，文明成了“我在”的合法存在，这里的“我在”是英国和法国。

因此，17、18 世纪的英国和法国作为能动的认识和实践的主体建立了“文明—野蛮”的国际传播秩序，在笛卡尔“我思故我在”的主体性原则哲学气质下，通过生产革命和殖民扩张将原生性理性上升为普遍性理性，确立了作为“文明”的“我者”的主体性地位，建立了“我者—他者”的二元对立性原则。英法作为文明的“我者”中心主体，以物化的态度规制野蛮的“他者”，“他者”的集体无意识统一于“我者”的目的与视域下，文明“我者”通过张扬自我的主体性而否定了被指引的野蛮“他者”的主体性；或者说，“我者”是因否定了“他者”的主体性而获得了自身的主体性和主体性的自由。

二 德国在“文明—文化”话语中的主体性：胡塞尔的主体间性范式

18 世纪末期，与英法相比，同处欧洲的德国却被 300 个大小诸侯国把持着，三十年的战争（1618—1648）使其经济衰退、政治分裂、民族情感涣散。面对“文明—野蛮”的世界传播秩序，处于“他者”

① ［德］E. 卡西勒：《启蒙哲学》，顾伟铭译，山东人民出版社 1988 年版，第 4 页。

地位的德国发起了文学领域的“狂飙突进”运动。“狂飙突进”运动是倡导独特精神的文化运动，试图在英法确立的理性精神下的文明观念之外建构一种新的文化观念与之抗衡。正如赫尔德所言“每一株植物都按照他神圣的规则在它自己的土壤上开花结果”。“理性的、统一性的衡量标准是没有道理的，以多样化的眼光来看待各民族、各时代的文化就成为必要。”①

“文明”的概念在英法主导的17世纪表示“优雅的礼仪”，为解构文明的“我者”主体性，突破野蛮的“他者”边界，德国哲学家赫尔德重新定义了文化的特征：“其一，文化是一种社会生活方式；其二，文化总是一个‘民族的’文化；其三，文化有明确的边界，文化作为一个区域的文化，它总是明显区别于其他区域的文化。”② 这三个特征强调了定位“文化”的三个主轴：主体、时间、空间——文化具有民族性、系统性、地域性③，即文化是在相对统一的时间制式内的差异化、多元化、均势化存在。赫尔德的文化观直指英国的“将理性主义的文明作为衡量文化唯一标准”的文明观。每个个体、民族、国家都有具备自身鲜活的文化的权利，文化与文化可以“共存共荣”。“对文化个体性的强调促成了德国思想史上对内‘文化’和对外‘文明’的区分，对英法主导的现代性所代表的文明观批判的同时，开启了看待现代性的文化视角”④。

姜飞在《传播与文化》一书中据此提炼总结了关于文明与文化的逻辑关系函数：“文化 = 系数 × 文明 ± 常数，系数包括主体、时间、空间等，包括传播媒介。”⑤ 在主体、空间、时间的联合作用与分化下，文明“我者”的主体性被降解为并联存在的多主体式文化。这一由多主体构成的新秩序不再是“我者—他者”的二元对立秩序，而是

---

① 姜飞：《传播与文化》，中国传媒大学出版社2011年版，第61页。
② 姜飞：《传播与文化》，中国传媒大学出版社2011年版，第61页。
③ 姜飞：《传播与文化》，中国传媒大学出版社2011年版，第62页。
④ 姜飞：《传播与文化》，中国传媒大学出版社2011年版，第63页。
⑤ 姜飞：《传播与文化》，中国传媒大学出版社2011年版，第96页。

均质的共同体。在共同体内部，“我者”不再具有可以压制“他者”的主体性，“我者”与“他者”是平等的，是可以对话的。然而，德国多主体的文化想象显然与笛卡尔的“唯我论”主体性哲学相抵抗。二者的核心差异在于：“我者”是否承认“他者”的存在，“他”是否也具备主体性。当“我思”式的主体性哲思也无法为德国“多主体”的文化观做出注解，那么，文化的多主体性存在的合法性在哲学层面该如何建构？

19 世纪末期，胡塞尔对西方哲学的知识性基础提出疑问，开启了交互主体性的现象学探索，以论证“他者”的存在与构造，为我们理解和探索德国的多主体文化观及“他者”主体性的重构提供了哲学视角。

胡塞尔的现象学是将世界现象还原为纯粹先验意识的先验现象学，胡塞尔认为，“尽管我们不能直接确定外部世界是否独立于意识而实存，也不能直接确定先入之见是否可靠，但我们可以直接确定外部世界和先入之见都必得呈现于我们的意识才与我们相关这一‘实事’，因此，我们正在意识着的‘意识’是确切无疑的”①。这种被意识着的意识是一切外部现象经历了“现象的还原”“本质的还原”和“先验的还原”后最终剩下的先验自我的意识。胡塞尔认为先验自我具有本己性、自明性，以及当下被给予性。本己性表明先验自我的“内在本己性的内在无线敞开视域”；自明性代表先验自我是可以自我证明的，是先天有效的；当下被给予性表示先验自我是活生生的当下现实之物，是意义建构的发源地。“先验自我是伴随‘我思’的具有历史发生的时间性的‘我在’，它保证不断建构客观世界和陌生者意义的活动的同一性。”②

在确立了先验自我作为感知他者的能动主体后，胡塞尔提出“意识是关于对象的意识”，所有意识的对象都是意识相关项，意识

① 朱立元：《当代西方文艺理论（第三版）》，华东师范大学出版社 2014 年版，第 93 页。

② 李金辉：《自我与他者关系：一种主体间性现象学的反思》，《江海学刊》2015 年第 3 期。

作为中介将主体与客体相互连接。正如康德所言，“概念无直观是空的”[①]，任何对象都通过显现与认识相连。也就是说，对象“他者”是存在的，是作为意识相关项存在的。那么，“他者”又是以怎样的形态存在？

胡塞尔认为感知他者的方式有两种。一种是当下直观的直接感知。因为，先验自我通过自我的身体作为直接感知他者空间位置的原发点，身体是构成先验自我的“我在”，我对我身体的动觉，如抬臂、踢腿、行走，构建了我对外部世界的最初空间经验，构造了我与其他存在的空间关系，这种感知是当下拥有的。另一种是共现、统觉、结对的间接感知。“一张桌子只显露一个面，我们便可感知其他未显露的面”[②]，先验自我的感知可以将显现与未显现在意识中“共现”，“统觉”可以将直接显现间接把握，以将先验自我与其他“单子”在空间上“共在那里”，在时间上“共同当下”[③]。因此，真实与空泛、给予与被给予通过“结对”的方式“被动综合统一”。

因此，作为意识相关项的“他者”的存在方式是通过统觉、结对、共现的意识活动，逐渐与先验自我发生“意向的交叉”与“视域的融合”，形成一种“彼此延及对方”的“意义交叠”[④]。这种“意义交叠”发展成“交互构造”，最终与先验自我成为统一“交互主体”。也就是说，他者的主体性在“被动综合”的“主体间性”中被构建、被给予。

胡塞尔现象学的主体间性哲学从认识论层面为德国版本的多主体性文化倡议提供了注解，德国作为“他者”在重构国际传播秩序，向“我者”游走的过程中，获得了“他者”的主体性。

---

① ［德］埃德蒙德·胡塞尔：《现象学的方法》，倪梁康译，上海译文出版社 1994 年版，第 12 页。

② ［德］埃德蒙德·胡塞尔：《生活世界现象学》，倪梁康、张廷国译，上海译文出版社 2005 年版，第 47 页。

③ 李金辉：《自我与他者关系：一种主体间性现象学的反思》，《江海学刊》2015 年第 3 期。

④ ［德］埃德蒙德·胡塞尔：《胡塞尔文集》（第一卷），《笛卡尔沉思与巴黎演讲》，张宪译，人民出版社 2008 年版，第 149 页。

首先，作为“他者”纳入“文明”的主体性视域。德国发起“狂飙突进”运动之前，国际传播秩序中已有一个先验自我，这个自我就是英国版本的“文明”。德国发起文化运动，倡导的多主体性文化，在认识论上是承认英国版本“文明”的先验我者主体性的地位的。德国将“文化”作为“文明”的相关项，纳入英国版本的“文明”体系中，其合法性由三个相关性系数（主体、时间、空间）构建。

其次，用“文化”主体间性消解“文明”的主体性。德国发明了自己版本的“文明”，即“文明”是物质层面的，“文化”是精神层面的。德国用“文化”的精神性置换了英国版本的“文明”的精神性，使“文明”退场到物质层面。将英国版本的“文明”去势，降解为文化的物质基础，“文明”与“文化”不再是对峙的，而是与“文化”“意义交叠”“交互构造”平等存在的。物质“文明”是显现的，“文化”则是在显现的基础上“被投射”“被给予”的精神意识。

最后，用“文化”主体间性重构“文化”主体性。德国哲学家又提出“文化时代是文化灵魂的精华，文明时代是文化灵魂的木乃伊”[①]，重构了文化时代文化与文明的势能：文化是高级、先进的，文明是低级、没落的。世界上存在着多种多样的文化，民族的文化、地域的文化，“我群”的文化，“他群”的文化。多元文化是对同一文明的不同投影，“文化”是作为“文化”间的“文化”。“文化”间的“文化”作为一个共同体整体凌越于“文明”之上。简言之，德国用多主体的“文化”主体间性消解、置换了“文明”的主体性，确立了自身的主体合法性地位，开辟了国际传播秩序的新局面。

三　美国在“文明—文化”话语中的主体性：萨特的存在主义范式

进入 20 世纪，无线电和模拟信号技术日臻成熟，基于此的广播、

---

① 姜飞：《传播与文化》，中国传媒大学出版社 2011 年版，第 157 页。

电视等大众媒介改变了社会的信息结构和传播范式。大众传播技术日臻完善的美国将这种信息结构与传播范式的重大变革与政治、经济、文化等领域进行融合，从而引发了美国国内和国际社会的重大变革。罗斯福可以通过广播推行新政，广播剧“火星人入侵地球”可以引发“万人空巷”。1917—2017 年，美国国务院先后成立了数十家新闻机构及信息情报管理机构统筹大众传播事业。20 世纪四五十年代还出现了从学理上指导国际传播实践的学科——传播学和跨文化传播学。这些大众传播的实践的、学理的探索使得美国在 20 世纪重构了新的国际传播秩序。

传播（communication）本身就是“交通”“相互交流”的意思。但是，20 世纪上半叶基于广播、电视的大众传播，其实是面向一般意义上的均质化存在的原子式大众的宣传。“宣传”是单向性的信息流动，即“我说你听”。宣传中的“我”与“你”的关系是“说”与“听”的关系，如果移轴来看，以作为“听”的“你”为原点，那么“我”与“你”的关系就是“我听，你被听”。之前作为“说”的“我”就变成“被听”的“我”。“我”相对于“你”而言是“被听”的。因此，美国“宣传”范式下的国际传播，本质上与其说是“美国说他国听”，不如说是“美国被他国听见”。

萨特在《存在与虚无》中将这种“听见与被听见”的关系称为“凝视与被凝视”。萨特认为，作为“自为的存在”的我者与他者通过“相遇”构成了存在论上的“比肩共在”的关系，这种“相遇”的“比肩共在”关系就是“凝视”的关系。“凝视”关系伴随着“被凝视”的关系，这种关系是毋庸置疑的，“表示一个既不能从作为对象的他人的本质中，也不能从我的作为主体存在的本质中退出的不可还原的事实”[①]。他者的“凝视”使得我者成为对象性的存在，注入对象性的“自为的我”开始反思之前作为主体的“自为的我”，具备了反

① ［法］萨特：《存在与虚无》，陈宣良译，生活·读书·新知三联书店 2007 年版，第 324 页。

思意识的“自为的我”产生了“为他”的意识，“自为的我”开始向“为他的我”转化。“我在我的存在中突然被触及了，一些本质的变化在我的结构中显现——我能通过反思的我思从观念上把握和确定的变化”[①]。也就是说，（为他的）“我”开始具有“自为的我”和在他人注视下的“反思的我”的双重存在结构。[②]“为他的我”是“自为的我”的超越。萨特又认为“反思的我”是“存在的虚无”，是不可能被认识和被把握的“虚无”，但是他人的“凝视”使得“我”知道“它”存在而且我就是“它”[③]。至此，我们看到了一个新的“自为存在”的我的主体性的产生——“被超越的超越性和超越的被超越性存在的统一”[④]。

回头再来看美国当时在国际传播中的处境，大众传播技术压缩了时间与空间，美国在媒介的镜像中与世界隔空“相遇”。在“相遇”中美国“自为存在”的主体性产生了为他存在的“为他的我”性。国际传播中，美国的“为他的我”性表现为针对不同的国家、组织、个体的差异化战略。“美国之音”每天以60余种语言全天候对外传播美国的声音，每一种语种都构建着美国与当地国家“凝视”与“被凝视”的关系。美国的国家形象便是“被凝视”的关系的总和，美国在国际传播秩序中的主体性是“为他的我”性和总和，而这些复数的“为他的我”性是不同一的，是不可约分的。因为，每一份“为他的我”性并没有改变美国的“自为的我”的结构，也不是“自为存在”的主体性的一部分，而是被推进一种新的一维存在。这种新的一维存在“由于恰恰处于与自由的他人的无数可能性联系中，它本身就是不被揭示的属性的无限的和不可穷尽的综合”[⑤]。所以，美国在国际传播中构建的主体性，本质是超越主体性的“为他的我”性的集合，是超

① ［法］萨特：《存在与虚无》，陈宣良译，生活·读书·新知三联书店2007年版，第326页。
② 李金辉：《自我与他者关系：一种主体间性现象学的反思》，《江海学刊》2015年第3期。
③ 李金辉：《自我与他者关系：一种主体间性现象学的反思》，《江海学刊》2015年第3期。
④ 李金辉：《自我与他者关系：一种主体间性现象学的反思》，《江海学刊》2015年第3期。
⑤ ［法］萨特：《存在与虚无》，陈宣良译，生活·读书·新知三联书店2007年版，第326页。

越主体性的复合主体性。

美国由他人的“凝视”构建的这种复合主体性并不是德国倡导的文化多元化的主体间性。因为主体间性的存在是平等的、交互的，而萨特的复合主体性并不承认我与他人是平等的，相反，萨特认为“凝视”关系中的我与他人是冲突的，甚至“他人是地狱”。因为“相遇”是偶然的，他人是自由的，“凝视”使我具有“羞耻感”，“人实在无法摆脱这两难的处境：或超越别人或被别人所超越。意识间关系的本质不是‘共在’而是冲突。”[①] 那么，如何能够在最大程度上抵消冲突？萨特认为我和他之间的冲突在一种情况下可以显现为“一种在冲突本身之内确立的暂时平静而不显现为此冲突的最后结果”[②]，那就是在第三人存在的情况下。第三人的在场会使我与他人成为“我们”，“我们”共同成为第三人，由此“凝视”的对象就可以建构“我们”的共同经验和意义。美国在国际传播中也确实照此实践过，“9·11”事件后，美国开始重新审视和构建在国际传播中的主体形象，小布什在发表电视讲话时说道，“当今世界的主要冲突是文明的冲突”。亨廷顿在《文明的冲突》一书中，将“文明”划分为中华文明、日本文明、印度文明、伊斯兰文明、东正教文明、西方文明和拉丁美洲文明，“文明是对人的最高的文化归类，是人们文化认同的最广阔范围”[③]。言外之意，是将“文明界定为一种优雅——西方的现代性高级文明”[④]，与德国版本的物质性的“文明”不同，美国版本的“文明”是高级的文化分类，是精神的。美国颠覆德国版本的“文明”，目的是将自己与英、法、德结为“共在”的“我们”，而这种“我们”存在的前提就是第三人“伊斯兰”的“凝视”[⑤]。但是这种“我们”内

---

① ［法］萨特：《存在与虚无》，陈宣良译，生活·读书·新知三联书店2007年版，第524页。

② ［法］萨特：《存在与虚无》，陈宣良译，生活·读书·新知三联书店2007年版，第523页。

③ ［美］亨廷顿：《文明的冲突》，周琪等译，新华出版社1999年版，第26页。

④ 姜飞：《传播与文化》，中国传媒大学出版社2011年版，第82页。

⑤ 在国际关系领域，美国有多种“共在”的“我们”，比如在东亚它与日本结为“我们”也是因为有第三方（中国）的存在。

部的矛盾只是“暂时平静而不显现”，并不是实质性的消失。因此，我与他冲突的本质并未发生改变，这种关系不是主体间性关系，因此复合主体性也不能替代主体间性。

由此可见，美国在20世纪的国际传播秩序中主体性的确立是在媒介镜像中的“被凝视”和第三方“凝视”下的与英、法、德的暂时“共在”中确立的，是一种复合主体性。

17—20世纪，国际社会先后掀起三次国际传播秩序重构的浪潮：第一次是英法主导的基于殖民扩张的“文明—野蛮”范式的国际传播秩序；第二次是德国主导的基于狂飙突进运动的“文化—文明”范式的国际传播秩序；第三次是美国主导基于大众传播的“文明—文化”范式的国际传播秩序。这三次浪潮的实质是他者从客体走向主体、从边缘走向中心的主体性构建，是以由主体性哲学向主体间性哲学发展的哲学思潮作为根本，是以由笛卡尔主体性哲学向胡塞尔先验现象学、再向海德格尔存在论现象学和萨特本体论现象学演进的理论实践作为主旨的哲学探索。

四　余论：后疫情时代国际传播秩序中需要怎样的主体性？

进入21世纪，国际政治、经济格局再次发生重大变革，呼吁构建国际传播新秩序的倡议不绝于耳。改革开放后经济地位跃居世界前列的中国及其他部分发展中国家，也被赋予了来自国家内部和国际社会的期待。作为“他者”的中国及其他部分国家如何在国际传播秩序中确立“他者”的主体性地位是当前亟待从哲学层面思考的问题。现象学领域，继萨特之后，列维纳斯提出，“无论是胡塞尔还是海德格尔的现象学（我们认为还有萨特）都忽略了他者（即存在者作为存在者的自身存在）的伦理问题”①。“与他人的关系不能被设想成与另一个自我发生关联；也不能被设想成旨在消弭其异质性的理解；亦不能被

① 参见李金辉《自我与他者关系：一种主体间性现象学的反思》，《江海学刊》2015年第3期。

设想成‘他者’围绕几个第三项而发生的共通。”[①] 主体间的关系不是平等的间性关系，而是一种“不对称的交互关系”，主体是一种为他人负责的“伦理主体”结构，而不是存在论的“存在者”。“伦理主体”与他者的关系是“面对面”的“对话”关系，“语言与对话的本质是祷告，它表现为一种对他者的呼唤”[②] 和“祝佑”。简言之，列维纳斯的“我者”与“他者”的关系是“负责”的伦理性关系，不是暴力性的存在关系。在国际传播秩序中亦应如此，或许能够“祝佑”他人、为他人“负责”的国家主体性才是未来可期的。

作者张楠系北京外国语大学国际新闻与传播学院讲师

① ［法］列维纳斯：《从存在到存在者》，吴惠仪译，江苏教育出版社 2006 年版，第 49 页。

② 李金辉：《自我与他者关系：一种主体间性现象学的反思》，《江海学刊》2015 年第 3 期。

重思“平台帝国主义”：中国数字平台全球化中的争议、策略与张力

张宗艺

摘要：中国数字平台的快速扩张已经引起了全球学者对于中国数字平台是否将威胁或者代替美国平台帝国系统的关注，但是鲜有学者考察中国私有平台进入海外市场所面临的挑战。本文旨在通过运用平台化与“平行平台化”的相关研究方法，讨论中国数字平台全球化，尤其是在美国市场中所遭遇的挑战及所处的紧张状态。本文以 TikTok 为例，探讨了其在美国遭遇的三方面挑战：内容修饰、科技界面修改、商业模式调整，以及由此造成的 TikTok 不得不放弃科技与商业模式上的独特优势，并淡化自身的中国背景的困境。本文相应地指出以 TikTok 为代表的中国数字平台全球化并非简单地继承或颠覆美国平台系统；相反，在这一过程中，国家政治目标、平台商业利益以及当地的管制与用户文化之间的紧张关系在不断地加剧。由此，本研究不仅丰富了关于平台化以及“平行平台化”的方法应用，而且尝试跳出中国数字平台全球化作为美国“平台帝国”继承者或颠覆者的二元对立，重新评估了“平台帝国主义”概念在中国案例中的适用性。

关键词：平台化；平行平台化；数字帝国主义；数字平台；TikTok

一 导论

进入 21 世纪以来，中国数字平台已经不再满足于深耕国内市场，

迅速地开启了海外扩张之门。在过去的几年，中国数字平台的繁荣发展多被归因于政府的政策介入，这体现为国家一方面将信息通信与科技产业作为重振国内数字经济的指针①，另一方面则利用行政的方式屏蔽了谷歌、脸书以及 YouTube 等国际数字巨头进入中国市场。② 当下，中国已经成为数字经济的全球开拓者，并开始受惠于富有声誉的电商经济和数字基础设施。③ 与此同时，国内社交媒体娱乐产业也逐渐崭露头角，在生产、分发到变现的整条价值链上为全球社交媒体娱乐产业提供了别样的发展模式，甚至在某些领域已经比美国的同行们更具创新价值。④ 截至 2019 年，已经有八亿五千四百多万用户在中国注册了互联网服务。⑤ 考虑到国内市场已经趋于饱和，海外扩张被认为是国内互联网平台开拓更广阔市场的一个必然的趋势。国内的学界、业界和智库开始再一次广泛而热烈地讨论“走出去”这项由国家在 2007 年提出的文化倡议。这份倡议在现阶段又共振了国家寄希望于通过全球数字基础设施和建设“一带一路”计划来提升国家影响力的宏景。这也让一些学者，如迈克尔·基恩（Micheal Keane）和吴欢认为，中国外向型平台的扩张已经在亚太地区施加了强有力的文化影响，甚至一度促进了一种“新型构建中的数字帝国”⑥。

这种数字帝国的论调让人极容易联想到在媒介全球化理论中已经较为成熟的媒介帝国主义范式，而这一范式在数字平台全球化日益成

① Hong Yu, *Networking China: The Digital Transformation of the Chinese Economy*. Urbana, IL: University of Illinois Press, 2017.

② Keane Michael, “Internet + China: Unleashing the Innovative Nation Strategy”, *International Journal of Cultural and Creative Industries*, Vol. 3, No. 2, 2016, pp. 68 – 74.

③ Yu, Haiqing, “Beyond ecommerce: the Social Case of China’s Digital Economy”, *China Perspectives*, Vol. 4, 2017, pp. 3 – 8.

④ Cunningham Stuart, Craig David, *Social Media Entertainment: The New Intersection of Hollywood and Silicon Valley*, New York: New York University Press, 2019.

⑤ 中国互联网络信息中心：《第 44 次中国互联网络发展状况统计报告》，http://www.cnnic.cn/hlwfzyj/hlwxzbg/hlwtjbg/201908/t20190830_70800.htm。

⑥ Keane Michael, Wu Huan, “Lofty Ambitions, New Territories and Turf Battles: China’s Platforms ‘Go Out’”, *Media Industries*, 2019, Vol. 5, No. 1, pp. 51 – 68.

为主流的当下又发生了变形，衍生为一种新的“平台帝国主义”。这种范式意在进一步理解“民族国家与跨国公司在大国博弈观念下的互动”①。然而，需要指出的是，这种“平台帝国主义”的研究范式，过去常常被应用于研究一些少数的在全球占有统治地位的美国数字平台，讨论他们是如何通过市场侵入和文化殖民来达到帝国式统治的。那么，是否可以将其原封不动地移植到对新兴的中国平台力量的研究中呢？事实上，在平台全球化的过程中，处于统治地位的传统数字强权和新兴的渴望开拓海外版图的平台所面临的政经形式和文化价值冲突都不可同日而语，尤其是讨论中国数字平台进入美国这样的西方主流地缘文化场域的时候，从单一的平台帝国主义视角出发可能并不足以分析问题的复杂性。如在华为事件中显著表现出来的，围绕着华为5G科技和其基础设施装备的争议以及一系列制裁措施，无不显露出一场孕育着中美关系更为紧张遭遇的“科技新冷战”正在浮出并将长期持续。② 而美国政府对TikTok的制裁也标志着这种国家/管理者对全球化中的数字平台的新的干预信号。③ 这些都显示出，虽然研究全球化的学者，尤其是从文化全球化的角度出发的研究者，想竭力论证全球化对国家中心的消解和数字技术为全球流行文化及其相关创意产业的去疆域化，但事实是在数字平台全球化这一议题中，地缘政治依旧扮演着不可或缺的角色，影响着看似无缝、无边界的平台流动。在全球平台系统的两端，尽管中美在“科技操作与政治经济治理方面正在显著地日益趋同”④，但是由于彼此在意识形态、商业模式、用户文化上的

---

① Jin Dai Yong, *Digital Platforms, Imperialism and Political Culture*, New York: Routledge, 2015, p. 12.

② Hong Yu, E. Harwit, "China's Globalizing Internet: History, Power, and Governance", *Chinese Journal of Communication*, Vol. 13, No. 1, 2020, pp. 1 – 7.

③ Swanson A., MoZur P., et al., "Trump's Attacks on TikTok and WeChat Could Further Fracture the Internet", *New York Times*, 2020. https://www.nytimes.com/2020/08/17/technology/trump-tiktok-wechat-ban.html? auth = login-google.

④ Jose Van Dijck, Thomas Poell, et al., *The Platform Society*, New York: Oxford University Press, 2018.

巨大差异，当数字平台从一边闯入另一边的地界，彼此的地缘冲突也时而发生。

另一点值得商榷的是，平台帝国主义强调中美两国之间商业平台与背后国家力量的扭结，认为国家力量支撑着数字平台的扩张，而数字平台反过来协助国家扩散文化影响力，进而提升其在全球范围内的软实力。那么，就中国和中国开启全球化的数字平台的关系而言，中国数字平台与国家之间是否为完全协同一致的捆绑关系？换句话说，是否可以认为国家背景一定可以推动这些数字平台的海外扩张？诚然，过去有许多的研究讨论了中国政府是如何在国有企业或者国家参与控股的企业扮演一种不可或缺的角色，来利用这些企业在海外传播、辐射中国的商品和文化意识形态，组建社会团体或者委派组织的。[①②③]但是新近的研究也从反面指出：一方面，中国的商业数字平台扩张并不能简单理解为国家“中华民族伟大复兴”政治诉求的变形，两者之间处于时而结盟时而分离的状态[④]；另一方面，也有研究表明，国家产权或者国家介入对于中国数字平台拓宽市场的国际宽度是有益的，但对于其在单一国家/地区的市场深度却往往有抑制作用，这取决于互联网公司能否适应不断变化的当地的有利或不利的体制环境。[⑤] 因此，一种在中美地缘博弈结构中重新从平台自身的逻辑和策略出发的，而非先验地假定数字商业平台与中国政府是完全结盟的捆绑关系的新研究路径亟需被提炼，来认识和评估旧有的“平台帝国主义”范式和新

① Jia Lianrui, “Going Public and Going Global: Chinese Internet Companies and Global Finance networks”, *Westminster Papers in Communication and Culture*, 13 (1), 2018, pp. 17 – 36.

② Jia Lianrui, Dwayne Winseck, “The Political Economy of Chinese Internet Companies: Financialization, Concentration, and Capitalization”, *International Communication Gazette*, 80. 1 2018, pp. 30 – 59.

③ Negro G., “Chinese Internet Companies Go Global: Online traffic, Framing and Open Issues”, *Chinese Social Media: Social, Cultural, and Political Implications*, Routledge, 2018, pp. 175 – 190.

④ Keane Michael, Wu Huan, “Lofty Ambitions, New Territories and Turf Battles: China's Platforms ‘go out’”, *Media Industries*, 5 (1), 2019, pp. 51 – 68.

⑤ Qi Yin, Xiaoxia Li, “Exploring the Roles of Government Involvement and Institutional Environments in the Internationalization of Chinese Internet Companies”, *Chinese Journal of Communication*, 13: 1, 2020, 47 – 67, DOI: 10. 1080/17544750. 2019. 1653340.

涌现的中国私有商业平台全球化。

因此，本文旨在探寻以下问题：是否可以在“平台帝国主义”框架下来认识中国数字平台的全球化？中国数字平台在全球化过程中会遭遇何种挑战，而平台又会采取何种策略去应对和缓解这些挑战？更重要的是，这种平台科技—商业策略调整的可以体现出国家、平台、当地管理者、用户文化之间怎样的张力？由此本研究以目前最为成功的社交娱乐媒体平台抖音海外版 TikTok 的出海之旅，尤其是其在美国市场的状况为研究案例，来说明中国数字平台在两大平台生态系统碰撞中展露出的国家政治目标、平台商业利益、当地政治干预以及用户文化之间的紧张关系。

为了全面地展现 TikTok 在美国市场遭遇的挑战以及其与各利益攸关方的张力关系，本研究意在结合政治经济学和“平行平台化”的研究路径，来彰显在中美地缘政治角力下平台自身为应对挑战而在科技界面、商业模式、平台内容层面做出的策略调整。尼尔博格（Nieborg）和珀尔（Poell）关于“平台化”的研究框架旨在发现“数字平台的经济、政府和基础设施扩展如何渗透网络和应用生态系统，从而根本地影响文化产业的运营”①，在具体分析时单一平台生态系统一般又细分为科技基础设施、商业模式以及治理机构三个维度。凯伊（Kaye）、陈（Chen）和曾（Zeng）的研究又进一步开发了平台化研究路径的潜能，提出了“平行平台化”②，即以跨地区同一平台不同版本（TikTok 和抖音）之间的比较来发现平台自身的发展逻辑和策略。本研究正是受这些研究者的启发，在此基础之上，在政经博弈的语境下，用“平行平台化”的比较方法，来比较 TikTok 在遭遇政治、科技、商业挑战前后，平台文化内容、科技界面、商业模式层面的不同，从而发掘平

① Nieborg D. B., Poell T., “The Platformization of Cultural Production: Theorizing the Contingent Cultural Commodity”, *New Media and Society*, 20, 2018, p. 4276.

② Kaye D. B. V., Chen X., Zeng J., “The Co - evolution of Two Chinese Mobile Short Video Apps: Parallel Platformization of Douyin and Tiktok”, *Mobile Media & Communication*, 2021, 9 (2), pp. 229 - 253.

台网络中利益攸关方的紧张关系，进而重新反思平台帝国主义研究路径应用于中国数字平台全球化的局限。

本文首先尝试厘清平台帝国主义概念的流变及对中国数字平台当作平台帝国主义继承者或颠覆者展开批判性思考应用这一范式讨论中国平台全球化的不足。接着，从中美地缘政治博弈下思考 TikTok 平台全球化争议的实质。之后，本文会从平台内容修饰、科技界面修改、商业模式调整三方面来探讨 TikTok 在美国市场遇到的挑战及其采取的应对策略，由此来进一步挖掘国家、平台、当地监管者与用户文化之间的张力关系。本文最主要的贡献在于打破了研究中国平台海外扩张中习惯将国家/政府目标与平台利益捆绑的框架，提供了一种从数字平台自身平台化的视角来理解中国数字平台全球化的新的研究路径，而非把这一过程视为数字帝国体系的继承或者颠覆。

二　平台帝国主义与平台全球化

“全球化”这个用于形容全球内在连接的社会发展趋势被认为在数字时代显现为进一步的增强。数字平台高速发展，以社交媒体、视频直播、搜索引擎、人工智能等，不仅改变了全球文化市场，还促进了社会机构、信息交换、身份认同的转型。[①] 伴随着数字平台对全球事务产生的深刻影响，目前已出现至少三种研究探讨数字平台影响的全球化路径，即包括现代化路径、文化全球化路径以及以批判为基调的政治经济学路径。[②]

现代化路径强调全球化有助于发展中国家了解发达国家的先进技术，通过模仿和学习现代通信技术来达到自身发展的目的。[③] 尽管现代化路径意识到了数字平台全球化可能会侵蚀民族国家作为关键性机构的

① Jose Van Dijck, Thomas Poell, et al., *The Platform Society*, New York: Oxford University Press, 2018.

② Jin D. Y., *Globalization and Media in the Digital Platform Age*, New York: Routledge, 2020.

③ Curran J., *Media and Power*, London: Routledge, 2002.

主权地位，但是它忽略了民族国家可能协助创造新的平台资本主义并且在全球化过程中进一步“深化少数西方国家和多数非西方国家之间的非对称关系”①。文化全球化的理论家们试图扭转全球化在西方消费主义的主导下会消弭全球文化异质性的旧印象。② 这一路径试图将这种文化全球化理解为一种由文化输出、科技操纵以及本土文化互动而导致的混杂现象，如 YouTube 在印度的本地化，不仅仅是数据和算法的操作，在很大程度上受当地语言和文化表征持续关注的影响。③ 虽然这一路径试图从文化利益的角度来重新发现文化全球化的正面价值，但不可否认的是，它没有意识到数字平台不仅仅作为一种文化中介存在，它还通过数据的获取、操作与再赋形来影响人的社会行为。如范戴克（Van Dijck）评论道，“平台通过算法和格式化协议处理（元数据），然后以用户友好界面的形式呈现其解释的逻辑，默认设置反映平台所有者的战略选择”④。为此，民族国家正在推动建立他们的社交媒体网络，因为这些平台不仅具有政治意识形态的内涵，还能带来巨大的技术经济利润。

正是在这样的背景下，由金（Jin）提出的“平台资本主义”具有了理解数字平台全球化的价值和意义。“平台资本主义”脱胎于批判政治经济学的传统，分析在一个全球主导的媒体体系中，美国的资金和机构如何通过助推其电影或电视产业的跨国传播来改变当地的文化身份，从而限制受众。⑤ 平台帝国主义这一路径继承了传播政治经济学中关于媒介帝国这一经典议题的遗产，如博伊德－巴雷特（Boyd Barrett）利用媒介帝国主义论述美国与媒体的一般关系，“首先，帝国

① Jin D. Y.，“Digital Platform as a Double-edged Sword：How to Interpret Cultural Flows in the Platform Era”，*Journal of International Communication*，11，2017，p. 3880.

② Ampuja M.，“Critical Media Research，Globalisation Theory and Commercialisation”，*Javnost- The Public*，11（3），2004，pp. 59－76.

③ Punathambekar A.，Mohan S.，“Digital Platform，Globalization and Culture”，*Media and Society*，London：Bloomsbury Academic，2019.

④ Van Dijck J.，*The Culture of Connectivity：A Critical History of Social Media*，Oxford：Oxford University Press，2013，p. 29.

⑤ Flew，Terry，*Understanding Global Media*，Basingstoke，UK：Palgrave Macmillan，2007.

主义的进程在各种意义上是被执行、促进、改造或者被媒体破坏和抵制。其次，媒体本身，它们产生和分配的意义以及维持的政治经济进程是由帝国的建立和维护过程塑造的，携带着曾经的帝国残余物。最后，媒体行为本身，不涉及更广泛或更包容的事物框架可能被认为是帝国主义的”①。随着越来越多的学者关注媒介帝国主义，这一论述进而影响了新世界信息秩序（NWICO），以及一系列针对媒体和地缘政治的政策辩论贯穿了20世纪70年代南北之间的斗争。自20世纪80年代初以来，信息通信技术已发展成美国帝国主义的一种新的繁殖和控制手段。新自由主义政策催生了一批总部位于美国的信息通信技术垄断企业，如IBM、思科、苹果、微软和谷歌，它们通过专有的技术标准、专利和技术体系，引领美国的全球扩张版权法与网络云计算。②平台帝国主义旨在表述在数字时代，美国的数字巨头进一步加剧了地缘政治征服与全球传播秩序的冲突，特别是互联网基础设施的管理，就像NWICO时代一样充满争议和对抗。因而，平台帝国主义突出了两大重点：一是以美国为代表的国家对全球数字巨头的支持；二是美国数字平台全球扩张所带来的经济与政治权力的不平等，以及对信息传播秩序霸权的进一步加强。

问题是，伴随着中国数字平台的崛起和外扩，一些学者试图将中国数字平台全球化与美国式的平台帝国主义挂钩。一方面，一种观点认为中国将“替代”美国掌握媒体霸权。研究文化产业的学者认为，在某种程度上，社交媒体有望推翻过去好莱坞严格控制内容生产、发行和知识产权的传统媒体体制，而开始在全球传播的中国数字平台也被认为是美国主导体系的替代品。网红经济（影响力经济）在中国的崛起，以及决策者、政府、企业、创作者和受众等不同网络内行动者之间的战略互动，刺激了中国社交媒体平台的发展，并掀起了一股

---

① Boyd-Barrett O., *Media Imperialism*, London: Sage Publications, 2015, p. 1.

② Schiller D., *Digital Depression: Information Technology and Economic Crisis*, Urbana: University of Illinois Press, 2014.

“替代” 西方竞争者的浪潮。① 另一方面，研究政治经济学的学者认为中国平台“走出去”很可能是新一轮构建数字帝国的浪潮。他们指出，通过国家基础设施规划“一带一路”倡议，国家和互联网平台实现了多维度的联盟，促进了企业向全球的扩张，最终构建了一个基于中国的全球基础设施网络。② 尽管政府或数字平台有意将中国“走出去”的目标与美国主导的全球霸权扩张区分开来，但无论从内部还是外部来看，都充满了矛盾。正如塞奥娜（Seoane）所指出的，尽管阿里巴巴推出了 eWTP（electronic world trade platform）的新举措，以缓解美国主导的全球化带来的负面影响，但该举措的运作仍然基于新自由主义逻辑和以中国为中心的互联网治理模式。③ 当中国政府的推动“走出去”之旅最终促成了“命运共同体”的形成，这一口号的内涵也被翻译成各种版本，并与平台创造另类世界秩序的外部目标相结合。这两个方面的观点都有意无意地将中国数字平台全球化视为对美国媒体平台霸权的继承和替代，都忽视了中国数字平台的海外扩张势必面临着中美之间极为激烈的地缘政治竞争，在对科技高地的争夺中，来自中国的数字平台势必在本国政府和海外传统强权之间进退维谷。诚如孙皖宁所论，中国数字平台向西方国家主流地缘文化市场的扩张并非不可能，但仍面临挑战，而这种挑战体现为与当地政府或商业竞争对手相互纠缠。④ 目前，五大数字超级巨头（谷歌、苹果、Facebook、亚马逊和微软）已经整合了核心技术基础设施，主导了整个商业模式和平台管理原则，它们的主流内容影响着世界大部分地区。作为一个

---

① Cunningham S.，D. Craig，“*Online Entertainment*：*a New Wave of Media Globalization*?”，*International Journal of Communication*，Vol. 10，2016，pp. 5409 – 5425.

② Shen H.，“Building a Digital Silk Road? Situating the Internet in China's Belt and Road Initiative”，*International Journal of Communication*，Vol. 12，2019，pp. 2683 – 2701.

③ Vila Seoane，Maximiliano Facundo，“Alibaba's Discourse for the Digital Silk Road：the Electronic World Trade Platform and ‘Inclusive Globalization’”，*Chinese Journal of Communication*，13 (1)，2020，pp. 68 – 83.

④ Sun Wanning，“Slow Boat from China：Public Discourses Behind the ‘Going global’ Media Policy”，*International Journal of Cultural Policy*，No. 4，Vol. 21，2015，pp. 400 – 418.

局外者，中国的数字平台最初可能会引发创造性的进程，但挑战随之接踵而至。因此，中国数字平台的全球化绝不是一个简单的“帝国建构过程”，而是各方充满碰撞和挑战的博弈过程。在这里，引进中美地缘政治博弈视角来研究中国平台全球化是极有裨益的。

三　中美地缘政治博弈与 TikTok 的争议

诚如前文所论，美国政府实现自身权力主要是通过互联网企业及与其相关的大量在线监控项目。如斯诺登事件所暴露的那样，大量互联网公司都被卷入政府要求的搜集信息的项目之中，例如，微软通过电子邮件、云存储和网络帮助美国国家安全局（NSA）以及美国联邦调查局（FBI）获取加密信息和语音聊天记录。[①] 此外，以苹果、谷歌和 Facebook 为代表的三大平台拥有全世界大量的用户，市场渗透率一度高达 54%。[②] 这种占据庞大市场的网络权力可以有两种解释：第一，当更多的人使用同一种平台、服从于同一种协调标准时，协调标准更有价值；第二，网络信息流动性作为一种权力形式得到了最大跨国公司之一的 Facebook 的背书，可以导致其他替代品的逐步淘汰，从而占据一种垄断地位。美中之间关于互联网平台的博弈最早可以追溯到关于谷歌进入中国市场的争议。当中国要求谷歌必须遵从本地法律和信息使用原则时，美国政府则以“互联网自由”这一乌托邦元叙事来反诉中国。

事实上，尽管中国大部分的互联网企业依赖国内市场，但是如华为、大疆、TikTok 等头部企业已经形成了对美国全球范围内通信、信息、社交霸权的挑战。如诸多研究者已经发现的，中国正越来越从强调发展本土产业和技术，转向更加注重对外发展，更愿意在不同程度、不

---

① Greenwald G., MacAskill, et al., “Microsoft Handed the NSA Access to Encrypted Messages”, *The Guardian*, 2013, July 12. https://www.theguardian.com/world/2013/jul/11/microsoft-nsa-collaboration-user-data.

② Jin D. Y., “The Construction of Platform Imperialism in the Globalization Era”, *Communication, Capitalism and Critique*, Vol. 11, No. 1, 2013, pp. 145 – 172.

同级别展示并追求自己在互联网治理上的优先选择。这也就必然导致以通信为中心的地缘政治紧张局势日益加剧。[①] 如麦迪逊·卡特赖特（Madison Cartwright）所总结的，中国已经在多个层面上要求在关键信息资源的分配和决定上拥有更多的权力。[②] 第一，中国正在寻求建立一个新的“地缘经济空间”为新兴科技巨头维持出口市场。通过“一带一路”倡议，类似阿里巴巴这样的互联网企业正在构建一条同等的数字丝绸思路，在迅猛地发展互联网云服务等业务的同时，对沿线国家施加重要的影响。第二，伴随着地缘政治空间的拓展，中国的互联网公司正在变得愈来愈有国际竞争力。如抖音的海外版本 TikTok 正在全球拓展，并对传统社交巨头 Facebook 造成了从内容到商业模式上的全面冲击。仅仅一年时间，TikTok 就超越了 Facebook、YouTube 和 Instagram，成为 App Store 中全球下载量最大的社交媒体应用。有趣、快速更新和社群连接的内容利用了数字平台的青年社区，吸引了全世界的年轻观众。[③] 此外，正如 ByteDance 创始人张一鸣所说，他经营的是一家科技公司，而不是一家媒体公司。各种 AR 过滤器、技术道具和准确的个性化推荐，确保用户只能通过无休止的“为你”页面访问内容，这使得 15 秒的短视频得以以 75 种语言在全球 150 多个市场中传播。在 TikTok 上，用户很少陷入成为网络名人的追随者或搜索流行信息的焦虑之中。取而代之的是，用户只需不断向上滑动，就可以观看更多人工智能（AI）算法推荐的视频，而这正是由该平台强大的数据挖掘和处理能力所支撑的。

尽管在平台全球化方面取得了成功，但 TikTok 的海外扩张也带来了一系列监管争议。在印度，TikTok 被指控鼓励年轻人“文化退化”，

---

① Hong Yu.，*Networking China：The Digital Transformation of the Chinese Economy*，Chicage and Springfield：University of Illinois Press，2017.

② Cartwright，Madison，“Internationalising State Power Through the Internet：Google，Huawei and Geopolitical Struggle”，*Internet Policy Review*，2020，9（3），pp. 1 – 18.

③ Tech Crunch，“TikTok has Surpassed Facebook，Insgram，Snapchat and YouTube in Downloads Last Month”，Nov. 2，2018. https：//techcrunch. com/2018/11/02/tiktok-surpassed-facebook-instagram-snapchat-youtube-in-downloads-last-month/.

并于2018年4月18日根据政府指令被App Store和Play Store除名。在印度尼西亚，TikTok在2018年7月因"负面内容"被暂时禁用。[①] 同样，围绕年轻人和内容的指控也在中国国内市场也引起了共鸣。TikTok曾多次接到政府部门的警告通知，原因是他们曾播放"不健康内容"[②]。在中国互联网语境下，关于平台价值理念的争论也一直在进行，比如由《人民日报》评论引发的关于"只靠技术没有信仰的抖音能走多远"的讨论。[③]

TikTok在美国面临的情况更为严峻，因为一些指控不仅涉及社交媒体内容的问题，而且已经升级到国家安全的层面。美国一些参议员还呼吁支持调查TikTok是否对美国构成国家安全风险，TikTok被认为帮助中国收集海外数据，并利用这些数据进行宣传，从而成为影响网络对话的工具。这些指控也得到了TikTok的商业对手的回应。马克·扎克伯格在公开演讲中严厉批评了TikTok，这些言辞在一定程度上强化了美中价值观的分歧，并且将对中国国家和国有关系的刻板印象挪用到了对中国私营平台的评估之中。更糟糕的情况是，时任美国总统特朗普发布行政命令，预备禁止TikTok，除非其在45天内被ByteDance卖给一家美国公司。强制性的行政命令限制了平台的灵活性，使平台面临前所未有的挑战。

TikTok在美国市场面临的严峻挑战表面上看是美国政府对国家安全和公民数据泄露以及被监控的担忧。但实际上恰恰是美国建构了一种中国是下一个平台帝国的话语，迫使世界各国担忧下一个数字霸权的产生，其实质还是美国采取了一种互联网保护主义，希望巩固自身在全球社交平台体系继续占有统治性地位。如Facebook总裁扎克伯格

---

① Technode, "Chinese Video Giants Are Becoming Production Powerhouses", October 13, 2017, http: //technode. com/2017/10/13/chinese-video-giant-productionpowerhouses/.

② Kaye D. B. V., Chen X., Zeng J., "The Co – evolution of Two Chinese Mobile Short Video Apps: Parallel Platformization of Douyin and Tiktok", *Mobile Media & Communication*, 2021, 9 (2), pp. 229 – 253.

③ "How can "Douyins" Go Without Values", http: //baijiahao. baidu. com/s? id = 1605409285667978378andwfr = spiderandfor = pc.

承认的那样，TikTok 一直是 Facebook 应用生态系统的最大威胁，由于无法击败 TikTok，他们不得不求助于国会议员的干预和华盛顿散播的关于地缘意识形态的言论。[①] 因而，作为一个中国背景的互联网平台，由于面临另一大政治强权的严厉苛责和挑战，TikTok 不可能简单地听从美国的指令或者撤回中国放弃海外市场，它必须采取更为灵活的策略来应对来自科技、商业、文化维度的全方位的挑战。

四　内容修饰：远离中国背景与本土化

对 TikTok 的这些指责隐含着这样一种逻辑，TikTok 是一家来自价值观异于西方的中国公司，因而其数据隐私必然令人担忧。尽管 TikTok 反驳了这些指控，坚称平台没有禁止任何在中国敏感的在线评论或行为。“我们的美国稳健团队由加州领导，负责审查内容是否符合美国政策——就像我们领域的其他美国公司一样。”[②] 但是为了应对这些指控，以及被驱逐或分拆的风险，TikTok 现在试图与中国背景保持距离。正如 TikTok 的管理者们坚持认为的那样，TikTok 不在中国运营，将来也不会这样做，同样地，抖音也不能在海外访问。毫无疑问，字节跳动打算将 TikTok 分为两个应用程序，基于不同的市场、用户、监管政策和内容敏感度，以反驳其与中国不透明联系的指控。正如字节跳动的消息人士指出的，公司在平台上处理中国话题时非常谨慎，希望将其作为中国平台的形象尽可能淡化，让用户相信，它是源于美国的平台。这可以在 2019 年前 100 个趋势视频的公告中得到证实，这些视频包含了平台上的病毒性视频、各种网络梗、创意者和网红，但没有一个与中国有关。[③] 吊诡的是，平台的这份年终评估，将最大的

---

① Mac R.（2019），“Before Mark Zuckerberg Tried to Kill TikTok，He Wanted to Own It”，https：//www. buzzfeednews. com/article/ryanmac/zuckerberg-musically-tiktok-china-facebook.

② Vox，“What's Going on with Tik Tok，China and the US Government”，https：//www. vox. com/open-sourced/2019/12/16/21013048/tiktok-china-national-security-investigation.

③ “TikTok Top 100：Celebrating the Videos and Creative Community That Made TikTok so Lovable in 2019”，https：//newsroom. tiktok. com/en-us/tiktok-top－100－2019.

市场和最广大的用户置于其全球版图之外，不受所谓防护墙的限制。在实施新的《国家安全法》后，TikTok 也暂停了在香港的业务，这进一步表明，即使是在中国境内，企业的海外商业利益与国家背景之间的紧张关系也在加剧。

同时，TikTok 还在积极推进本土化的尝试。这种向地方融合的努力反映在建立伙伴关系方面。该公司与多个领域的美国流行活动或组织合作，包括纽约时装周、格莱美奖、WWE 和 NFL。最近，NFL 和 Tik-Tok 也宣布了一项为期多年的合作项目，以 15 秒视频的形式和 AR 技术过滤器将体育激情带给 TikTok 的全球观众。TikTok 的广告因此在今年的超级碗半场休息时自然出现。与美国的其他商业竞争对手一样，TikTok 也做出了巨大的努力来维护在线社区的安全性和可管理性。平台以宣传反对儿童不宜等内容的自愿原则删除了相关视频。一个名为“你在控制”的视频列表有一些有趣的提醒指定，旨在帮助用户控制他们的屏幕时间。这些内容修饰的步骤，无论是为了淡化自身的中国背景还是为了维护当地网络社区，都表明了平台的海外发展正在努力与当地价值观保持一致。

五　科技界面修改

数据资源一直是数字平台公司的核心资源。无论是在中国还是在其他地方，获取越来越多数据的欲望使对隐私的侵犯成为平台资本主义的主要特征①。就民营商业平台的全球扩张而言，定制已成为推动民营商业平台在本地互联网环境中蓬勃发展的主要动力，这意味着内容、平台规则和用户体验因位置而异。中美两国对数据挖掘和使用的态度差异在于如何处理在线的绩效数据和离线的物理或环境数据。正如李开复指出的：“硅谷巨头们正在他们的平台上收集你活动的数据，但这些数据主要集中在你的在线行为上，比如搜索、上传照片、观看

① Srnicek N.，*Platform Capitalism*，Cambridge，UK：Polity Press，2016.

YouTube 视频以及‘点赞’的帖子。相反，中国企业正在从现实世界收集数据：实物采购、用餐、梳妆打扮以及运输的时间、方式和地点。”①

在 TikTok 之前的版本和国内版本的抖音中，它的底部有一个“同城”的设置。这项技术是用来提高 TikTok 在国家、城市以及更小的社区内的普及率。用户可以建立媒体伙伴关系，参与社区、平台根据不同的地点和客户依次组织的各种“挑战赛”，这是产生网络梗和热门玩法的主要工具。作为一个高度依赖算法推荐的平台，TikTok 通过物理技术基础生态系统的数据优化了它所能管理的内容。在美国版本的隐私政策中，它还承认“我们收集有关您位置的信息，包括基于您的 SIM 卡和 IP 地址的位置信息。如果您允许，我们还可以收集全球定位系统（GPS）数据”②。

如我们之前所讨论的，美国议员对 TikTok 允许收集美国用户数据表示担忧。此外，他们还表示，TikTok 为黑客提供了追踪用户移动记录和针对特定服务的机会，这些服务利用了不注意安全更新的年轻用户泄露的数据。然而，TikTok 的安全团队声称，所有报告的问题都在最新版本的应用程序中得到了确认，到目前为止还没有发生任何攻击问题。此外，与抖音有流行趋势话题排行榜不同，TikTok 只在其新闻编辑部每周推出热门趋势话题，而不在平台界面推出。这可以保护用户偏好不被披露，因为“挑战赛”多由平台或者具有资本实力的大公司定制，这可能会变相吸引其他用户和新来者参与赢家通吃的游戏。

然而，当位置和排名列表等技术特性必须从平台接口中移出时，TikTok 会受到怎样的影响？TikTok 的文化内容平台化不仅仅是通过终端用户的发帖、评论和参与挑战赛实现的，而且依靠平台的流通努力，以搜索、流行排名和滚动浏览页面的形式处理和保留数据。关键技术

① Lee Kai Fu, *AI Superpowers: China, Silicon Valley and the New World Order*, New York: Houghton Mifflin Harcourt, 2018, p. 56.

② TikTok, “Privacy Policy”, https://www.tiktok.com/legal/privacy-policy?lang=en.

特征的消失将在一定程度上降低其停止参与—优化—保留—获取周期的算法能力。这里的紧张关系体现为 TikTok 如何在保持其在算法机制上的优势的同时，免受关于其基于位置数据和浏览历史自动捕获用户大量信息的指责。

六　商业模式调适

随着电子商务平台和移动电子支付技术的发展，中国已经成为全球最大的电子商务市场。支付宝和微信支付，不仅在一、二线城市的中上层人群中大行其道，也影响了农村数百万人的生活。① 在视频直播行业，通过与电子商务平台的连接，除了类似广告推送这类传统营销手段，网上购物或发送虚拟礼物已成为中国视频流媒体平台实现收益变现的主要途径。

在 TikTok 的中文版本中，抖音已经将强大的商业功能集成到了平台的技术架构中。2019 年，一个名为“放心购”的电子商务平台与抖音母公司字节跳动相连，创作者可以将“放心购”商店的产品添加到商品中，商品窗口可以嵌入他们的视频中。TikTok 还与阿里巴巴密切合作，后者拥有最大的 C2C 零售平台淘宝。当一个购物车出现在关注者超过一百万的网络名人的界面上，相应的购物链接将允许关注者在淘宝和天猫平台上购买从衣服、书籍到化妆品的产品。在“双 11”购物节上，一个账户通过商品窗口插入的链接，一天内售出 10 万件商品，销售额达到 2900 万美元。

然而，在社交媒体应用程序中插入购买按钮在美国并未能正常运行。在美国，用户不习惯在虚拟环境中购物，他们中的大多数人浏览社交媒体并不是为了搜索产品。② 电子商务和社交媒体整合的历史也

① Yu, Haiqing, “Beyond Ecommerce: the Social Case of China’s Digital Economy”, *China Perspectives*, 2017 (4), pp. 3 –8.

② Digiday, “How TikTok is Testing in In-app E-commerce”, https://digiday.com/retail/tiktok-testing-app-e-commerce/.

没有足够有力的证据证明这种整合能成功刺激美国本土用户在平台购物。Instagram 在其应用程序中直接安装了一个“退还”选项，刺激用户购买品牌时尚标签的产品。谷歌还在某些 YouTube 视频下方嵌入相关链接，推广“谷歌购物”的产品。然而，这些努力并没有取得成功，也没有促进相关市场的发展。除了多样化的消费行为外，人们还担心会被网络名人或与平台相关的第三方引诱购买商品，正如 TikTok 的隐私政策所揭示的那样，平台可以遵循用户与第三方相关的步骤，从在线行为的消费数据中收集他们的消费数据。

目前，TikTok 只在广告中测试过品牌推广，并没有像在中国和印度那样在美国推动直播购物的普及。挑战不仅来自本地用户的消费习惯，也来自平台无法单独作战的现实。美国的数字平台更倾向于单一产业领域的全球化发展，而不是在所有数字经济领域发力。在中国，字节跳动有能力建立自己的电子商务平台或与阿里巴巴等互联网巨头合作。然而，在美国，作为中国唯一流行的社交媒体平台，它不能依赖其他竞争对手的电子商务基础设施来创建自己的电子商务应用程序，因为这极有可能会在数据使用和用户信任方面引发类似的冲突。诚如 Facebook 碍于亚马逊的介入一直未能构建属于自己的电子商务体系一样，TikTok 很难凭借自己的力量去抢占他国不同领域的消费地盘。这也将它置于平台商业利益、本地用户消费习惯以及其他互联网行业对手之间的紧张关系中。

七 结论

TikTok 的“走出去”是一个中国企业在国家重拾民族自豪感，成为世界“数字前沿”的背景下，雄心勃勃地拓展其国际业务的故事。中国数字平台的全球化不能如之前的研究仅仅解释为是为了宣传国家软实力，或者只关注其数字创新取得巨大进步的一面，它更是一个充满竞争、挑战和不确定性的旅程。本文从内容修饰、科技界面和商业模式调整三个方面论述了中国数字平台全球化面临的挑战和应制订的策略。从这三方面揭示了国家政治目标、平台商业利益、地方法规和用户文化之间的紧张关系，这些问题都在中国数字平台的全球化过程中进一步凸显。必须指出的是，本文是基于政治经济学和平行平台化两种方法来综合考虑 TikTok 全球化所面临的挑战，但这两种方法在现阶段并不内在关联。方法论的局限性还需要学者们未来在两个维度的各自领域继续进行深入的探讨。

当我们仔细审视 TikTok 在美国市场的这些修改策略时，国家的政治目标、平台的商业利益、地方法规和用户文化之间的紧张关系都交织在中国数字平台的全球化中。中国数字平台的扩张建立在国家政策干预和国企合作的支持之上，这些政策干预和合作监督、管理，促进了私营企业和个体企业家的成长。然而，一旦“中国”背景成为这些全球数字平台的“负资产”，尤其是在西方主流地缘文化市场，它们自己的商业前景是否会进入两难境地？迈克尔·基恩（Michael Keane）和吴欢对中国数字平台“走出去”中的国家商业关系进行了极好的解释：“政府希望借助这些公司的成功，因为商业数字平台的表现优于国家单纯的文化输出。然而，商业数字公司并没有被国家的国际化议程所定义：它们只在必要时保持一致。”① TikTok 试图将中国背景的影响降到最低，数字平台为追求利润和在海外市场的可持续性可能会妥协。此外，由于没有流行定位系统带来的数据收集和电子商务的变现方法，当面对来自美国商业竞争对手日益激烈的竞争时，TikTok 的未来仍然充满不确定性。Facebook 也开发了音乐短片应用，拉索（Lasso）和扎克伯格有强烈的意图将 TikTok 归为社交媒体王国中的异类。中国数字平台面临的障碍和反弹也越来越明显。

现有的文献和讨论已经关注到互联网是否将分为两部分，即由单独的法规管理，并由不同的应用程序服务运行。由于“内容和服务可用性的政治经济地理重叠，由市场力量、许可安排和国家控制所塑

---

① Keane Michael, Wu Huan, “Lofty Ambitions, New Territories and Turf Battles: China's Platforms ‘Go Out’”, *Media Industries*, 2018, 5 (1), p. 62.

造”，全球互联互通的理想蓝图已逐渐瓦解。[①] 正如李开复预测的，两个互联网的出现将不是在中国和世界其他国家，而是在中国和采用中国应用的国家，以及美国和采用美国应用的其他国家。[②] 在 TikTok 部署的不同系统下，两个类似的应用程序可能会在很长一段时间成为“两个互联网”的例证。因此，本文讨论的 TikTok 的全球化，不仅是中国数字平台“走出去”的个案研究，它还是未来中美之间的数字战，当每个平台侵占对方领土时，都可能会割裂互联网的连接性。正如本文所讨论的挑战所揭示的，即使 TikTok 不会被驱逐出美国市场，地缘政治竞争、技术特征与商业模式的兼容性仍可能使其陷入两难境地，最终开发出界面、商业模式和文化内容完全不同的两个版本。这种从地缘政治经济到互联网科技界面、商业模式的全面对立和二分化，恰恰是本文旨在强调的重点：从私有商业平台在日趋割裂的两大互联网生态系统夹击下的动态策略和与多边利益方的紧张关系来审视中国数字平台全球化，而不是将其认定为传统意义上数字帝国系统的颠覆或替换。

作者张宗艺系香港中文大学文化及宗教研究系博士

① Lobato R., Meese J., *Geoblocking and Global Video Culture*, Amsterdam: Institute of Network Cultures, 2016.

② Lee Kai Fu, *AI Superpowers: China, Silicon Valley and the New World Order*, New York: Houghton Mifflin Harcourt, 2018.

从桃花源到伊甸园：文化接受视域下的李子柒与国际传播

孙可佳

摘要：在当今多元复杂的环境下，李子柒和她的视频作品实现了积极、正面、有影响力的国际传播。本文立足受众，从文化接受的视域对来自世界各国的海外受众如何接受、认同李子柒进行分析，并进一步归纳出中国文化在国际传播的过程中，受众接受认可的模式。本文基于传播效果理论，以西方媒体的报道和李子柒 YouTube 主页上的英文用户评论为考察对象，从认知和情感两个维度进行文本分析，归纳出海外受众对李子柒的接受及背后原因。本文参考姚斯的五大文化认同框架类型，总结出跨文化语境下的五大接受认同模式，据此从受众角度理解中国文化的海外传播。

关键词：李子柒；文化接受；国际传播

一　引言：世界文化交流困境下的李子柒

全球化进程的加速在给世界带来多元文化碰撞的同时，也在增强由此产生的偏见与隔阂。近年来国际局势多变，给世界各个国家、民族之间的对话交流带来了很大挑战。

信息时代的深入发展推进了全球各国及其人民在互联网上的深度交流，尤其是 2020 年以来的全球突发性公共卫生事件使人们的交流方式发生了巨大改变。因各国各地不同程度的疫情防控管理要求，线上的信息内容传播被进一步催化。

然而，线上交流的增加并不意味着理解与认同的升华。正如美国学者雪莉·特克尔（Sherry Turkle）提出的“在一起孤独”（Alone Together）[①] 困境——在互联网自身的信息传递模式与当下大数据推荐算法机制的局限下，人们很容易陷入信息茧房，甚至加剧部分既有的刻板印象。我们正在面对信息时代传播交流背后的“新失联”现象：文化间的联系更多地被虚拟化，文化间的适应因面对面交流的减少而被削弱。因此，文化多样性的落实并不应止步于交流面的扩大，而更需要一种客观理性的接受与认同来支持。

面对多元复杂的环境，中国应如何从文化入手突破固有成见、推动积极交流与认可，并实现积极、正面、有影响力的国际传播，使中国文化成为各国都格外关注的重要议题？

我们不得不承认的是：目前海外很多受众对于中国、中国文化及中国国家形象的理解仍有许多片面成分，亦无法对中国的国际传播产生足够共鸣；而从中国的角度来看，含有强烈价值态度输出的国际传播得到的反而是曲解和误读。以近年来中国影视作品的海外传播为例，即便是一些口碑较好的作品，仍然不能引起一些世界主要国家和地区的市场行业兴趣。如前些年在国内票房极高、口碑极佳的电影《流浪地球》《哪吒之魔童降世》等走出国门后，虽在华人圈引起了小范围的追捧，但海外票房却并不如预期，远不能与之在中国市场的受欢迎度相比——既然尚不能“接纳”，遑论“认同”乃至“热爱”。

然而，李子柒和她的视频作品却在这样的环境下逆势成功，在国际传播上成功“出海”“破圈”。

李子柒自 2016 年开始拍摄短视频并在社交媒体迅速走红，由此创立了个人品牌，完成了商业变现。截至 2019 年 12 月 30 日，李子柒不仅在新浪微博积攒了 2 178 万粉丝，其于 2017 年 8 月开设的 YouTube

① Turkle S. , *Alone together: Why We Expect More from Technology and Less from Each Other*, New York: Basic Books, 2011.

账号也收获了超过1 000 万的订阅者和累计超10 亿次播放量，超过了全球影响力最大的媒体之一 CNN，其 Facebook 公众号获得了303 万粉丝和207 万次点赞。李子柒的粉丝中不仅有华人，更有来自世界各国（包括欧美国家）的用户。李子柒每个 YouTube 视频的播放量大多在500 万以上，最少的为210 万，最多的接近5000 万——在观看量、评论数、点赞数上都显示出了强烈的传播效果。

李子柒为什么能够成功呢?

首先，得益于近年来视频影像的风行。视频影像兼具了视觉艺术的画面效果、听觉艺术的声音感知以及大众文化的传播速度。过去的视频作品往往以电影、电视、纪录片等形式呈现由官方部门或专业制作主体组织或主导拍摄，但随着“互联网 +”时代的到来，人人都成为博伊斯口中的艺术家，能够轻易地制作大量、多样的视频，并吸引其他用户的注意。依托互联网自媒体平台，视频传播得以快速成长，成为当今最为主流的文化传播方式之一。

接下来我们来回顾一下李子柒的个人背景。这个生长于四川省绵阳农村的“90 后”女孩本名李佳佳，历经父母离异、父亲去世、爷爷去世，14 岁辍学进城打工，和奶奶相依为命，经历十分坎坷。2012 年奶奶的重病让她不得不从摆地摊转为开淘宝店，惨淡经营下，为了增加网店的流量，李子柒从2015 年开始自导自演中国古风美食视频，于当年3 月在“美拍”平台上发布短视频《桃花酒》；11 月，为拍摄短视频《兰州牛肉面》特赴兰州拜师学习。2017 年4 月，她在“美拍”上发布制作秋千的短视频；8 月，她在 YouTube 上发布了首个短视频《用葡萄皮给自己做件衣服，是一种怎样的体验?》，开启了她在世界舞台的走红之路，截至2020 年1 月，该视频获得了近1160 万次观看和超过16000 条评论。

李子柒的视频以乡村日常生活场景、传统美食和手工艺制作为主要场景，饱含着中国传统文化和田园生活——酿桃花酒、制枇杷酥、刺绣织布、竹艺木工、古法造纸、针织女红……充满了中华传统文化意象。视频的背景音乐采用了悠扬的中国传统乐曲，与李子柒清秀、质朴而古典的装扮共同营造了一种诗意的山居生活情境。而且无论是精细的工艺还是粗重的活计，李子柒几乎“无所不能”。每个视频的拍摄都极为用心，为展现整个制作过程，拍摄时间跨度往往很大。例如《一颗黄豆到一滴酱油，传统手工酿造酱油》，便从种黄豆开始拍摄；“Ancient Oriental Methods of the Sericulture, the Solution to the Cold”从养蚕到缫丝一步步展现了手工蚕丝被制作的全过程；为了介绍木活字、手工造纸、文房四宝，李子柒特地找师傅学习了小半年。许多视频也展现了李子柒和奶奶相依为命的生活日常，感动了不少观众。

在每条视频的评论区，都有上万条来自美国、德国、日本、韩国、以色列、俄罗斯等几十个不同国家说不同语言的网友的评论，绝大多数是祝福和赞美，很少有争论、质疑和恶评。在标题和视频解说文字均为中文的情况下（部分视频标题有英文），大多数评论为英文，大多数评论用户为非汉语使用者。许多非汉语使用者仍不断在评论区求翻译，语言的不同丝毫不妨碍他们对李子柒的喜爱。这些正面评价不仅关于李子柒本人，还包括她所呈现的中国文化。显然，李子柒对中国文化的国际传播起到了积极作用，做出了重要推动和典型的示范。2020 年，《泰晤士报》（*The Times*）将李子柒列入 20 位来自世界各地的“冉冉升起的新星”名单。①

接下来，本文将以李子柒作为国际传播的典型案例和研究对象，来分析中国文化在国际传播的过程中，受众认可的模式及其应用。来自世界各国的海外受众如何认知李子柒，为何产生认同？希望借此分析能对中国文化的国际传播提出有效建议。

二 背景理论：文化接受理论与应用

本文将立足受众，在文化接受的视野下对国际传播的认可模式进

① “Rising Stars: Twenty Faces to Look out for in 2020”, 2020－1－2, https://www.thetimes.co.uk/article/rising-stars-twenty-faces-to-look-out-for-in-2020-kwcmc8mzf. 2022－2－11.

行分析。从接受到认可，是一个不断递进的过程。“接受”一词本身就涵盖了广度与深度的二重衡量维度，目前主流的文化接受研究主要偏于主体性思考的深度；而对于国际传播，广度至关重要。

文化接受理论即接受美学，诞生于20世纪60年代中期，以姚斯（又译为“耀斯”）、伊瑟尔等为代表的康斯坦茨学派（Konstanz school）逐渐建立起这一关于作品与读者关系的文艺理论体系，认为作品只有历经读者接受、阐述和再创造的过程之后才能成为真正的审美对象，主张以读者为研究中心，聚焦作者、作品和读者三者之间的相互作用和关系。[①] 接受美学逐渐发展成为现代西方重要的美学流派之一。

姚斯在《文学史作为文学科学的挑战》（“Literary History as a Challenge to Literary Theory”，1967）中提出了“期待视野”（the horizon of expectation）这一概念：读者在接受作品时是带着自己原有的经验和心理图式的，接受者不断变化的期待视野造成了作品与读者之间的动态关系。期待视野发生于接受活动开始之前，使读者初步形成总体意向和预设，并由此决定了后续接受过程中取舍选择的重点，也决定了基本的态度与评价。作品艺术生命的长短，在某种程度上也取决于读者而非作品本身。姚斯提出了审美经验的基本结构并将其分为三个方面：诗、审美和净化。其中诗是创造的活动，审美是接受的活动，净化则是交流的活动——可以被理解为艺术与接受者之间的部分。

其实在文学领域，类似的探讨也曾出现在影响研究中，其尝试从更为实用主义的角度切入，以思考文学对现实产生的影响，以及由此带来的不同读者的心理认知变化。但接受研究仍区别于影响研究，二者在逻辑顺序上存在差异：影响研究是从文化辐射到人，阅读主体相对被动；接受研究则是由人到文化的主动择取行为，代表了读者的主体能动性。因此从某种意义上可以说文化接受研究是反阿多诺的

---

① 徐亮：《西方文论作品与史料选》，浙江大学出版社2016年版，第557—558页。

存在，它不认可当今的大众文化是大工业生产模式下的操控者，而极大程度地肯定了作为“大众”构成者的每个“人”所起到的积极作用。

从实践意义来看，以姚斯为代表的文化接受研究在德国曾引起过广泛关注并产生了重要作用。20 世纪七八十年代正值世界格局的持续变化期，联邦德国政府围绕统一主题提出了“文化国家”的战略以强化德意志共同文化与民族意识[①]。文化接受理论恰好契合了这一要求，从而有着积极的指导作用。在德国的应用研究中，接受美学强调其人民性的特点，即“文化为所有人”[②]，这就超越了意识形态的局限性，有助于将东德和西德不同的文化价值观取向融合于一个包容性的共同空间。这一以“人民性”为核心的文化接受理解，对于中国有着一定的参考价值与借鉴意义。

从“接收”到“接受”的语义过渡，一个重要的区别即在于认同所起到的作用。这种认同可以表现为兴趣点、注意力以及印象深刻度等诸多维度。按照姚斯的理论，审美经验可分为三层：最外在的表层是审美愉悦，即感官上的享受、刺激等，往往发生在感知文化品的瞬时；中间层是获得心灵的解放和自我确证，即带有情绪性的体验过程；最核心层则是产生全新的经验方式，拓宽视野，获得超越现实的自身价值反思，是一种基于理性的高度追求。这种从感官到情绪再到精神理性的层级分类，与马斯洛的需求层次模型构成了内在呼应，彰显出人们在文化接受过程中逐渐深入的体悟。在此基础上，姚斯在主体间性的审美认同模式中提出了五种类别的接受行为和互动方式。

第一种是联想式认同（Associative Identification），指的是“通过在某一戏剧行为的封闭的想象的世界里充当某一角色而十分清楚地实

① 吴铁柱：《二战后联邦德国“文化国家”战略与尧斯接受美学理论之关系》，《学术交流》2014 年第 10 期。

② 张利华：《中美欧文化软实力研究》，知识产权出版社 2015 年版，第 213 页。

现自身的那种审美行为”[①]。这种认同方式消解或模糊了被呈现的客体与观看主体之间的二元划分，读者往往将自己代入角色，感知其经历并获得同一的体悟。

第二种是倾慕式认同（Admiring Identification），不涉及文本的悲喜情绪效果。它指的是由“榜样的完美来界定的审美态度”[②]。这种认同往往生发于对圣哲和英雄人物的仰慕和尊崇而又不限于此类对象，文化接受者进而形成将审美对象向理想化发展、臻于完美的内在倾向。

第三种为同情式认同（Sympathetic Identification）。与钦慕式或联想式不同，其促使读者“将自己投入一个陌生自我的审美情感”[③]。同情产生于读者和人物之间境况的距离，而同时又致力于消除这种距离感。在这种认同模式下，平凡且不完美的主人公超越了古典英雄主义式的神圣光辉，带来不同的浸入式体验感。

第四种是净化式认同（Cathartic Identification），“观众从他社会生活的切身利益和情感纠葛中解放出来……使得心灵和头脑通过悲剧情感或者喜剧宽慰而获得解放”[④]。这种“解放”进一步帮助审美经验独立，使之带有自我的判断力和导向性。它看似是对自我的一种宣泄，实则分别明确了所需要摒弃的既有现实和希冀获得的内在力量。

第五种是反讽式认同（Ironic Identification），这是“一种意料之中的认同呈现在观众或读者面前，只是为了供人们拒绝或反讽”[⑤] 的特殊审美思考和道德反省。它通过否定的方式对给定的审美态度发出

---

① ［德］汉斯·罗伯特·耀斯：《审美经验与文学解释学》，顾建光、顾静宇、张乐天译，上海译文出版社2006年版，第201页。

② ［德］汉斯·罗伯特·耀斯：《审美经验与文学解释学》，顾建光、顾静宇、张乐天译，上海译文出版社2006年版，第206页。

③ ［德］汉斯·罗伯特·耀斯：《审美经验与文学解释学》，顾建光、顾静宇、张乐天译，上海译文出版社2006年版，第211页。

④ ［德］汉斯·罗伯特·耀斯：《审美经验与文学解释学》，顾建光、顾静宇、张乐天译，上海译文出版社2006年版，第218页。

⑤ ［德］汉斯·罗伯特·耀斯：《审美经验与文学解释学》，顾建光、顾静宇、张乐天译，上海译文出版社2006年版，第223页。

挑战，将主人公坚信不疑、顶礼膜拜的理想降格为日常生活的此岸。①反讽式认同的出发点是完全割裂的、独立的，因而能够合理划分自我与阅读对象之间的距离。相较而言，这是一种更偏向“上帝视角”的观看模式，与完全代入自我的联想式认同达成了最大的模式分野。

尽管划分了这五类认同模式，姚斯认为它们之间没有历史的顺序，彼此之间的关系是功能性的。即对文化接受者来说，其可能的感知效果存在于其中任何一种或多种认同模式的基础之上。但是，这并不意味着五种类别是完全平行的存在：联想式认同几乎是在积极介入的过程中使得读者与客体达到零距离状态；倾慕式认同是对既有距离的努力弥合与无限接近；同情式认同的距离感体现了代入的“节制”而非滥情；净化式认同无形中彰显了一种淡漠与疏远；反讽式认同则表现了距离感，甚至于完全的脱离。

认同模式理论往往应用于叙事性较强的文学作品，所针对的是承载着特定性格特质的主人公形象或演绎范式的故事构建。例如，联想式认同所涉及的对象为游戏/竞赛类故事（庆祝仪式），倾慕式认同则针对那些“完美的主人公（圣徒、贤哲）”的英雄故事②等，最终指向的还是文本分析本身。但在其他弱情节类的文学与艺术作品中，文化接受的维度无法单一地围绕情境展开分析，而更多涵盖了接受者解读该对象的接受历程。此外，尽管搭建了伊瑟尔所谓的“图示化框架”来让读者填补和再造，这种认同模式所默认的考量语境仍然是同一的。换言之，姚斯的这个认同模式理论虽然隐藏了指涉的主体，但我们仍可以从中看到他更偏向于对文化接受的微观研究，决定接受维度的变量主要表现在个体的感知差异上，而不涉及集体性的、跨文化的成分。

然而，在更广义的文化艺术交流活动中，“异文化”导致集体性

---

① 王伟：《文本作为交往的世界：接受美学主体间性思想研究》，广西师范大学出版社2014年版，第172页。

② ［德］汉斯·罗伯特·耀斯：《审美经验与文学解释学》，顾建光、顾静宇、张乐天译，上海译文出版社2006年版，第190页。

的理解折扣大量出现。语言文化的差异性阻碍着文化接受者对表达内容的基本理解，接触现实环境的差异致使共情条件产生了根本性变化——这些都在无形中极大提高了认同和接受的难度。尤其对于自媒体视频等作品的海外传播，其纯粹的故事性的成分被削弱，替代以行为姿势、场景图片、音乐声效等多种文化表达形式，以借助综合手段达成吸引力特质。

另外需要注意的是，文化接受理论不主张区分大众文化与精英文化；自媒体平台正是联结各种传统意义上的“精英”与“大众”之间的理想渠道，突破被规定的层级关系，通过对受众的传播、反馈到再生产循环，形成一个良好有序的闭环机制。在这种既有的社会网络下，能被高度认可、广泛接受其实是很大的挑战；在视频类作品领域，各种试图捕捉观众眼球的类型化创作早已进入竞争激烈的“红海”。大量参与者在低门槛的先决条件下早已纷纷涌入，于无形的竞争淘汰链中筛选出了具有冲击张力的作品群，也就初步奠定了以“观者”为中心的创作模式。

基于以上两大前提，我们需要寻求一种归纳式的反馈机制而非演绎式的逻辑推断来理解李子柒在国际传播中的被接受过程。

三　李子柒视频的海外受众认知与效果分析

（一）研究方法与研究样本

接下来本文将采用文本分析的方法，基于传播效果理论，以西方媒体对李子柒的报道和李子柒 YouTube 主页上的英文用户评论为考察对象，通过语义分析和情感分析相结合的方式，从认知和情感两个维度入手，分析来自西方世界的海外受众如何看待和接受李子柒，进而分析中国文化在国际传播中的崭新的可能性。

鉴于中国海外传播语境的大幅变迁，本文搜集的数据和样本均截至 2020 年 1 月。这也是基于李子柒主要于 2017 年开始走红，并在 2019 年被国内广泛关注和蜚声海外的事实的选择——例如，《中国新闻周刊》2019 年度影响力人物荣誉盛典中，李子柒被评为“年度文化传播人物”。

本文首先收集了西方各期刊、报纸、新媒体等媒体平台对李子柒的报道，汇总的西方媒体对李子柒的报道如表 1 所示。

表 1　西方媒体对李子柒的报道汇总

国家	媒体	标题	发表时间
美国	Colosal（新兴互联网艺术平台）	A Dyed Wool Cloak Made From Scratch in the Chinese Countryside by Li Ziqi（由李子柒在中国乡村制作的染色羊毛斗篷）（https：//www. thisiscolossal. com/2019/08/a – dyed – wool – cloak – li – ziqi/）	2019. 8. 21
	The Daily Dot（新锐报刊网）	Li Ziqi's Dreamy Videos will Relax You—and Teach You Something New（李子柒的梦幻视频让你轻松，教你新鲜）（https：//www. dailydot. com/unclick/li – ziqi – youtube – videos/）	2019. 11. 27
	New York Times（《纽约时报》）	You'll Never Buy Caramel Corn Again（您将再也不会购买焦糖玉米花）（https：//www. nytimes. com/2019/12/09/dining/youll – never – buy – caramel – corn – again. html）	2019. 12. 9
	Vanity Fair（《名利场》）	Li Ziqi：Sette Cose Che Insegna l'influencer Contadina Cinese（李子柒：中国农民的七大影响力事件）（https：//www. vanityfair. it/lifestyle/hi – tech/2020/01/27/li – ziqi – sette – cose – che – insegna – linfluencer – contadina – cinese）	2020. 1. 27
英国	*The Times*（《泰晤士报》）	Rising Stars：Twenty Faces to Look out for in 2020（明日之星：2020 年值得期待的二十张面孔）（https：//www. thetimes. co. uk/article/rising – stars – twenty – faces – to – look – out – for – in – 2020 – kwcmc8mzf）	2020. 1. 2
法国	Positivr（新兴互联网平台）	Li Ziqi Fabrique Du Papier Selon une Technique Traditionnelle Chinoise（李子柒用中国传统技术造纸）（https：//positivr. fr/chine – fabrication – traditionnelle – papier/）	2018. 1. 23
		Cette Chinoise Recycle le bois d'une Vieille Porte Pour Fabriquer un Meuble（这位中国女子回收木材制家具）（https：//positivr. fr/li – ziqi – chine – fabrication – traditionnelle – meuble – vieux – bois/）	2018. 4. 19

续表

国家	媒体	标题	发表时间
法国	Agoravox TV（独立广播电视）	La youtubeuse Li Ziqi et la tradition chinoise ancestrale（YouTuber 李子柒与中国传统文化）（https：//www. agoravox. tv/culture – loisirs/culture/article/la – youtubeuse – li – ziqi – et – la – 76977）	2018. 5. 7
	L'AND（著名艺术杂志）	L'une des plus jolies chaînes de YouTube serait en réalité un outil de propagande massive（最漂亮的 YouTube 频道之一：实际是一种大规模宣传工具）（https：//www. ladn. eu/media – mutants/li – ziqi – youtubeuse – propagande – chine/）	2019. 3. 5
	Actualitte（创刊 50 年的文学日报）	Une artiste chinoise propose un tutoriel pour fabriquer des outils de calligraphie（中国画家的书法工具制作教程）（https：//www. actualitte. com/article/patrimoine – education/une – artiste – chinoise – propose – un – tutoriel – pour – fabriquer – des – outils – de – calligraphie/94021）	2019. 3. 26
	RFI（法国国际广播集团）	Chine：des paysans du Net，«miracles» du «soft power» chinois（中国：网红，中国“软实力”的“奇迹”）（http：//www. rfi. fr/fr/asie – pacifique/20191212 – chine – paysans – net – miracles – soft – power – chinois）	2019. 12. 12

接下来，本文使用 Python 软件抓取 YouTube 视频下的评论进行分析，剔除中文样本、纯表情样本和其他非英文样本（基于研究者语言所限），采用词频计量和文本分析相结合的方法，考察受众的认知和情感倾向。

（二）认知—情感效果分析

首先我们来看媒体报道中透露的认知和情感态度。

报道过李子柒的西方主流媒体共有《纽约时报》和《泰晤士报》两家，它们都给予了李子柒正面的评价，但两篇报道均非专门写李子柒的文章，而是在内容中提及李子柒。《泰晤士报》这篇 2019 年年末的盘点，将李子柒列入了 2020 年值得期待的 20 张面孔之一，在传播力、影响力上给予了李子柒极大肯定。而《纽约时报》是在美食专栏导读文章的最后一段，提到了 Jen Lin – Liu 为李子柒撰写的专稿，该文称李子染为“food empire”（美食之王）。原文章题为“The Most Famous Chef You've Never Heard of”（你前所未知的名厨），历数李子柒视频中的美食、美景及其坎坷经历。Jen 认为，李子柒之所以备受喜爱，是因其“朴素的魅力”吸引了那些对城市生活灰心失望的千禧一代。李子柒不仅仅是中国的现象，来自世界各国的评论不断涌入，更说明了其世界影响。

更多专门报道李子柒的是新锐西方媒体。美国新兴互联网艺术平台 Colosal 以大量高清图片介绍了李子柒《羊羔毛斗篷》（Weaving a Cloack with Fluffy and Soft Lambswool，Never Dread Winter Anymore）这一视频，认为李子柒将田园风光带入了她的中国乡村日常。法国新兴互联网平台 Positivr 以简短的文字特别介绍了《千年长安千年纸，原来最原始的纸张是这样造出来的》和《竹沙发》（Using bamboo to make some sophisticated old furniture——Bamboo Sofa）这两个视频，惊讶于李子柒对千年前中国造纸术的复原。

另两个西方新锐媒体则不是对李子柒的个别视频感兴趣，而是聚焦于李子柒本人。法国独立广播电视 Agoravox TV 称李子柒为在绿色环境中拍摄非凡视频的“DIY”（手工制作）专家。美国新锐报摘网站 The Daily Dot 称李子柒为“中国最难捉摸的 YouTuber”，其在报道中强调：李子柒创作了令人难以置信的梦幻般的视频；她与其他内容创作者不同的是，她的视频为城市居民提供了田园幻想，也使观众对历史、饮食、传统手工艺品和农业文化有了更好的了解。

可以看出，西方媒体对李子柒已产生了兴趣，尽管报道量还不是很大，但主流媒体已注意到李子柒的传播力和影响力，而对其更感兴趣的是诸多新兴媒体和艺术类媒体。从诸多正面评价可以看出，西方媒体对李子柒视频中所展现的田园生活图景和自制美食/手工最感兴趣，并由李子柒的视频认识到其所承载的中国文化。这一点，和上一节的对用户评论的分析呈现出的认知评价是一致的。

但是，著名艺术杂志 *L'AND*、文学刊物 *Actualitte* 和法国国际广播 RFI 三家法国媒体的报道却值得注意。他们在肯定了李子柒的影响力和优质内容的同时，对李子柒的视频展开了其他主观想象，怀疑视频具有政治宣传目的。

RFI 的用语是相对温和、正面的。报道用“Miracle du soft power”（软实力奇迹）来形容李子柒的走红。RFI 没有从李子柒个人或中国文化的层面来进行评价，而是特别强调李子柒因对中国良好形象的贡献而受到官方机构称赞，特别举出新华社的“李子柒正在帮助人们了解中国文化”这一评价。这样的报道框架，似乎有意将李子柒的个人行为与中国官方机构联系在了一起。而事实上，李子柒录制、上传视频完全是其坎坷经历中为了谋生的自发行为。她在世界上意外走红后，才引起了中国官方机构的重视和赞赏。报道本身没有采取负面态度和攻击性言语，但却令人浮想联翩。

而 *L'AND* 和 *Actualitte* 的报道则将李子柒现象直接定性为“宣传”，使用了 propagande。英文“propaganda”一词——这个意为宣传的媒体常用语带有很强的政治色彩和负面含义，具有煽动、蛊惑、政治宣教的意味，常常应用于政治宣传的语境中。*L'AND* 的分析思路是这样的：其一，因中国政策法律因素，中国网民无法正常登录 YouTube、Facebook 等国际社交媒体，李子柒则在 YouTube 上上传视频；其二，视频的图像质量和后期处理水平很高，似乎以完美无缺的方式“推销”中国人的生活方式；其三，文章认为中国乡村的生活条件比李子柒视频所呈现的要困难很多。文章认为，中国政府以软实力战略参与李子柒的行为，以向西方公众传达积极的中国价值观。*Actualitte* 的报道以“中国血统、中国传统、中国艺术形象”来定位李子柒的视频，并引用评论人原文——有人认为这个链条是中国政府建立的“宣传工具”（Un outil de propagande）。这种春秋笔法虽无直接的批评和证据，但却对李子柒的视频及其走红现象进行了具有负面色彩的揣测。

接下来本文将聚焦 YouTube 用户的评论。本文首先以名词分析探索西方受众通过李子柒产生的形象认知，再运用肯定、否定、中立的态度框架对西方受众的情感进行分析；在此基础上，结合具体的社会情境，运用话语分析的方法，深入解读西方受众的认知及其体现的跨文化接受特征。

"认知"是所有受众效果的起点。不同的词语可以传递出不同的含义。名词和形容词与人类对事物的认知连接紧密，最能反映人类的认知倾向。[①] 由此，本研究对 YouTube 用户评论中出现的词进行抓取，统计出现超过 5 次的高频英文词，并剔除 comment、video 等与研究意义不大的词，并通过人工识别对语义相近的词进行归类。截至 2020 年 1 月底，李子柒共上传了 104 个视频。在众多视频样本之中，本文选择了李子柒最早上传的"用葡萄皮给自己做件衣服，是一种怎样的体验?"、观看量最多的"Peanut and melon seeds, dried meat, dried fruit, snowflake cake — snacks for Spring Festival"和 2020 年初上传的"当腊味煲仔饭遇上胡椒猪肚鸡 你又以为有故事？还是没有！"（"Lap Mei clay pot rice | pig maw and chicken soup with pepper"）三个视频作为样本，分析外国网友的总体性认知情况。在出现超过 5 次的高频词中取出现频次加权百分比超过 0.1% 的，如表 2、表 3、表 4 所示。

表 2　《用葡萄皮给自己做件衣服，是一种怎样的体验?》传播效果高频词分析

分类	高频词（按出现频次排序）
名词	dress, grape, life, cow, girl, thought, woman, Li Ziqi, music, princess, time, China, lady, machine, nature, fairy, heaven, color, dye, skin, wife, world
形容词	beautiful, perfect, talented, amazing, fabric, pretty, hard, spirited, best, good, purple, real, great, peaceful, wonderful, nice
感叹表意词	Wow, OMG, God

由表 2 可知，大量的认知集中在美好的田园图景和女性形象上，其中被大量提及的主要有三类词：（1）与自然/田园生活相关的词语，这类词出现的频率最高，如 grape、cow、nature（以及与之相对的反义词 machine）、peaceful；（2）表达正面感受的形容词和感叹词；（3）life、time、girl、music 等与主题相关、具有生活感的中性词。除此以外，诸

① 顾倩：《"大 + 时间名词（ + 的）"的情感倾向及其认知解释》，《宁夏大学学报》（人文社会科学版）2013 年第 2 期。

如 wife、princess 等词表达了许多观众对李子柒的倾慕和喜爱；China 作为高频词出现，显示出很多英文用户通过李子柒对中国有了关注和评价，并且从评论文本来看基本都是正面认知。这些词在整体上勾勒出“李子柒—美好女子—田园自然—中国”的逻辑主线。

表 3 《当腊味煲仔饭遇上胡椒猪肚鸡 你又以为有故事？还是没有!》传播效果高频词分析

分类	高频词（按出现频次排序）
名词	nest（nesting），beach，year，fish（fishing），people，area，sea，water，Carteret county，love，shoreline，development，island，way，Caroline，family，life，land，community，project，food，county，environment，home，success，sand，work，future，Li Ziqi，sound
形容词	east，good，north，new，coasted，local，beautiful，nourished，green，natural

如表 3 所示，该视频的高频词统计表中，与自然、田园、生活日常相关的词依然占最大的比例，其中 family、life、love、future 等词高频出现。而值得注意的是，Carteret county（美国北卡罗来纳州下某县）和 Caroline（美国州名）的高频出现，一方面佐证了李子柒具有众多的西方受众和一定的世界传播影响力，另一方面也表明了李子柒引发了西方受众的反身性联想和思考。南卡罗来纳州和北卡罗来纳州濒临大西洋海岸，以自然风光而闻名。“East” 成为出现频率最高的形容词，说明了李子柒与西方世界的东方认知相关。以上词语整体上勾勒出“李子柒—田园自然”的逻辑主线。

表 4 “Peanut and melon seeds，dried meat，dried fruit，snowflake cake—snacks for Spring Festival”传播效果高频词分析

分类	高频词（按频次排序）
名词	life，love，grandma，dogs（puppies），everything，work，girl，way，lamb，popcorn，food，animals，time，wish，place，woman，cooking，dream，Li Ziqi，people，nature，music，seeds，sunflower，sheep
形容词	beautiful，cute，good，amazing，hard，little，Chinese，happy，real，simple，great
感叹表意词	Wow，God

表 4 中的词语和逻辑主线与表 2 和表 3 相同。需注意的是 grandma、dogs 的高频出现。李子柒相依为命的奶奶和她饲养的狗在其视频中经常出现，不少观众都十分关心奶奶，对陪伴她的小狗也很是喜爱。这表明了受众由同情而产生了移情。

由评论所体现的认知，再进入情感层面的分析。情感，或者说态度，是受众效果的深入递进。本文对网友评论的态度考察从肯定、否定、中立三方面进行，对这三类情感倾向的界定如下：

肯定是指对视频整体或某一片段、要素表达明确的喜欢、赞赏的情感，比如"We love your videos and we are so sorry that you are being copied without recognition!""She is my favorite YouTuber, chef, artist, gardener."等；否定是指对视频整体或某一片段、要素表达了厌恶、批评的情感；中立指白描，无明确情感表露，比如"Somebody could translate it to me?"等。

据此标准，以 YouTube 上《一种如精灵般的食材——松茸》视频下的英文用户评论为样本进行分析：所有评论样本中极少有负面评价，偶见中立评价，绝大多数为正面评价，情感倾向如表 5 所示。

表 5　《一种如精灵般的食材——松茸》YouTube 英文用户评论分析

情感	案例
肯定	The Government of China should give her an Award for sharing to the World "China's History and Traditional Food Recipes." 中国政府应向她授予在世界范围内分享"中国历史和传统食谱"的奖项 If I could, I would recommend Liziqi's videos for Oscar nomination. These documentary videos are absolutely inspiring. 如果可以，我会推荐李子柒的影片提名奥斯卡。这些纪录片绝对令人鼓舞 I hope to live such a quiet life away from trouble and noise, I can eat healthy food and taste and inhaled clean air and even calm and quietness of the soul... I'm tired 我希望能过上这样安静的生活，远离喧嚣，可以吃健康的食物，沉浸在清洁的空气甚至心灵的平静与宁静中……好累啊 Her videos have the perfect blend of style, elegance, simplicity, class, innocence, perfection and cultural values. I love her videos. Her silence speaks a thousand words. 她的视频融风格化、优雅、简约、品味、纯真、完美和文化价值于一体。我喜欢她的视频。她的静默胜过千言万语 It's wonderful. I don't even know what to say. It's an art. 太美了，我甚至不知道该说些什么，这是一种艺术

续表

情感	案例
肯定	Can't read Chinese but a hundred percent like!!!! 看不懂中文，但百分之一百喜欢 Beautiful Chinese cuisine. 美丽的中国菜 I wish I could spend a week in your house, helping you cook and just enjoy the calmness of the nature and breathe the fresh air. 希望我可以在你的房子里待一星期，帮你做饭，享受大自然的宁静，呼吸新鲜空气 U r so beautiful. 你真是太美了 I feel calm, when I hear the song in every video. 当我在每个视频中听到音乐时都会感到宁静 This woman made me love China. 这个女子让我爱上中国 Peace and Blessings. 和平与祝福 Her Videos are So Dreamy... 她的影片太梦幻了……
否定/质疑	To someone who starts watching: this video will be boring. 致即将观看者：这个视频很无聊。 Dicks. They look like dicks, ok? Can we just fucking move on. （脏话）
中立	Li ziqi, show more herbal tea recipes. 李子柒，传些草本茶方吧 So, I noticed that even when she eating alone, she pours drinks in two tiny cups. Anyone can explain that? 我注意到即便她一个人吃饭，也会摆两个杯子。谁能给我解释一下 Anyone know this background music? 有人知道这个背景音乐吗 The translation is wrong. What she made was a Suzhou mooncake, not a Soviet mooncake. 翻译错了，她做的是“苏氏”月饼，苏州的月饼，不是苏联的月饼

综上所述，外国网友和西方媒体对李子柒的接受认知基本是一致的，赞扬、欣赏和肯定占绝对上风，远离尘嚣的田园生活图景、自然纯净的生活方式、高度艺术化的食品、李子柒本人的魅力成为网友们追捧的主要因素，很多人因此对中国和中国文化产生了浓厚的兴趣。另外，从很多问询性的评论中可以看出李子柒已有了具备高度黏性的粉丝群。不少评论追问本条视频中奶奶为何没有出现，如：“Where is grandma?”“Where is her grandma? Why is she eating alone?”“I missed grandma in this video”，也有评论希望李子柒上传一些自己感兴趣的内容，这都说明了这些受众是长期追随李子柒，对其视频有着相当了解和关注的。

基于以上分析，本文进一步追踪了李子柒视频中点击量和评论数排名靠前的作品，这些作品后留言的高频词主要集中在食物、视听效果、爱、祖母等方面，包括但不限于典型的中国文化符号。作为基本日常的食物成为重要的传播桥梁，易被感知和引起兴趣的美食题材作品在观看量、评论数和点赞数上始终居于前列，如2018年10月8日的“吊柿饼”，2017年11月6日的“蜂蜜柚子茶”，2019年1月2日的“铜锅涮肉”，2018年8月12日的“长白山人参蜜”……大多数评论表现出了美食对受众的深深吸引——“想吃中国菜”“食物真好看，我看饿了”“我想吃中国菜”“我喜欢她使用的所有餐具和食材”……有的外国网友对于没有见过的食物或其他中国所独有的器物产生了好奇：“谁能告诉我她在开头收集的种子叫什么?”“8分54秒出现的是什么水果?”有的网友在感知到差异的同时，不由得对比起自身的文化和日常生活：“这是芋头（taro）吗？我们称之为‘tales/mbote’，妈妈会用盐来蒸芋头”（网友Maria Magdalena）；“百香果很好吃，但在我们国家很贵”；“西方文化里，我们习惯了微波速食；东方文化里使用天然食材制作食物”……

另外，色彩、画面、音乐等视听效果很容易给受众造成深刻的印象，高度风格化、具有中国特征的画面和音乐在受众的接受过程中起到了重要的作用。“每个镜头都像画一样”，“色彩简直太美了”，“我喜欢你的背景音乐，宁静又温柔”（网友Canadian Mom），“中国的音乐很令人放松，觉得像身临其境”（网友Ghost Street）……尽管语言和文化存在差异，但影像的表达会因其直观性而让人容易接受，由审美感受而产生兴趣。

当然，也存在一些相对消极、负面的评论，这类词语有“不能接受”（can't accept）、“不能理解”（don't understand）——有网友会因差异而产生疑问和质询：“鸡爪是生的吗？可以安全食用吗?”“我不理解吃鸡爪”。也有网友在产生疑问的同时，也表示能接受差异：“我不知道鸡爪也能吃，但我会学她尝试一下”（网友Brett Herbst）；“我没吃过螺蛳，但看到你爱烹饪的螺蛳粉，我也许会试试”（网友Passionflower）。

西方受众对李子柒的认知主要集中在自然/田园、美食、女性形象、温情生活等方面，美食尤其成为最易于被接受的内容，令受众产生共情式认同。同时，因食材、烹饪方式、生活交流方式等存在差别，观众的兴趣式和好奇式认同也由此产生。此外，相较于现代社会高度同质化的生活，这种自给自足的生活能凸显前者所无法拥有的前工业时代特征，兼具了对照式认同。最后，尽管对于李子柒的质询层面上的直接表现相对较少，但仍有部分受众表达了疑问和不理解。总的来说，受众通过李子柒有了对中国、对东方的关注和认知，整体上勾勒出正面的认知和感受。

四　从李子柒的走红到跨文化语境下的接受认同模式

由上一章的分析可见，李子柒得到了西方的普遍认同，并产生了较大的影响力；无论国人还是外国受众，在观看其作品时总能获得一种莫名的愉悦感（oddly satisfying），很多人一直追随观看，逐渐成为李子柒的"粉丝"，甚至由此开始关注中国、爱上中国。李子柒在世界范围内的走红成为一种"李子柒现象"。

那么，以西方受众为代表的海外受众为何会接受和肯定李子柒？这对我们的跨文化/国际传播又有怎样的启示呢？

（一）走出"东方主义"（Orientalism）

在以往的影像传播分析中，无论是美国出品的《花木兰》《摘金奇缘》《功夫熊猫》等中国题材的影视作品，还是张艺谋、李安等华人作品在西方世界的走红，往往与东方主义式的审视紧密相连。也有人批评，李子柒在海外社交媒体的走红，一定程度上反映了东方主义倾向，以柔弱美丽的女性形象、遥远神秘的山村、传统的服饰和发型，相对于现代化工具的手工方式，体现了西方霸权话语体系下对他者东方的想象：一个遥远、神秘、传统、柔弱的女性化的他者。此类观点认为，李子柒所呈现的简朴、传统和审美价值，也是乡土的、原始的。海外特别是西方对于李子柒的接受之中，也隐含了对中国的落后的、原始的想象。因此，李子柒不利于现代文明的中国形象，甚至会加强西方对中国的刻板印象。

回到"东方主义"概念。爱德华·萨义德（Edward Said）于1978

年出版的《东方学》（*Orientalism*）一书中对此有着系统的阐述。“东方学”作为一门学科起源于18世纪末期英国对东印度包括语言、民俗、文艺等的一系列研究。其作为一门学科的同时，也是西方世界认识东方世界的一种思维方式和统治东方的权利话语[①]。萨义德这样界定东方主义：东方主义不是表达了对一个与自己截然不同的（或新异的、替代性的）世界进行理解……在某些情况下是控制、操纵甚至吞并的愿望或意图。[②] 殖民时代，西方殖民者发现了东方，在与东方接触、互动的过程中，通过武力、经济及文化等辅助手段对其自身以外其他文明（地理位置上从阿拉伯世界到南亚再到所谓“远东”）进行殖民、统治、控制，构建了一套针对“东方”（the Orient）的认知框架和理论。萨义德认为，西方人眼中的东方是：（1）同质化的、简化/还原的（reductionist）、定式的（stereotypical）；（2）固化的、停滞的、非历史的（ahistorical），意即任何时代下都是一个样子；（3）原始的、非理性的，以对立于启蒙的和迈入工业现代化后的西方；（4）神秘的、猎奇的（exotic）、具有浪漫主义色彩的，看起来很有趣很酷，但这种有趣带有居高临下的价值判断及审视（gaze）感[③]。

基于上述刻板印象及基本假设，东方主义者（Orientalists）对包括伊斯兰世界及其他东方文明的“东方”进行定义、理解和阐释，塑造了一个与西方截然不同的（ontological/existential difference）“他者”（the Other）：通过一种自上而下的审视、判断和定义，构建并强化了相对于东方的两元对立，为西方对东方的殖民、统治及霸权提供了合理化基础。萨义德认为，这种东方主义倾向贯穿于西方对东方的整个认知及殖民制度里，通过知识界不断强化其理论依据和认识根基。

---

① ［美］爱德华·萨义德：《东方学》，王宇根译，生活·读书·新知三联书店1999年版，第2—4页。

② ［美］爱德华·萨义德：《东方学》，王宇根译，生活·读书·新知三联书店1999年版，第6—9页。

③ Schwa B., *The Oriental Renaissance: Europe's Discovery of India and the East, 1680 – 1880*, New York: Columbia University Press, 1984, pp. 33 – 36.

如果从东方主义的观点出发就会认为，西方受众对李子柒的接受是从发达文明的角度来居高临下地审视的，他们喜欢那种原始、朴素的生活方式和生产方式，有猎奇、追求神秘、浪漫化的心态。这种心态，在几十年前一些有意无意迎合西方，刻画和放大中国乡土及落后文化的文艺作品中得到印证。例如张艺谋早期的《菊豆》《大红灯笼高高挂》在提供审美价值的同时，也固化了人们对中国的落后的想象，可能加深了一些负面成见。

但是，笔者认为，从收集到的研究样本和对样本的分析来看，东方主义审视并不适用李子柒。

我们首先要注意李子柒所处的当今的世界语境。今天的西方，不再是殖民时代、帝国时代、资本扩张时期的西方，而是一个迈入后现代、后工业时代的西方；当今中国所处的东方，也与伊斯兰世界有所不同。在当今这个全球化时代，整个世界对工业化、现代化、全球化、资本主义都处于不断的反思和批评之中。这种对现代制度、文明、生活方式的不满不局限于所谓“东方”或“西方”；同时，在全球化趋势下日趋同质化的不同社会环境中的每一个个体，都可能产生这种不满。在这一意义上，李子柒打动中国观众的原因，可能和打动日本观众、美国观众、德国观众、澳大利亚观众的原因是一致的。

这在上一章的分析中得到了印证。西方媒体的报道和外国网友的评论聚焦于那种相对于喧嚣城市的田园生活和梦幻图景。网友们的评论显示，他们在李子柒的视频中得到了平静、安宁和愉悦。高频词分析案例中，更显示出大量外国网友用李子柒的视频类比美国南/北卡罗来纳州，可见李子柒视频的令人共情、移情之处，在东西方具有一致性。

（二）现代社会的前现代想象

西方媒体与海外受众对李子柒的 DIY 美食、手工制作大为欣赏，诸如造纸、制沙发、做美食的视频都在报道中被提及和肯定。其实，DIY 代表了一种前工业化时代/前现代的传统生产方式。在现代工业化社会里，劳动生产被高度分工，日常用品经过机器的大批量生产到达人们手中，人们对生活必需品究竟如何生产、从何处来，其实并不清楚。久而久之，个体会被严重“异化”（alienation）。

人类通过劳动实现其生命的本质。但在资本主义生产中，很少有人能享受到本质意义上的劳动——人们以机械的重复的方式进行生产，对所生产的物品没有使用权和话语权；同时这种生产与个人意愿并无联系。在这个意义上，生产者与产品被分开了，异化的个体找不到自己与其他社会生产者以及社会之间的联系，会逐渐缺乏安全感。而李子柒的活动与此不同，这恰恰是一种自有生产意义上的劳动。马克思认为，人类的本质是社会生产活动，能实现生命现实的劳动必须是自由生产意义上的劳动。李子柒的手工劳动便完全符合。但在资本主义生产中，很少有人能享受本质意义上的劳动。相反，人们以机械的重复的方式进行生产，对所生产的物品没有使用权和话语权；同时这种生产与个人意愿并无联系，这不是一种享受，而是一种折磨。在这个意义上，生产者与产品被分开了，异化的个体找不到自己与其他社会生产者或更广泛社会之间的联系，逐渐缺乏安全感。

李子柒分享了生产的技能、专业，告知观众那些日常用品是如何被生产出来的，这重新拉近了与劳动/生产的距离，降低了产品的神秘性，提供了“自给自足”的可能性，让观众获得某种安全感，从而得到平静和满足。举个通俗的例子。我们对于父母做的一顿饭，和外卖点餐送来的一顿饭的感觉是完全不同的，即便外卖送来的饭更加昂贵、精致，人们还是会觉得父母做的饭吃起来更香。人对于不参与生产而得来的食品/用品很难形成主观上的情感，而且购买来的商品具有高度同质化、商业化的特征。李子柒自己动手制成各种用品，就是一个将生产过程重新人格化（rehumanize）、对其赋予意义的过程；在现代工业化社会的劳动分工模式下，给予了人们自己动手丰衣足食的可能。这也就解释了观者的满足感从何而来。

这种前工业社会的手工劳动过程，在现代工业社会受到质疑之时，显得更浪漫化和理想化——这在新冠疫情暴发后世界各地分隔开来的特殊时期得到了放大。《纽约时报》2020年4月22日刊文《李子柒——隔离时期的田园“公主”》（The Reclusive Food Celebrity Li Ziqi Is My Quarantine Queen）①，文中这样写道：“对于世界各地隔离中的观众来说，她这种一切自己动手的田园幻想，已经成为逃避和安慰的可靠来源。（For a worldwide audience in isolation, her D. I. Y. pastoral fantasies have become a reliable source of escape and comfort.）”作者认为，现代工业供应链的脆弱性在疫情防控期间暴露无遗，而李子柒为此提供了一种“最有力的幻想——人们自己种植和烹饪食物，不浪费任何东西，不需要太多身外之物。（This is the powerful fantasy of her videos right now — people growing and cooking all of their own food, not wasting anything, and not needing anything more than what they already have around them.）”因此，李子柒的视频让人深感慰藉，她的视频是高度浪漫化的，让实际上漫长而孤独的生产过程显得有意义、有价值。

（三）传统社区与现代社会中的空虚个体

德国社会学家斐迪南·滕尼斯（Ferdinand Tönnies）于19世纪在其著作《共同体与社会》中提出了社群（Gemeinschaft）与社会（Gesellschaft）这一组概念。Gemeinschaft指的是传统乡村中的社区/社群，人们彼此有很强的社会联系、共享道德义务、价值观、传统和情感。而Gesellschaft代表的是现代的、理性的、科学组织下的社会：有严格的社会劳动及分工。乡土社群秩序所依托的道德情感，在现代社会中让位于理性，实际上却往往为个人利益所取代。法国社会学家埃米尔·杜尔凯姆（Émile Durkheim）将此概括为一个经典的社会学概念：失范/脱序（Anomie）②，即社会、社群无法再为个人提供有意义的道德标准及指引。当传统的社会与个体的关系被削弱甚至崩坏，人们像互不关联

① Rao T., “The Reclusive Food Celebrity Li Ziqi Is My Quarantine Queen”, *New York Times*, 2020-4-20.

② Durkeim E., *Suicide: A Study in Sociology*, Chicago: Free Press, 1951, p. 314.

的原子一样彼此没有太多联系，缺少归属，便会感到空虚和紧张。

具体的例子在当今社会比比皆是。当人们搬离了共居的四合院，曾经往来密切的街坊邻里搬迁到各自的小区，很少来往，过去的社群也就不复存在了；离开小城镇的熟人社会到大城市谋生的人们，也再难寻见曾经亲密的社群关系。随着社会的高速发展，价值判断日趋多样，统一的社会标准不再存在。身处后工业社会的现代人们，被有形的藩篱和无形的樊篱禁锢，快节奏的紧张生活和难以迎合的急剧变化使得人们的情感无处宣泄，便在电子屏中寻求释放，或倾诉个人遭际，或痛斥别人，以寻求认同和内心归宿。电子屏前的用户们一边享用着现代科技的便利，内心同时渴望挣脱束缚，打破这看似日新月异却又一成不变的生活状态。当网络上出现一种能够满足人们现实生活中难以实现的欲望的新事物，人们便利用它得到安抚和满足。

“李子柒”的视频仿佛将人们带入了一个与世无争的世外桃源，它区别于现代都市的生存方式，能够给人们一些实在的、亲切的、来自传统乡土社会的东西。视频所传递的是完全不同于现代日常的俭朴的生活与价值观。李子柒的手工制品不是奢侈品，都是非常俭朴的生活用品；在（后）工业化、商品社会的现代都市里，面临巨大生活压力的人们渴望还原到某种简朴、纯粹、无压力的审美及生活方式上。李子柒呈现的生产和生活方式，正满足了广大都市受众的浪漫想象。

（四）中国传统文化内核

在传播的方式和方法上，李子柒的视频显然具有面向跨文化接受的特点。但对于任何文化产品而言，“内容为王”永远成立——其成功的根源还是在于中国文化的内核。首先是外在的文化符号和对它们的直观呈现：竹沙发、造纸术、胭脂……这些传统的、乡土的手艺不仅是对中华文明成果的展示，更让身处现代化、商品化、相对同质化的环境中的都市居民惊讶地发现，另一种传统的生产与生活方式仍被保存下来了。其次，李子柒本人勤劳、坚韧、至孝的品质正是中国文化价值的表现。最后，视频本身返璞归真、自给自足、与天地为伴的理想语境，也具有中国古典哲学的意蕴。

总之，李子柒优美的服饰装扮，繁复精致的手工流程，复归田园、自给自足的生活方式，无一不传递着中国文化。这对于中国人来说，代表着过去和传统；而对海外尤其西方来说，这为同质化、现代化、西化的世界提供了一方浪漫而神秘的净土。此处再次回溯“东方主义”观点，李子柒提供的内容确有一些符合“东方主义者”想象的神秘的、浪漫化的东方：原生态、异国情调、传统、前现代、猎奇的审美。但当代西方人对李子柒的喜爱不是东方主义，中国都市人对李子柒的追捧更不是反向东方主义（Re-rientalism，即东方人按照西方对东方的成见去认同和宣扬“西方的东方”）。人们对李子柒的向往，是对工业化、全球化、现代化、商业化、同质化、商品社会、去人性化（dehumanizing）的一种潜意识的批判和集体逃避（collective escapism）——厌倦在大都会里充当大规模现代化生产的工业社会里的“原子”，反抗脱序和异化。人们希望通过李子柒，寻找传统、纯粹、简单的生活，在观看中表达向往与怀旧（nostalgia）情怀，与这样的生活建立有限的联系。

可以说，李子柒是现代社会都市人群的一种慰藉，是精神避难港。人们对21世纪现代性（21th century modernity）的厌倦、逃避与反抗，促成了李子柒现象。

（五）结论：跨文化语境下的接受认同模式

我们进一步由海外受众对李子柒的接受及背后原因，参考姚斯的五大文化认同框架类型，对跨文化语境下的接受认同模式总结如下。

（1）联想—共情（Empathic）：当自身生活模式与异文化表现形态高度一致，便具有很强的通化感，从而产生共情，这是跨文化接受的开始。

（2）钦慕—兴趣（Interested）：对异文化背景下的文化行为表达出新鲜感，产生接受意愿和学习模仿的冲动。此时，异文化的负面性被压制，正面性得到释放。李子柒的大多海外受众的接受程度都处于这个模式阶段。

（3）同情—好奇（Curious）：对异文化感到不熟悉、难以自我代入时，通过回忆、窥视和观瞻的方式，在猎奇心态的指引下试图了解更多细节信息，并努力与其原生文化背景产生共鸣。例如李子柒视频中许多中国文化中较为独特的植物和器物都是讨论的焦点。海外网友没见过的镰刀、砧板、螺蛳粉等，都激发了网友对异文化的强烈好奇，进而成为认知视域的延长线和跨文化交流的催化剂，促使人们形成新的文化认知。

（4）净化—对照（Contrasted）：当人们对本我文化因过于熟悉而产生负面的厌弃情绪，会通过异文化中这种负面性的弱化或消失来加以比对，形成释放感的反向推动力，但这并非真正引入对异文化的了解。其实许多李子柒的海外受众都是在其视频中“看见他者、听见他者进而理解他者”[①]。在这里，文化差异成为认知的源头、接受的基础、沟通的桥梁，海外受众在差异中感知中国文化，认知自身文化。

（5）反讽—质询（Interrogative）：对异文化持客观态度，并保留疑问、意见甚至批判，以此引申为一种自我反思。这个现象在李子柒的海外接受和传播中并不明显，常见于学术性较强的深层文化交流。

以上五种跨文化体系下的接受认同模式代表了受众在接纳异文化时不同的表现形态。回到李子柒的案例，世界对她的接受印证了——相比于强制力量下的内容观念输送，个体的直接认同对于思想文化的传播具有更强的作用力，文化接受由此具有了不可替代的重要意义。在此视域下，我们不能仅从主观的视角出发考虑文化内容本身是否足够优质，更应当着重关注受众群体的需求。

文化认同是文化接受中一个十分重要的层面，以姚斯的认同模型理论作为研究这种接受行为的基点，同时考虑到跨文化的背景差别，本研究由李子柒的案例总结出五种接受认同模式，并以李子柒作为这一接受效用的

① 单波：《跨文化传播的基本理论命题》，《华中师范大学学报》（人文社会科学版）2011年第1期。

参照体。李子柒的视频提供了西方主导的现代性（全球化、资本主义化、工业化、商品化、西化、同质化）之外的不同选择及可能性。李子柒的存在化解了人们对遗失的文化遗产、割裂过去联系的担忧，将当下的存在与历史相联系。这与拍摄记录原始乡土并不一样，因为观众会相信那些传统工艺能够被保存及复制，而不是仅仅陈列在博物馆中。李子柒通过其"再呈现"/"再创造"过去和传统，满足了当下人们的需求，提供了一个能够联系过去的集体逃避与寻求安慰的路径。

在李子柒身上，我们看到"异文化"是可以被接受并且有利于文化接受和传播的。其实，联合国教科文组织从21世纪初就一直在探索"多元文化主义"概念："文化多样性体现在组成人类的群体和社会特征的独特性和多元性，是一种交流、创新和创造的源泉。"[①] 更早一些，我们可以观察日本的国际文化传播案例。20世纪日本经济起飞后，也曾经历了这样一个阶段：如何向世界展示自己？日本迫不及待地向世界/西方展示自己所创造的应用科技的发展奇迹：Walkman、Nintendo等大公司大品牌，机场、新干线等各种基础设施。但日本在国际上最受欢迎的不是这些，而是其动漫文化与传统文化。我们暂且不谈其动漫文化。日本社会恪守传统，在现代化过程中保留了大量传统习俗。在很长一段时间，日本都是东方文化最主要的输出者。从寿司、刺身、茶道，到剑道、花道、空手道、浮世绘，这些都在西方世界广为传播，其中，在西方影响力很大的著名电影导演黑泽明、诺贝尔文学奖得主川端康成等人，都在其文艺作品中展示日本传统，吸引了无数来自西方的"粉丝"。这种吸引力正是来自与西方现代文明的差异：以浪漫、神秘的色彩，提供了一种避世、逃脱的路径。

日本的例子更加印证了，向世界提供一个系统自洽的，有历史传统底蕴的，在工业化、商品化、全球化的重重压力之外的，与西方的现代性存在差异的文明，往往比经济实力的展示更具有传播力和影响

① UNESCO, "The Universal Declaration on Cultural Diversity", *International Journal of Cultural Property*, Vol. 11, No. 1, 2002, pp. 129 – 136.

力。其实，所谓对世界的软实力，就是要提供一个同时具备在西方文明之外的补充价值，为人类未来精神发展提供不同的可能性。

那么对于跨文化传播，理想的受众认可推进首先应当构建在共情式认同基础上，并逐渐以异文化特质拉开一定的差距，转化出能够吸引兴趣与好奇的成分，其后在共通的追求中彰显自身优越性，最后催生出更加理性深入的思考——这种渐次的距离差营造不是为了增加文化隔阂，而是确保文化在具有差异化语境的情况下依然可以持续地转化他者认同感。就此，本文概括的五种文化接受认同模式可以帮助我们从受众角度理解文化被接纳度的原因变量。

对中国来说，跨文化情境下的接受研究是极具现实意义的。想要在跨文化语境下增进接受认同，需考虑多元化的价值取向、文化情感归属，特别是新时代语境下中西方的差异和世界的意义——由此出发在国际传播中寻找那些能与不同国家和地区的人民引起共鸣的价值和情怀，用视听手段让世界人民在形象认知和情感共鸣中了解真实的中国。[①] 希望以本文所述的文化接受模式为经验，看到一个又一个李子柒的出现，更好地向世界解释中国文化、中国道路、中国愿景，解释中国乃至人类社会的共同未来。

作者孙可佳系中国传媒大学戏剧影视学院师资博士后

① 王亚囡：《影视艺术发展与多维度讲好中国故事》，《甘肃社会科学》2019 年第 4 期。

21 世纪多极和全球化世界考验下的欧洲古代史书写:以莫里斯·萨特的《帕尔米拉之船》为例

［法］阿瑟·吕贝兰(Arthur Rubellin)　张可音译

摘要: 20 世纪中叶前，西方的历史学家或为了传递特定的世界观，或出于政治目的，在古代史的书写中大多以欧洲为世界的中心和历史发展的主线。在他们的视野下，文明没有复数，只有欧洲文明作为进步的同义词。而今，这样一种对总体历史的研究方法在这个全球化和多极的世界已不可能，将西方等同于进步和现代性的观念也正不断被摒弃。在此背景下，本文阐释了欧洲中心主义对历史书写的影响与当下西方史学正以去欧洲中心化、全球视野和交流为核心，支持和促进研究视角多元化的趋势。本文还以法国图尔大学荣誉教授莫里斯·萨特的最新著作《帕尔米拉之船》为例，论证了在全球史引领下，当下欧洲的古代史研究比之前更将世界视为整体，或采纳不同的视角，注重理解那些曾被传统的历史教学和历史书写所忽视的文明与文化。本文揭示，萨特的《帕尔米拉之船》突破了以往西方史学的叙事，重新勾画了古代欧洲文明与亚洲和非洲之间联系和互动的多重性；本文还认为，该著作所展示出的动态的历史全景，特别是其中关于古代欧洲的文明交流不局限于地中海沿岸和重要的江河流域的论述，以及在古代的范畴中重新审视一些概念，是萨特尝试着给出的一个古代的新图景，也是他与欧洲传统的古代史研究方法的告别。

关键词： 历史书写；古代史；全球史；文明交流；去中心化

历史去中心与去西方化的迫切需要

“一切真历史都是当代史”①，克罗齐的名言早已揭示历史书写者在回望过去时必然投向的是一种根植于所处时代的个人眼光。因此，历史无论怎样追求一种理性的中立和客观，都必将徒劳。结果是，有的出于政治目的，或者至少是想传递某种特定的世界观，撰写者只强调一个历史阶段或者一片地域信息的某一侧面，历史书写的这样一种“特权”也解释了现今一些国家历史教科书掀起的争议。历史书写通过传递对世界的某一种叙事或某一视角，试图满足这两项需求：解读当代世界并促进对其理解，以及凝聚社会中分享同一种叙事的个体并共创未来。总之，历史书写是促成理解和统一的因素。自此，我们便明白了政治、社会、人口和地缘政治的变化可能会影响人们理解历史书写传递的叙事，而我们总是要求修正教科书和大众传播在历史普及中所犯的错误。这些一直在西方发生着，自几十年前到今天。

这都是事实：我们就这样处理历史，一种难以置信的欧洲中心主义。书店无处不是关于“古老大洲”和美国的书籍，如果人们还想完善自己的文化知识，只能满足于“亚洲”和“非洲”主题货架上少得可怜的作品。正如彼得·弗兰科潘在介绍他的《丝绸之路：一部全新的世界史》一书时指出②，如果向欧洲民众提问，我们会发现很少有人能够引用欧洲之外的艺术家、作曲家、歌手或者国家领导人的话语，甚至这个范围会缩得更小，只限于能引用来自西欧国家（如法国、德国、意大利、西班牙和英国）的名人。人们只知道这些国家聚集着文

---

① Croce B. , *Théorie et histoire de l'historiographie*, (1ère édition, 1915), Dalloz, 1968.

② “*The Silk Roads: Questioning the Eurocentric view of history*”, *National Identity Lecture Series*, Liverpool John Moores University26/02/2016, https://www.youtube.com/watch?v=NJ54ojX5zlM.

化水平和受到高层次教育的社会精英，但其实他们只占了世界的一小部分。而且，西方人对非洲、中亚和远东的浅薄知识都无关历史，更多来自大众媒体所传播的地缘政治和经济方面的时事。某种意义上，关于这些地区，“当下如雪崩般席卷了过去[①]”。

弗兰科潘所捕捉到的历史书写的这种“无能”，在他看来恰恰反映了西方有意图的自我中心。地理大发现之后，新的交流引起了世界版图的重心转移，欧洲人以拉丁与古希腊人的继承者自居，从此意味着“西方的繁荣不仅是自然而然和注定的，而且是在此之前发生事件的逻辑延续”[②]。这样一种观点压倒了对其他文明一切应有的兴趣。在他们的视野下，文明并没有过复数，只有作为进步的同义词的欧洲文明，与其他民族相对。[③] 这样的理论框架在19世纪达到顶峰，部分地解释了众所周知的殖民进程，也解释了学术范畴的确立。

事实上，在西方大学发展和普及化的过程中，古希腊以及拉丁人（后者更少些），一定程度上成了知识范畴分类标准的制订者。这些“尊贵继承者”成了“历史”或“哲学”这样的综合性学科教学内容的主要撰写者，而其他人就只能被遗弃于一些专门的研究分支，例如“中国学”或“印度学”。比如，当“哲学史”还是一门新近诞生的学科时[④]，18世纪中国的政治模式令莱布尼茨[⑤]以及伏尔泰[⑥]等哲学家颇感兴趣的往事被禁止提及，或者完全是负面的。即便到了今天，我们许多人只是说中国或者印度的“思想”，人们也很难看到中国作者的观点或著述被纳入传统的哲学课程中，也很难找到一些中西方视野兼

---

① Frankopan P. , *Les Routes de la Soie*, Nevicata, 2017 (trad. Villeneuve, G), Paris, p. 14.

② Frankopan P. , *Les Routes de la Soie*, Nevicata, 2017 (trad. Villeneuve, G), Paris, p. 16.

③ 此处借鉴了 François Reynaert 的措辞方式：F. *La Grande Histoire de l'Asie*, Fayard, Paris, 2019, p. 181.

④ Cheng A. , "Abel-Rémusat et Hegel: Sinologie et Philosophie dans l'Europe du XIXe Siècle", in *Comptes Rendus des Séances de l'Académie des Inscriptions et Belles-Lettres*, 158e année, No. 2, 2014, pp. 959 – 971.

⑤ Roy O. , *Leibniz et la Chine*, 1972, Paris, Vrin.

⑥ Coutel C. , "Voltaire et la Chine", *L'Enseignement Philosophique*, 2009/4 (59e Année), pp. 47 – 54.

备的综合性著作①。

然而，这样一种针对总体历史的研究方法在当今这个全球化和多极的世界已不可能。将西方等同于进步和现代性的观念不断被摒弃，西方历史书写的欧洲中心化的历史的作用仅止于帮助理解当代世界的形成和组成世界的多元文化。特别是在今天，当其中许多文化的地位和承担的政治经济角色愈加重要的时候，这种世界观之间的冲突在福山《历史的终结与最后的人》与亨廷顿《文明的冲突》之间的交锋得到了印证。前者认为历史已终结，大致理由是美国模式已胜利并号召全世界国家效仿——这明显包含西方与进步等同的意味；后者则描述了一个由精神生活与宗教信仰差别形成的多样文明的世界，让我们看到了文化的多元性。然而，我们只需要稍微了解亨廷顿一书的接受情况就知道，在政治、经济、文化等诸多领域，倾向前一种世界观与历史观似乎对西方更为有利②。

今天，在“全球史”引领的史学潮流影响下，我们比之前更将世界视为整体，注重理解那些曾被传统的历史教学和历史书写所忽视的文化。今天的“世界史”显示为更有总体性，或者采纳不同的视角，其对于复数的文明的介绍与书写，包括了那些历史上最重要却不为大多数欧洲人所知的事件。例如，这样的历史书写有尤瓦尔·诺亚·赫拉利（Yuval Noah Harari）的畅销书《人类简史：从动物到上帝》，或者弗朗索瓦·雷纳尔（François Reynaert）的《伟大的世界史》。后者，比如通过印度人的视角来讲述对印度的征服，在他们眼中欧洲人肮脏、贫穷、怯弱……这与传统上对这一时期欧洲人的形象刻画大相径庭。彼得·弗兰科潘在《丝绸之路》中也选择了去中心立场——他认为在西方的军事征服之前，丝路地区已经是一个贸易、

① 可参阅比较哲学领域的专著，如 Citot V.，*Histoire Mondiale de la Philosophie*，P. U. F，2022，或者百科类的作品，如 *l'Histoire de la Philosophie*，Gallimard，coll. «Encyclopédie de la Pleiade» dirigée par Regis Parain，1969。

② Onfray O.，“Samuel Huntington，le Choc des Civilisations（1996）”，in *Autodafé ou l'Art de détruire les livres*，Presse de la Cité，Paris，2021.

文化、科学和宗教发展的中心。我们将愈加明白，西方史学正不断地去中心化，从其偏爱的地区转向整个世界，支持和促进研究视角的多元化。

古代史，今何在？莫里斯·萨特的答案

但仍有一个问题尚未解决：该如何处理古代史呢？我们已经看到，有学者认为西方人对古希腊和拉丁人的利用只是为了自身的文明辩护，为其提供合法性。尽管还需要具体分析讨论，但目前的史实证明对这一论断不能否认，因为从地理位置、罗马和拜占庭基督教历史以及文本史来看，欧洲确实是这些古代文明的继承者。特别是欧洲人对这份遗产的宣示在 19 世纪尤为突出，其影响深远，当时德国、英国和法国古典语文学校的兴起证实了这点。古代希腊罗马由此被物化为一个触不可及的典范，人们趋之若鹜，或从中汲取灵感。相关学科被列入学术范畴和大学领域，研究者都满怀崇敬之情，以至于研究显得滞后并缺乏活力。人们更多地强调非凡的文明取得的经验成果，而非客观地认识古代人们的真实生活。个别学者勇于采用跨学科方法寻找历史的真实，却大多遭受批判。尼采 19 世纪所写的《悲剧的诞生》就掀起了巨大争议，而维达尔－纳凯（Vidal-Naquet）的“巴黎学派”和 20 世纪的韦尔南（Vernant）推崇跨学科和结构主义人类学，这就意味着他们与雅克利娜·德·罗米伊（Jacqueline de Romilly）等为代表的坚持语文学和文学方法的学者决裂。

因此，对于现今欧洲的史学研究来说，研究古代确实是一个巨大的挑战，并有可能推动欧洲的古代史学研究方法的激进变革。这要求研究者不局限于希腊和罗马而采取多族群的不同视角，并使用文本之外的其他类型的文献作为研究依据。古罗马人与印度或者与中国人的交往互动过去被拒于相关学科的视野之外，如今却将在这些领域引发更多的研究热点。

法国图尔大学荣誉教授莫里斯·萨特野心勃勃的著作《帕尔米拉

之船》正是致力于此的成果。莫里斯·萨特是古代史学家、希腊世界专家以及希腊化和阿拉伯穆斯林征服时期近东史专家。作为“巴黎学派”的信徒，他在这部最新的著作[①]中集结了考古、钱币甚至纸莎草纸文献等知识，兴趣涉及欧洲、亚洲和非洲社会。他致力于研究在一段千年时期中（公元前6世纪至公元6世纪）地中海文明之间的联系和互动，聚焦于古代东西方的交流互通，在历史中提取一种充满活力的动能。交流在文明的构成的多样性和流变中至关重要，例如，采用腓尼基字母表对古典希腊的兴起意义重大。萨特的著作向我们描述了许多令人惊讶的发现，如古典希腊在日本也留下了影响深远的遗产[②]。莫里斯·萨特展示出的动态的历史全景实现了去中心与视角多样化的双重理想：他一方面研究欧亚大陆和非洲不同文明之间的交会点，尤其关注商贸和旅行；另一方面，他紧随时代的动向，走出地中海地区，将目光从欧洲中心主义解放出来。

然而，莫里斯·萨特并不全盘接受古代“全球化”这一说法[③]，他论证的是一种比我们通常想象的范围更广的“古代部分全球化”的观点。换言之，虽然他不认为古代时期就有全球化，在他看来一方面，古希腊和罗马人完全不知道美洲大陆和大洋洲的存在，但另一方面，古代欧洲的文明交流不局限于地中海沿岸和重要的江河流域。莫里斯·萨特指出，欧洲人与一些非洲、亚洲的族群知道彼此的存在而且相互交往，甚至保持着非常紧密的关系。他在研究中万分谨慎，相对地使用了这些现今的概念。他想理解过去，但绝不愿意在论断中犯任何时代错误[④]。

---

① Sartre M. , *Le Bateau de Palmyre Quand les mondes anciens se rencontraient. VIe av. J. – C. – VIe après J. – C.* , éditions Tallendier, 2021.

② Lucken M. , *Le Japon grec*, Paris, Gallimard, 2019.

③ 这延续了他2002年发表的一篇文章中的观点，认为罗马帝国提供了一种全球化形式的典范，至少是高强度流通和文化统一的典范（只是某种程度上）。Cf. SARTRE M. , «Rome: l'empire modèle» [Les racines de la mondialisation], *L'Histoire*, n° 270, novembre 2002. https://www.lhistoire.fr/rome-lempire-mod%C3%A8le。

④ Ozouf M. , Sartre A. , et Winock M. , Déboulonnage des statues: “L'anachronisme est un péché contre l'intelligence du passé”, *Le Monde*, 24 juin 2020.

效仿妮可·洛劳（Nicole Loraux）在《历史时间错位颂》[①]中引用米歇尔·德·塞尔都（Michel de Certeau）的观点，他也承认“当下是驱动理解的最有效动力”，正是因为需要拷问当下现实，我们才产生分析过去的欲望。但是无论如何，他拒绝匆匆套用现成的概念，比如“全球化”……还比如，“丝绸之路”。

事实上，莫里斯·萨特质疑“丝绸之路”这一说法的合理性，他认为 1877 年费迪南·冯·李希霍芬公爵[②]（Ferdinand von Richthofen）创造这一概念时其实是将现实诗意化了。首先，莫里斯·萨特解释了在古代中国丝绸并非财富的象征，而只是一种可以适用于不同质量要求的服装材料。直到公元前 2 世纪丝绸出口匈奴时，它才成为一种社会地位的符号，用于王侯封赏。此外，丝绸更多的是服务于外交，而非商用。不过，虽然还没有文献证明，馈赠品有可能后来在市场上流通，从而解释了丝绸在欧洲的出现。因此，莫里斯·萨特不留情面地指出，“丝绸这一具体的产品从未催生过任何特定的路，它只是用于交换的许许多多物品中的一个，并且是最重要的。所谓的‘丝绸之路’实际上是一个史学神话，至少算是民间的想象”（参见该书第 120 页）。其次，在莫里斯·萨特看来，中国和罗马帝国之间不存在“丝绸之路”，甚至不存在任何直接的商路，因为至今在中国没有发现罗马货币。我们确实在中国及其他国家发现了上面有古希腊神话人物的银制餐具，但是这些餐具应该是在受希腊化影响的伊朗或中亚工坊生产的，也可能直接来自地中海世界，但这种可能性较小。中国的其他东方邻国进口了这些餐具，尤其是当时和地中海国家保持易货贸易的“赛里斯人”，或者是帕提亚帝国以及紧随其后的萨珊王朝、帕尔米拉帝国，或者各个时代的印度王国。公元 6 世纪，拜占庭帝国在查士丁

---

① Loraux N. , “Éloge de l'anachronisme en histoire”, In: *Espaces Temps*, 87 – 88, 2005. *Les voies traversières de Nicole Loraux. Une helléniste à la croisée des sciences sociales*, pp. 127 – 139.

② Von Richthofen F. , *China. Ergebnisse eigener Reisen und darauf gegründeter Studien*, Berlin, D. Reimer, 1877 – 1912, 5 volumes.

尼大帝的推动下发展丝绸生产业，在此之后，丝绸贸易也一直在延续，其中萨珊王朝时的波斯人大概是最主要的受益者。由此莫里斯·萨特论证了“丝绸之路”由古代罗马开启的说法并不恰当，丝绸贸易更像是一个“外交和贸易相互缠绕的复杂进程”（参见该书第 224 页）。丝绸只是这条连接众多地点的贸易线路上被交易的货物之一，但它的相关地理研究还是可以用这样一个诗意的名字来指称——弗兰科潘的著作标题因此才合理。

《帕尔米拉之船》的亮点在于用一种新的目光审视了一些边界性的概念。不同族群的人们看待彼此的眼光、洲际间的商贸和文化相互关系，这些都是在古典语文学当中非常难处理的问题。这样，萨特的视野更加与世界相连，从而跳出了自我封闭的地中海视野，而且他选择关注的这个区域突破了西方以往的叙事。接下来我们将总结他得出的结论，从而复现古人看到的世界。

莫里斯·萨特的论述打破了一些西方学者认为古希腊罗马认识的世界基本只限于被亚历山大大帝征服的疆域这一偏见。实际上，地中海人从未停止用脚步丈量世界、重新划定边界。商业是古人探索世界欲望的首要动力，也体现了他们一种对世界纯粹的好奇。但在这篇论著中好奇的主体似乎只限于希腊人、罗马人、迦太基人和埃及人，因为他们对划分和定位世界充满渴望。如果说地中海人在他们的真实或想象的叙事中展现的冒险精神我们已经足够熟悉（比如皮西亚斯在神秘的图勒的旅行），萨特在书中还提到了其他不那么出名的探险，比如他认为迦太基人汉农（Hannon）最远到了摩洛哥，而最早的环非洲之旅很可能由希罗多德在《历史》中提到的公元前 6—7 世纪之交埃及国王尼科（Nechao）征用的腓尼基水手所完成，还有《爱利脱利亚海周航记》里面提到的 2 世纪时罗马人就抵达了印度支那。此外，他还探讨了马其顿人马埃斯·蒂蒂亚诺斯（Maès Titianos）在公元 97 年就到过大汉帝国，至少是新疆（我们所说的“赛里斯人”的国度）的可能性。这趟征途出于商贸动机，但是极大扩充了当时西方人的地理知识，使得托勒密能够判断人类的“居住世界”已经覆盖了地球表面的一半。通过研究地名，萨特能够确定印度人曾是引领罗马商人的向导，比如爪哇岛译名（希腊语：Iabadiou）来源于一个印度名字 Yavadvipa，意为“麦子岛”（参见该书第229页）：这些线索暗示了古代地域之间确实存在错综复杂的联系。

由此，萨特梳理了中国和罗马帝国之间的各种间接联系（参见该书第十四章）。他更多地依靠中文史料，因为罗马方面的文献完全没提及曾赴中国的某些使团——认为这可能是因为他们本来只是商人，在皇帝面前却介绍自己是前来觐见的大使，为天子扬威天下。西方的史料稀少，所以萨特认为中国人所拥有的与罗马相关的史料资源在世界上首屈一指。从司马迁的《史记》（公元前1世纪末）、班固的《汉书》（公元1—2世纪）、范晔（398—445）的《后汉书》，到《三国志》（约280—300），“大秦”一词频繁出现在“二十四史”中，历史学家已经确定其指的就是罗马帝国，或者更广义的，从近东延伸向西方的地区。萨特提到，由于帕提亚人竭力保住了在两大帝国之间的中介地位，中国人一直未能涉足罗马帝国。中文的史料证实了当时的中国人确实已经知道罗马帝国，尽管总夹带着想象元素。在中国人眼中，罗马帝国位于“西方的尽头”，非常富有，那里坐落着数百个设防的城市，有详尽的档案资料可以印证这些信息的真实性。而这些城市的名字如今得以考证，足以表明两大帝国之间有间接的贸易往来。总之，罗马人和中国人知道彼此的存在，但是掌握的对方的信息仍非常粗略，经过了帕提亚人在中间的过滤。不过双方对彼此一直怀有强烈的好奇。

《帕尔米拉之船》也揭示了地中海国家之间紧密的商贸关系。其中，帕尔米拉人扮演着关键角色（第八章）。在帕尔米拉的集会广场发现的一处铭文和贝尔庙的浅浮雕上都有航海贸易相关的记录，然而这座都城坐落于距地中海两百多千米、波斯湾一千多千米的位置。帕尔米拉实际上是罗马帝国、美索不达米亚王国和印度（公元2世纪被罗马帝国吞并之前以及之后）之间的十字路口。萨特写道帕尔米拉人作为首要的中间商“无处不在”（参见该书第128页），尤其在哈德良时期的卡普托斯（位于尼罗河距离红海最近的拐点），还有也门，那里发现了阿拉米语（帕尔米拉帝国的语言）的两处铭文，记载了约公元210年两位帕尔米拉密使曾被派来参加哈德拉毛国王的登基，说明当时这一地区与帕尔米拉帝国有政治经济上的利益关联。帕尔米拉人遍布印度西北部一直到美索不达米亚，在古代世界的商贸中地位重要，而这些商贸活动又促进了地理探险。除阿克苏姆外，地中海人和印度人对非洲大陆的了解只停留在沿海地区，因为这些地区的财富已经足以满足商人的需求。几乎没有什么与探险非洲内陆相关的文字记载，古希腊地理学家斯特拉波早就在《地理学》提到那里以贫穷和荒芜著称。无论对于地中海人还是印度人来说，撒哈拉沙漠都是难以逾越的障碍，尽管非洲人自己还是会穿越沙漠贩卖撒哈拉以南的一些商品。不过虽然没有商贸，捕猎大象倒是激发了对非洲内陆的探险。商业交换总体来说还是古代世界彼此交往与交流的主要动力，而《帕尔米拉之船》展现了帕尔米拉人在其中重要的中介职能，以及其他三大洲的关系。

同样，古希腊罗马人和印度人之间的商贸往来也十分频繁。但他们之间的交流不局限于商贸。近30年来，在印度进行的一系列考古研究发现，在公元前3世纪到公元3世纪的印度有许多制造古希腊罗马陶瓷的工坊。萨特用印度人索菲托斯（Sophytos）用希腊语写的一首讽刺短诗[①]来突出当时文化之间的相互渗透。当然，莫里斯·萨特也强调索菲托斯掌握希腊文和了解希腊文化并不意味着所有西北印度的居民都经历了希腊化：他很可能属于当地的显贵阶层，而且并不意味着他彻底抛弃了印度文化。公元3世纪初，印度的阿育王颁布了许多希腊文的法令，说明这里至少有一部分成了希腊语区，不是因为有真正的希腊人在这里生活，而是得益于他的邻居——一直延伸到今天的阿富汗的塞琉古帝国。总之，萨特认为“希腊语在印度北部盛行，尤其是西北

① Georges Rougemont, *Corpus Inscriptionum Iranicarum*, II. 1, Londres 2012, pp. 173 – 182, n°84.

部，那里的精英们都享受着希腊文化的芬芳”（参见第180页）——“芬芳”是轻盈的，暗示了影响的轻微，而说“精英”是因为只属于有特定社会地位的人。莫里斯·萨特还提到，印度深深吸引了希腊罗马人，催生了一大批“处于寓言和现实”之间的文学作品。还有在印度半岛流行的货币，以及一些神话元素的借用（一直到日本都可以找到痕迹——赫拉克勒斯与佛在此共存）都证明了两方之间紧密的经济和文化关系。莫里斯·萨特展示了古代文明之间也是存在文化渗透的。

在强调古代世界的文化相互影响的同时，这部著作还为这些文明交流的中间地带“恢复名誉”。提到这些地区时不再负面地使用“边缘”一词，因为它是由所谓的聚集了经济、文化和政治财富的“中心”所限定的。取而代之的是“交界”一词，暗示着该地区的国际性塑造了一个活跃、欣欣向荣的空间。关于这点，有两个非常有趣的例子：第一个是索科特拉岛，因为这里展现了一种美国式的世俗社会；另一个是新疆，莫里斯·萨特称之为“文明间的交界点”。莫里斯·萨特参考了历史学家贝尔纳·塞尔让[①]（Bernard Sergent）的著述，试图在一直重要而神秘古希腊罗马文本中找出对应赛里斯的民族。一个高加索民族曾在新疆定居，他们既与印度和中国交往，也在公元1世纪末马埃斯·蒂蒂亚诺斯至今还饱受争议的征程之后与古希腊罗马人有密切的交往联系。希腊罗马的作者相对来说熟悉赛里斯国，这里也是大汉帝国与西域的所有国家交往的中介。中国人和希腊罗马人（自公元前5世纪克特西亚斯的《印度记》起）都了解赛里斯国，因此赛里斯国能够充当两者间交流的中介。而位于阿拉伯半岛沿海和非洲之角之间的索科特拉岛典型地展现了古代文明之间少有的极为丰富的联系。莫里斯·萨特提到了这里有一个作为交会点的山洞，到达红海的人们在此会合。这个山洞似乎成了印度、非洲和阿拉伯之间的一个贸易结点，是文明包容的范例。选择山洞并非出于实用考虑，这里缺少

---

① B. SERGENT, «Les Sères sont les soi-disant “Tokhariens”, c’est-à-dire les authentiques Arsi-Kusi», *Dialogues d’histoire ancienne*, 24, 1998, pp. 7 – 40.

资源，气候也不友善，它更多的是作为一个宗教场所，每个人都谨慎地不透露自己信的是什么神，不为自己赋予信仰身份，从而保持一个中立的神圣之地。莫里斯·萨特的这部著作既介绍了许多作为交流中介的民族，又展示了一些不同宗教能够和平共存的特殊地带，为不同文明的交界区域正名。

莫里斯·萨特始终拒绝把古代当作第一次全球化的舞台，因此在最后一章的尾声部分展现了在三个大洲发生的一些局部冲突可能造成的影响，点明了古代文明之间联系的多重性。他发现古代冲突和当代冲突有时惊人的相似、令人不安，比如介于罗马人和萨珊波斯人之间的被保护人引发的战争使人想起冷战。一个遥远的帝国发生的事件或者冲突甚至可以在另一个都不知道前者存在的帝国产生影响。

《帕尔米拉之船》实现了古典学研究对欧洲中心视角的超越

通过以上对《帕尔米拉之船》的简要介绍，我们能够感受到这部著作所涉及的当今史学的潮流和学术热点：去欧洲中心化、全球视野和以交流为核心。因此这部著作也表现了欧洲的古典学与古代史研究正在一步步地打开自我，不再是“上流的”①，专属“拉丁和希腊”的。《帕尔米拉之船》并不像弗兰科潘的著作一样拥有创造世界史新图景的野心，莫里斯·萨特尝试着给出的是一个古代的新图景，与欧洲传统的古代史研究方法告别。通过对其研究领域的新理解，他彻底改变了我们本可能看到的另一种图景，他也没有尝试把某些地理区域树立为世界的文化中心，而是粉碎了这种观念。也正是因此，比起按年代顺序，他更愿意以一种全景的形式来展现非洲人、亚洲人和欧洲人是如何看待已知世界的其他居民的。这样一次梳理使得他能够在古代的范畴中重新审视一些概念，比如全球化和神秘的“丝绸之路”，指明了一些与历史事实的不符之处。通过突出主要由贸易促进的文明

① “古典”（classique）一词的原意是“因其尊贵而在上流阶级中传承和研究”。

间的开放，莫里斯·萨特为那些“边缘”地带平反，展现了他们的关键角色和文化丰富性。他击碎了那些认为古典时期社会自我封闭的观点，展示了古人，不仅仅是希腊罗马人所拥有的探险精神，使得人类“居住世界”的版图在一个又一个世纪中被一步步拓宽。可以说，这本书也是对古代地缘政治的一次真正的梳理。

比较来说，在历史文献的采用方面，萨特撰此书大部分使用的仍是古希腊罗马的史料，或许有人对此感到遗憾，认为这一点与这部著作去中心化的意图背道而驰。莫里斯·萨特对此作出的解释是：文字记载的非洲文献极度缺乏，与希腊罗马相关的印度文学也较为稀少，而古希腊人对于其他社会的认识视角尤为特别。古希腊的遗产，尽管常被指责被意识形态利用，无论从文献数量还是保存情况来看都确实是极其好用的材料。或许，理性地变换视角并不意味着一定要抛弃某些分析的范畴与文献，以意识形态或者当代研究趋势之名忽视大量的史料，毕竟当下往往不适用于过往……

作者系北京大学外国语学院外聘教师